L. 1264.

# COLLECTION
# DES MÉMOIRES

RELATIFS

# A L'HISTOIRE DE FRANCE.

---

MÉMOIRES DE GRÉGOIRE DE TOURS. TOME II.
CHRONIQUE DE FRÉDÉGAIRE.—VIE DE DAGOBERT Ier.
VIE DE SAINT LÉGER.—VIE DE PEPIN-LE-VIEUX.

IMPRIMERIE DE A. BELIN.

# COLLECTION
# DES MÉMOIRES

RELATIFS

## A L'HISTOIRE DE FRANCE,

DEPUIS LA FONDATION DE LA MONARCHIE FRANÇAISE JUSQU'AU 13ᵉ SIÈCLE;

AVEC UNE INTRODUCTION, DES SUPPLÉMENS, DES NOTICES
ET DES NOTES;

Par M. GUIZOT,
PROFESSEUR D'HISTOIRE MODERNE A L'ACADÉMIE DE PARIS.

A PARIS,
CHEZ J.-L.-J. BRIÈRE, LIBRAIRE,
RUE SAINT-ANDRÉ-DES-ARTS, Nº. 68.

1823.

# HISTOIRE
# DES FRANCS,
PAR
# GRÉGOIRE DE TOURS.

# MÉMOIRES
## DE
# GRÉGOIRE DE TOURS.

## HISTOIRE DES FRANCS.

### LIVRE NEUVIÈME.

Après la mort de Leuvigild, roi d'Espagne, son fils Reccared s'allia avec sa veuve Gonsuinthe, la traitant comme sa mère. Elle était mère de la reine Brunehault, mère de Childebert. Le jeune Reccared était fils d'une autre femme de Leuvigild. S'étant consulté avec sa belle-mère, il fit partir des envoyés pour aller trouver les rois Gontran et Childebert et leur dire : « Faites la paix avec nous, et concluons entre « nous une alliance afin qu'aidés de votre secours, « quand la nécessité le commandera, nous nous « soutenions les uns les autres aux mêmes condi- « tions, par l'effet de la bienveillance qui sera entre « nous. » Les envoyés adressés au roi Gontran reçurent l'ordre de demeurer dans la ville de Mâcon ; de là ils firent connoître au roi le sujet de leur mission. Mais il ne voulut pas les entendre, d'où il résulta de telles inimitiés que les Goths ne permirent à personne de son royaume de traverser les cités de la Septimanie. Ceux qui venaient vers le roi Childebert furent reçus avec bienveillance, ils firent des présens, obtinrent la paix et furent renvoyés aussi avec des présens.

En cette année se départit de ce monde la bienheureuse Radegonde, laissant en grande douleur le monastère qu'elle avait institué [1]. Je fus présent à ses funérailles; elle mourut le treizième jour du sixième mois [2] et fut ensevelie deux jours après. Je me suis appliqué à écrire plus au long, dans le livre des Miracles, tous ceux qui se manifestèrent en ces jours-là à son tombeau, et l'ordre de ses funérailles.

Alors arriva la fête de saint Marcel qui se célèbre en la ville de Châlons dans le septième mois [3]. Le roi Gontran s'y rendit. Après les saintes solennités, comme il s'approchait des autels sacrés pour y recevoir la communion, un homme vint vers lui, feignant d'avoir quelque chose à lui dire, et comme il s'approchait du roi, il lui tomba un couteau de la main. Il fut aussitôt saisi, et on lui trouva encore dans la main un autre couteau sorti de sa gaine. Aussitôt il fut conduit hors de la sainte basilique, lié et livré aux tourmens. Alors il confessa qu'il avait été envoyé pour tuer le roi, disant : « Ainsi l'a voulu qui m'en« voie. » Le roi qui savait que beaucoup s'étaient réunis dans la haine qu'ils avoient contre lui, et qui craignait d'en être frapppé, ordonna aux siens de

---

[1] En 587.
[2] Le 13 août.
[3] Septembre.

l'entourer complètement, et nul homme armé d'une épée ne pouvait trouver accès pour arriver jusqu'à lui, à moins que ce ne fût dans l'église où il se croyait en sûreté, et jugeait pouvoir demeurer sans rien craindre. Ceux dont j'ai parlé furent saisis, et on en fit mourir plusieurs, mais on renvoya le premier vivant, après lui avoir infligé plusieurs châtimens, parce qu'on ne croyait pas qu'il fût permis de mettre à mort celui qu'on avait tiré de l'église.

En cette année il naquit un autre fils au roi Childebert; Véran, évêque de Châlons, le tint sur les fonts de baptême et lui donna le nom de Théodoric. Ce pontife était doué alors d'une vertu miraculeuse, et plusieurs fois, avec l'aide de Dieu, il avait guéri sur-le-champ des malades, en leur imposant le signe de la croix.

Il parut en ce temps beaucoup de prodiges; en diverses maisons des vases se trouvèrent empreints de je ne sais quels caractères, qu'on ne put en aucune façon effacer ni faire disparaître. Ce prodige se manifesta d'abord dans une ville du territoire de Chartres, et passant par Orléans, arriva jusque dans le territoire de Bordeaux sans omettre aucune des villes situées entre deux. Dans le huitième mois [1], après les vendanges, on vit dans les vignes de nouveaux sarmens avec des grappes fournies, et sur d'autres arbres des feuilles nouvelles et de nouveaux fruits. Il parut des rayons du côté du nord, et plusieurs assurèrent avoir vu tomber des serpens du haut des nuées. D'autres affirmaient qu'un village, avec les hommes et les maisons, avait disparu subitement et

[1] Octobre.

il se produisit beaucoup d'autres signes qui ont coutume d'annoncer ou la mort d'un roi, ou des calamités au pays. Cette année les vendanges furent maigres, les eaux fortes, les pluies immenses, et les fleuves grossirent aussi considérablement.

Il y eut en ce temps, dans la ville de Tours, un nommé Didier qui se disait un grand personnage, et affirmait pouvoir faire beaucoup de prodiges. Il se vantait de correspondre par des messagers avec les apôtres Pierre et Paul; et comme j'étais absent, les peuples grossiers affluaient autour de lui, amenant des aveugles et des boiteux, qu'il cherchait non pas à guérir par sa sainteté, mais à tromper par les artifices de la nécromancie. Lorsqu'il y en avait de paralytiques, ou gênés dans leurs mouvemens par quelqu'autre infirmité, il les faisait étendre de force, afin de guérir par son industrie ceux qu'il ne pouvait redresser par un don de la puissance divine. Ses serviteurs prenaient donc les malades, les uns par les bras, les autres par les pieds, et les tiraient chacun de son côté, en telle sorte qu'on aurait cru que leurs nerfs allaient se rompre, et il les renvoyait ainsi guéris ou morts; car il arriva que beaucoup rendirent l'esprit dans ce tourment. Ce misérable était tellement gonflé de vanité que, s'il s'avouait inférieur à saint Martin, il s'égalait aux apôtres; et ce n'est pas merveille qu'il se soit prétendu semblable aux Apôtres, puisque l'auteur de tout mal, de qui procèdent ces choses, doit à la fin des siècles se donner pour le Christ. De là vint qu'on l'accusa, comme nous l'avons dit, d'être imbu des erreurs de l'art de la nécromancie; car des témoins ont assuré que lorsqu'on avait dit du mal de lui en arrière et en secret, il le reprochait publiquement, en présence du peuple, à ceux qui avaient ainsi parlé, leur disant : « Pourquoi avez-vous dit de « moi telles et telles choses, indignes de ma sain- « teté? » Et comment aurait-il pu les savoir, si le démon ne l'en eût instruit ? Il portait une tunique et un capuchon de poil de chèvre, et devant le monde s'abstenait de boire et de manger; mais lorsqu'il se rendait en secret dans l'hôtellerie, il s'empiffrait tellement que le valet ne suffisait pas à porter tout ce qu'il demandait. Les nôtres l'ayant surpris, et ayant mis au jour ses fourberies, il fut chassé du territoire de la cité, et nous n'avons pas su où il était allé ensuite. Il se disait citoyen de la ville de Bordeaux. Sept ans auparavant avait paru un autre grand imposteur qui avait trompé beaucoup de gens par ses fourberies. Il était vêtu d'une tunique sans manches, et enveloppé par dessus dans un suaire. Il portait une croix de laquelle pendaient des fioles, qu'il disait contenir de l'huile sainte. Il prétendait venir de l'Espagne et en rapporter des reliques des bienheureux martyrs Vincent prêtre et Félix. Arrivant le soir à la basilique de Saint-Martin de Tours, au moment où nous étions à table, il nous envoya ses ordres, en disant : « Qu'on vienne au devant des reliques des « saints. » Comme l'heure était déjà avancée, nous répondîmes, « que les saintes reliques reposent sur « l'autel, jusqu'à ce que demain matin nous allions « les recevoir. » Mais lui, se levant au point du jour, vint avec sa croix sans que nous l'attendissions, et entra dans notre cellule. Stupéfait et m'émerveillant d'une telle hardiesse, je lui demandai ce que cela voulait dire; il me répondit d'un ton superbe, et en grossissant sa voix : « Tu aurais dû nous faire un « meilleur accueil; mais je porterai la chose à l'oreille « du roi Chilpéric, afin qu'il venge le mépris qu'on « a fait de moi. » Puis entrant dans mon oratoire sans s'occuper davantage de moi, il dit un verset, puis un autre, puis un troisième, continua à dire son oraison, la termina, éleva de nouveau sa croix, puis s'en alla. Il était grossier dans son langage, abondant en paroles ignobles et obscènes. Il ne sortait de sa bouche aucun discours raisonnable. Il se rendit à Paris; on y célébrait alors les Rogations qu'on a coutume de solenniser avant le saint jour de l'ascension du Seigneur. Tandis que l'évêque Ragnemode faisait avec son peuple la procession autour des lieux saints, il arriva avec sa croix; le peuple voyant ce vêtement étrange, des femmes publiques et de la dernière classe se joignirent à lui; il en fit son cortège. Il voulut, avec la foule qui le suivait, aller en procession autour des lieux saints; l'évêque l'apercevant envoya son archidiacre qui lui dit : « Si tu « portes des reliques des saints, dépose-les pour « quelques momens dans la basilique, et célèbre « avec nous les saints jours. La solennité passée « tu continueras ton chemin. » Mais lui ne faisant nulle attention à ce que lui disait l'archidiacre, commença à poursuivre l'évêque d'injures et de malédictions. L'évêque voyant que c'était un imposteur, ordonna qu'on le renfermât dans une cellule. On examina tout ce qu'il portait, et on lui trouva un grand sac rempli de racines de diverses herbes, ainsi que de dents de taupes, d'os de souris, d'ongles et de graisse d'oursins; comme on vit que c'était des instrumens de maléfices, on ordonna que le tout fût jeté dans la rivière. On lui ôta sa croix, et on lui donna ordre de sortir du territoire de Paris. Mais lui s'étant fait une autre croix, recommença à exercer ses pratiques ordinaires. Il fut pris par l'archidiacre, chargé de chaînes, et on le fit garder. En ces jours-là, j'étais venu à Paris, et avais mon logement à la basilique de saint Julien martyr. La nuit suivante, le misérable ayant échappé à ses gardes, vint avec ses chaînes dans la basilique de Saint-Julien, se jeta sur le pavé à l'endroit où j'avais coutume de me tenir, et accablé de sommeil et de vin, il s'endormit. Ignorant la chose, comme je m'étais levé au milieu de la nuit pour rendre grâces au Seigneur, je le trouvai dormant : il répandait une telle puanteur qu'elle surpassait celle de tous les cloaques et de tous les privés. Cette puanteur m'empêcha d'entrer dans la sainte basilique. Un des clercs étant arrivé s'efforça, en bouchant ses narines, de l'éveiller, sans pouvoir en venir à bout, tant ce misérable était rempli de vin. Alors vinrent quatre clercs qui l'enlevèrent à force de bras, et le jetèrent dans un coin de la basilique; puis apportant de l'eau, ils lavèrent le pavé, y répandirent des herbes odoriférantes, et j'entrai pour accomplir mes prières ordinaires ; cependant nos chants ne purent le réveiller, jusqu'à ce que le soleil revenu sur la terre dardât ses rayons du plus haut du ciel; alors je le rendis à l'évêque, sous la promesse qu'il ne lui serait pas fait de mal. Les évêques s'étant rassemblés dans la ville de Paris, comme nous racontions la chose à table, nous ordonnâmes qu'on le fit revenir pour recevoir sa correction. Lorsqu'il fut arrivé, Amélius, évêque de la cité de Bigorre, ayant levé les yeux sur lui, le reconnut pour un de ses serviteurs qui s'était enfui de chez lui. Il le reprit, après avoir promis de ne lui point faire de mal, et le ramena dans son pays. On voit continuellement beaucoup de gens induire le peuple des campagnes en erreur par de semblables impostures. C'est d'eux, je pense, que le Seigneur a dit dans l'Évangile : « Il « s'élèvera de faux Christs et de faux prophètes, qui « feront de grands prodiges et des choses étonnantes, « jusqu'à séduire même, s'il était possible, les élus[1]. » Mais c'en est assez de ces gens-là, revenons plutôt à notre sujet.

Ennodius, qui administra le duché de Tours et de Poitiers, eut encore le gouvernement d'Aire et des villes du Béarn. Mais les comtes de Tours et de Poitiers, ayant été trouver le roi Childebert, obtinrent qu'on l'écartât. Apprenant qu'il était dépossédé, il se rendit dans les villes dont je viens de parler, et tandis qu'il y était il reçut l'ordre de les quitter; ainsi rendu à l'oisiveté, il retourna chez lui, et vaqua au soin de ses affaires particulières.

Les Gascons descendirent de leurs montagnes dans la plaine, dévastèrent les villes, les champs, livrèrent les maisons aux flammes, et emmenèrent plusieurs des habitans captifs, avec leurs troupeaux. Le duc Austrovald marcha souvent contre eux, mais ne parvint guères à en tirer vengeance. Les Goths, à cause des ravages que l'année précédente l'armée du roi Gontran avait exercés dans la Septimanie, firent une

---

[1] Év. sel. S. Math. ch. 24, v. 24.

irruption dans la province d'Arles, enlevèrent beaucoup de butin, et emmenèrent captifs tous les habitans, jusqu'à dix milles de la ville. Ils prirent aussi un château nommé Beaucaire, désolèrent le pays et ses habitans, et s'en retournèrent sans avoir éprouvé aucune résistance.

Gontran-Boson qui était odieux à la reine, commença à s'adresser aux évêques et aux grands, et ce malheureux demandait le pardon qu'il avait jusques alors méprisé ; car depuis que régnait le roi Childebert le jeune, il avait souvent poursuivi la reine Brunehault d'injures et de paroles outrageantes, et il avait soutenu ses ennemis dans toutes les insultes qu'elle en avait endurées. Le roi, pour venger les injures de sa mère, ordonna qu'on le poursuivît, et qu'on le tuât. Se voyant en danger, il se rendit à la cathédrale de Verdun, ne doutant pas qu'il n'obtînt son pardon par le moyen d'Agéric, évêque de cette ville, qui avait tenu le roi sur les fonts de baptême. Alors le pontife alla vers le roi, et le pria pour Gontran. Le roi ne pouvant le refuser lui dit : « Qu'il
« vienne devant nous, et qu'après avoir donné cau-
« tion, il comparaisse en présence de mon oncle.
« Nous exécuterons tout ce que mon oncle aura dé-
« cidé. » Il fut donc amené au lieu où demeurait le roi, dépouillé de ses armes et les mains liées, et fut présenté au roi par l'évêque. Se jetant aux pieds du roi, il lui dit : « J'ai péché envers toi et envers ta
« mère, en n'obéissant point à vos ordres, et en agis-
« sant contre vous et contre le bien public. Je vous
« prie maintenant de me pardonner les offenses que
« j'ai commises contre vous. » Le roi lui ordonna de

se relever, et le remit entre les mains de l'évêque, en disant : « Qu'il demeure en ta puissance, saint « évêque, jusqu'à ce qu'il se soit rendu devant le roi « Gontran; » et il lui ordonna de se retirer.

Ensuite Rauchingue s'unit avec les principaux du royaume de Clotaire, fils de Chilpéric, et feignant de traiter de la paix, afin qu'il ne s'élevât point de différends, et qu'on ne commît point de ravages sur les confins des deux royaumes, ils tinrent conseil, méditant de tuer le roi Childebert. Après quoi Rauchingue devait régner en Champagne avec Théodebert, fils aîné du roi. Ursion et Bertfried devaient prendre avec eux le plus jeune fils de Childebert, dernièrement venu au monde et nommé Théodoric, et après avoir chassé Gontran, s'emparer du reste du royaume. Pleins de colère contre la reine Brunehault, ils formaient le projet de la réduire à un état d'humiliation, comme ils l'avaient fait au commencement de son veuvage [1]. Rauchingue, enflé de son extrême pouvoir, et se flattant, comme je l'ai dit, de parvenir à la gloire du sceptre, se prépara à se rendre vers le roi Childebert, pour accomplir ce qu'ils avaient projeté.

Mais la bonté de Dieu fit d'abord parvenir ces cho-

---

[1] C'est ici une de ces coalitions des principaux Leudes contre le pouvoir royal, qui furent plus fréquentes en Austrasie qu'en Neustrie, et agitèrent le gouvernement de Brunehault jusqu'à ce qu'enfin elle y succombât. Montesquieu a expliqué avec sa sagacité ordinaire cette lutte de l'aristocratie naissante des grands propriétaires contre la royauté et les causes de la chute de Brunehault. (*Esprit des Lois*, liv. 31, chap. 1er et suiv.) Seulement il n'a pas vu pourquoi l'Austrasie en fut le principal théâtre. On peut consulter à ce sujet les *Essais sur l'Histoire de France*, par M. Guizot, dans le second essai intitulé : *Des Causes de la chute des deux premières races*.

ses à l'oreille du roi Gontran, qui ayant secrètement envoyé des messagers au roi Childebert, lui fit connaître tout ce qui se machinait contre lui, et lui fit dire : « Hâte-toi promptement pour que nous nous « voyions, car il y a des choses à faire. » Et Childebert s'étant informé avec soin des faits qu'on lui avait appris, et reconnaissant qu'ils étaient véritables, ordonna que Rauchingue fût mandé près de lui. Lorsqu'il fut arrivé, le roi, avant de lui commander de paraître en sa présence, donna des ordres par écrit, et envoya par les charrois publics [1] des serviteurs, chargés d'aller saisir ses biens dans les divers lieux où ils se trouvaient. Alors il ordonna qu'on l'introduisît dans sa chambre à coucher, et après lui avoir parlé de chose et d'autre, lui donna ordre de sortir de sa chambre. Comme il sortait, deux des gardiens de la porte le saisirent par les jambes, et il tomba sur les degrés de la porte, de manière qu'une partie de son corps était en dedans, et l'autre étendue au dehors. Ceux qui, d'après les ordres du roi, s'étaient préparés à exécuter sa volonté, tombant alors à coups d'épée sur Rauchingue, lui hachèrent tellement la tête que tout ce qui en resta semblait de même matière que sa

---

[1] *Evectione publica.* Presque toutes les propriétés des sujets Francs, les alleux comme les bénéfices, étaient assujéties à l'obligation de fournir des moyens de transport et des denrées, soit aux envoyés du roi, soit à ceux qui se rendaient auprès de lui pour quelque service public. Cette obligation est formellement consacrée par les lois barbares, entre autres par la loi des Ripuaires (Tit. 65, § 3). On rencontre à chaque pas, dans les écrits du temps, des exemples de son accomplissement, et Marculf ( L. 1, c. 2 ) nous a conservé la formule par laquelle les rois réglaient ce qui devait être fourni à leurs envoyés par les propriétaires des terres qu'ils avaient à traverser.

cervelle. Il mourut sur-le-champ. Après quoi on le dépouilla, on le jeta par la fenêtre, et il fut porté à la sépulture. C'était un homme vain dans ses manières, poussant au-delà des bornes communes aux hommes, la cupidité et l'avidité du bien d'autrui, orgueilleux de ses richesses, tellement qu'au temps de sa mort il se disait fils du roi Clotaire. On trouva sur lui beaucoup d'or. Dès qu'il fut tué, un de ses serviteurs vola rapidement annoncer à sa femme ce qui s'était passé. Elle s'avançait alors à cheval à travers les rues de la ville de Soissons, couverte de joyaux et de pierres précieuses, brillante de l'éclat de l'or, et précédée et suivie de plusieurs serviteurs. Elle se rendait à la basilique de saint Crépin et saint Crépinien, pour y entendre la messe, car c'était le jour de la passion de ces bienheureux martyrs. Voyant ce messager, elle retourna sur ses pas par une autre rue, jeta ses joyaux à terre et se réfugia dans la basilique de l'évêque saint Médard, pensant se mettre en sûreté sous la protection du saint confesseur. Les serviteurs envoyés par le roi pour se saisir des biens de Rauchingue, trouvèrent dans ses trésors plus de richesses qu'on n'en aurait pu trouver dans les coffres du trésor public, et les apportèrent sous les yeux du roi. Le jour où il fut tué, il y avait près du roi plusieurs habitans de Tours et de Poitiers. Si lui et ses complices avaient pu commettre le crime qu'ils avaient projeté, ils comptaient les livrer aux tourmens, et dire : « C'est un de « vous qui a tué notre roi; » en sorte qu'après les avoir fait périr par divers supplices, ils se seraient donnés pour vengeurs de la mort du roi. Mais le Dieu toutpuissant fit évanouir leurs iniques projets, et accom-

plit ce qui est écrit : « Celui qui creuse la fosse y tom-
« bera [1]. » Magnovald fut nommé duc à la place de
Rauchingue. Ursion et Bertfried se croyant assurés
que Rauchingue pourrait accomplir ce dont ils étaient
convenus, s'avançaient déjà avec une armée ; mais apprenant de quelle manière il avait été tué, ils ajoutèrent
à leurs troupes une multitude de gens, qui consentirent à se joindre à eux, et se sentant coupables ils se
renfermèrent avec tout ce qu'ils possédaient dans le château de Vaivres, voisin de la maison des champs d'Ursion, pensant que si le roi Childebert voulait entreprendre quelque chose contre eux, ils pourraient se
défendre par la force de leur armée. Ursion était
l'auteur et la cause de tout le mal. La reine Brunehault envoya vers Bertfried, et lui fit dire : « Sé-
« pare-toi de cet homme qui est mon ennemi, et tu
« auras la vie, autrement tu périras avec lui. » Car la
reine avait tenu son fils sur les fonts de baptême,
et à cause de cela voulait user de miséricorde envers
lui. Mais il dit : « A moins que la mort ne m'en sépare,
« jamais je ne l'abandonnerai. »

Pendant que cela se passait, le roi Gontran envoya
de nouveau vers son neveu Childebert, pour lui
dire : « Mets de côté tout délai, et viens, que je te
« voie, car il est absolument nécessaire que nous
« nous voyions, tant pour le bien-être de notre vie que
« pour les affaires publiques. » Childebert ayant entendu ceci, prit avec lui sa mère, sa sœur et sa
femme, et alla trouver son oncle. Avec lui vint aussi
Magneric, évêque de la ville de Trèves, ainsi que
Gontran-Boson, dont s'était rendu caut... Agéric,

[1] Ecclésiaste, chap. 27, v. 29.

évêque de Verdun. Ce pontife, qui avait donné sa foi de le représenter, ne vint point avec lui, parce qu'il convenait qu'il parût sans défense devant les rois, afin que, si on jugeait devoir le mettre à mort, il ne fût pas excusé par l'évêque, et que, si on lui accordait la vie, il s'en allât en liberté. Les rois réunis jugèrent Gontran coupable de diverses transgressions, et ordonnèrent qu'il fût mis à mort. Lorsqu'il apprit cette nouvelle, il courut à la demeure de l'évêque Magneric, ferma les portes, et, ayant rassemblé les clercs et les serviteurs, il dit : « Je sais, très-saint évêque, que tu
« es en grand honneur auprès des rois. Je me ré-
« fugie donc près de toi pour sauver ma vie. Voilà
« que ceux qui doivent me frapper sont à la porte ;
« apprends donc certainement que, si je n'échappe
« par ton moyen, je commencerai par te tuer, en-
« suite je sortirai et irai à la mort. Sache, et cela
« sans aucun doute, que nous périrons d'une même
« mort, ou que nous défendrons ensemble notre vie.
« O saint évêque! je sais que le fils du roi t'a pour
« père spirituel, et je n'ignore pas que tu peux ob-
« tenir tout ce que tu lui demanderas. Il ne pourra
« refuser à ta sainteté rien de ce que tu requerras de
« lui. Obtiens donc mon pardon, ou nous mourrons
« ensemble. » En disant ces paroles, il tenait à la main son épée nue. L'évêque effrayé lui dit : « Et
« que puis-je faire si tu me retiens ici? Laisse-moi
« sortir pour que j'aille implorer la miséricorde des
« rois, et peut-être auront-ils pitié de toi. — Non pas,
« vraiment, dit Gontran, envoie tes vicaires et tes
« hommes de confiance, pour qu'ils rendent compte
« de ce que je t'ai dit. » Cependant les choses ne

furent pas annoncées aux rois comme elles étaient. On leur dit seulement que l'évêque défendait Gontran. En sorte que le roi irrité dit : « Si l'évêque « ne veut pas sortir de sa maison, qu'il périsse en « même temps que l'auteur de toutes ces perfidies. » Ces paroles ayant été rapportées à l'évêque, il envoya des messagers au roi, et lorsqu'ils lui eurent raconté ce qui se passait, le roi Gontran dit : « Mettez le feu « à la maison, et si l'évêque ne veut pas sortir, qu'ils « brûlent tous les deux. » Les clercs, en l'apprenant, brisèrent la porte et mirent l'évêque dehors. Alors le malheureux Gontran, se voyant de toutes parts entouré de flammes, ceignit son épée et sortit à la porte. Mais, au moment où il mettait le pied sur le seuil, un trait qui lui fut lancé par un des hommes de la foule l'atteignit au front. Étourdi de ce coup et presque hors de sens, comme il tâchait de tirer son épée, il fut frappé de tant de lances que, les pointes s'enfonçant dans ses flancs et le bois des lances le soutetenant, il ne put tomber à terre. On tua aussi le petit nombre de ceux qui étaient avec lui, et leurs corps furent exposés dans les champs avec le sien. A grand'peine put-on obtenir des princes la permission de les recouvrir de terre. C'était un homme vain dans sa conduite, dévoré du desir d'avoir, et avide outre mesure du bien d'autrui, donnant à tous sa foi et ne tenant jamais sa promesse. Sa femme fut envoyée en exil avec ses fils. Ses trésors furent portés au fisc. On trouva dans ses coffres une immense quantité d'or, d'argent et de divers joyaux, et ceux qu'il avait cachés en terre, poussé par le sentiment de ses iniquités, ne demeurèrent pas ignorés. Desireux de connaître l'avenir, il s'adressait souvent aux devins et à ceux qui tiraient des sorts, et en demeura trompé.

Le roi Gontran confirma son alliance avec son neveu et la reine. Ils se firent mutuellement des présens, et, après avoir réglé les affaires publiques, ils se donnèrent aussi des festins. Le roi Gontran louait Dieu en disant : « Je te rends des grâces infinies, « Dieu puissant, qui as permis que je visse les fils de « mon fils Childebert. Je ne me crois point aban-« donné de ta majesté, puisque tu m'as accordé de « voir les fils de mon fils. » Le roi Childebert reçut Dynamius et le duc Loup, qui lui furent rendus, et le roi Gontran rendit Cahors à la reine Brunehault, et les deux rois, rentrés en paix et en joie, offrant de nouveau leurs grâces à Dieu, après avoir signé les traités, s'être fait des présens et s'être embrassés, retournèrent chacun dans leur cité.

Le roi Childebert, ayant rassemblé une armée, lui ordonna de marcher vers le lieu où se tenaient enfermés Ursion et Bertfried. Il y avait dans le pays de Vaivres un village dominé par une montagne escarpée; sur la cime de cette montagne, on avait construit une basilique en l'honneur du saint et bienheureux Martin. On disait qu'il y avait eu aussi là, autrefois, un château; mais alors les lieux étaient fortifiés, non par les soins des hommes, mais simplement par la nature. Ursion et Bertfried se renfermèrent dans cette basilique avec leurs effets, leurs femmes, et leurs serviteurs. L'armée s'étant mise en marche, comme nous l'avons dit, le roi Childebert lui ordonna de se diriger de ce côté; mais, avant d'arriver jusqu'à eux, cette troupe livra aux flammes et au pillage, partout où elle passa, tout ce qu'elle trouva de métairies ou de biens à eux appartenant. En arrivant en ce lieu, elle gravit la montagne et entoura la basilique les armes à la main. Ces gens avaient pour chef Godégésile, gendre du duc Loup. Comme ils ne pouvaient tirer de la basilique ceux qui y étaient enfermés, ils s'efforcèrent d'y mettre le feu. Alors Ursion ceignit son épée et sortit, faisant un tel carnage des assiégeans qu'il n'en resta en vie aucun de ceux qui se présentèrent à sa vue. Il tua Trudulf, comte du palais du roi, et beaucoup d'autres de cette armée. Tandis que personne ne pouvait échapper aux coups d'Ursion, frappé soudainement dans la cuisse, il tomba à terre blessé, et, les ennemis se précipitant sur lui, il perdit la vie. Ce que voyant, Godégésile commença à s'écrier et à dire : « Que mainte-« nant la paix soit faite ; voilà que le plus grand en-« nemi de notre maître est tombé ; que la vie soit « laissée à Bertfried. » Comme il disait ces paroles, ses gens s'occupant surtout de piller les trésors rassemblés dans la basilique, Bertfried monta à cheval et dirigea sa fuite du côté de la ville de Verdun. Là, il se réfugia en un oratoire construit dans la maison épiscopale, et s'y croyait en sûreté, d'autant plus que l'évêque Agéric habitait cette maison. Mais lorsqu'on eut annoncé au roi Childebert que Bertfried s'était enfui, le cœur saisi de douleur, il dit : « Si celui-ci « a échappé à la mort, Godégésile n'échappera pas à « ma main. » Le roi ne savait pas que Bertfried se fût réfugié dans la maison épiscopale, mais croyait qu'il s'était enfui dans quelque autre pays. Alors Godégésile épouvanté fit de nouveau marcher une armée, et entoura la maison épiscopale. Le pontife refusa de rendre Bertfried et s'efforça de le défendre. Alors les gens de Godégésile montèrent sur le toit, et, en arrachant les tuiles et les matériaux de la couverture de l'oratoire, ils le tuèrent. Il périt avec trois de ses serviteurs. L'évêque éprouva une grande douleur, non seulement de n'avoir pu le défendre, mais encore d'avoir vu souiller de sang humain le lieu où il avait coutume de prier, et dans lequel avaient été rassemblées les reliques des saints. Le roi Childebert envoya vers lui avec des présens, pour apaiser sa douleur, mais il ne voulut pas se consoler. Beaucoup en ces jours-là, par la crainte que leur inspiraient les rois, passèrent en d'autres pays. Plusieurs furent dépouillés du rang de ducs, et d'autres furent mis à leur place.

Gontran ordonna que Waddon, que nous avons dit plus haut avoir été chargé de chaînes pour crime de lèse-majesté, parût en sa présence, et le faisant venir jusqu'à Paris, il dit : « Si, par le témoignage d'hommes « suffisans envoyés par Frédégonde, il peut se décharger de l'action qui lui est imputée, qu'il soit mis en « liberté et aille où il voudra. » Mais lorsque Waddon fut à Paris, il ne se présenta, de la part de cette femme, personne qui pût affirmer son innocence. Alors il fut ramené à Châlons chargé de liens et de chaînes, et sous une garde sévère ; mais ensuite on fit aller et venir des messagers, et surtout par l'entremise de Leudovald, évêque de Bayeux, il fut renvoyé chez lui.

La dysenterie désolait cruellement la ville de Metz. En ces jours-là, comme nous nous rendions au devant du roi, nous rencontrâmes sur notre chemin, c'est-à-dire, dans la ville de Rheims, Villulf, citoyen de Poitiers, plein de fièvre, et travaillé de cette maladie. Il allait à Paris avec le fils de sa femme; il continua son chemin dans une grande faiblesse, et mourut au village de Ruel, après avoir fait son testament. L'enfant, attaqué de la même maladie, mourut aussi. Tous deux furent rapportés et enterrés ensemble dans le territoire de Poitiers. La femme de Villulf épousa pour troisième mari le fils du duc Beppolène, qui, de notoriété publique, avait déjà deux femmes vivantes qu'il avait abandonnées. Il était léger et débauché, et, emporté par l'ardeur de la fornication, il laissait sa femme pour coucher avec ses servantes; et, détestant le lit conjugal, il en cherchait d'autres. C'était ainsi qu'il s'était conduit avec sa seconde femme, et se conduisit avec la troisième, ignorant que « la cor-« ruption ne possédera point cet héritage incorrup-« tible [1]. »

Ægidius, évêque de la ville de Rheims, ayant été soupçonné de ce même crime de lèse-majesté, pour lequel avaient été tués ceux dont j'ai parlé plus haut, se rendit avec de grands présens vers le roi Childebert. Il lui avait été prêté serment auparavant, dans la basilique de Saint-Remi, qu'on ne lui ferait aucun mal en route. Le roi l'accueillit, et le renvoya raccommodé avec lui. Il fit aussi la paix avec le duc Loup qui, comme nous l'avons dit, avait été dépouillé, à son instigation, du duché de Champagne; ce qui excita un grand déplaisir dans le roi Gontran, parce que Loup lui avait promis de ne faire jamais la

---

[1] I<sup>re</sup> Épit. de S. Paul aux Corinth. chap. 15, v. 50.

paix avec l'évêque qui était connu pour ennemi de ce roi.

En ce temps, Reccared, roi d'Espagne, touché de la miséricorde divine, assembla les évêques de sa religion, et leur dit : « Pourquoi s'élève-t-il sans cesse des « querelles entre vous et les prêtres qui se disent ca- « tholiques ? Et tandis qu'ils manifestent leur croyance « par beaucoup de miracles, pourquoi ne pouvez-vous « faire rien de tel ? Rassemblez-vous donc, je vous en « prie, les uns avec les autres, et discutez les croyances « des deux partis, afin que nous connaissions quelles « sont les véritables ; ils se rendront à vos raisons « et croiront ce que vous dites, ou vous recon- « naîtrez que la vérité est de leur côté, et croirez « ce qu'ils prêchent. » La chose s'étant faite ainsi, les évêques des deux partis s'assemblèrent, et les hérétiques avancèrent les propositions contenues dans les discours que nous avons déjà rapportés de plusieurs d'entre eux. De leur côté, les évêques de notre religion leur opposèrent ces raisons par lesquelles nous avons déjà montré, dans les livres précédens, les hérétiques plusieurs fois vaincus. Le roi remarquait surtout que les évêques des hérétiques ne faisaient apparaître sur les malades aucune guérison miraculeuse, et il se rappelait comment, du temps de son père, un de ces évêques, qui se vantait, par les mérites de sa fausse croyance, de rendre la lumière aux aveugles, avait touché un aveugle, et, plein de confusion, l'avait renvoyé condamné à une cécité perpétuelle ; ce que nous avons exposé au long dans le livre des Miracles [1]. Il appela donc de nouveau à lui les prêtres

---

[1] Voir le liv. 2 de Grégoire de Tours, tom. 1, pag. 48 ; ce n'était pas du

du Seigneur, et après avoir examiné leur croyance, il reconnut un seul Dieu qui doit être adoré sous la distinction de trois personnes, le Père, le Fils et le Saint-Esprit, desquelles on doit reconnaître le Fils égal au Père et au Saint-Esprit, le Saint-Esprit égal au Père et au Fils, vrai Dieu composé d'une Trinité égale et également toute-puissante. Reccared, ayant donc reçu l'intelligence de la vérité, mit de côté toute discussion, se soumit à la loi catholique, reçut le signe de la sainte croix et l'onction du saint chrême, et crut à Notre-Seigneur Jésus-Christ, fils de Dieu, égal à son Père et au Saint-Esprit, régnant avec eux dans les siècles des siècles; Amen. Ensuite il envoya dans la province Narbonnaise des messagers qui, racontant au peuple ce qu'il avait fait, le réunirent dans une même croyance.

Il y avait en ce temps un évêque de la secte arienne, nommé Athaloque, qui troublait tellement l'Église de Dieu par de vaines propositions et des interprétations mensongères des Écritures, qu'on l'eût dit Arius lui-même, de qui l'historiographe Eusèbe a raconté qu'il avait rendu ses intestins dans les privés; mais, comme Athaloque ne permettait pas à ceux de sa secte de croire à ce récit, et qu'il n'avait de son parti qu'un petit nombre de flatteurs, violemment irrité, il entra dans sa cellule, et, ayant penché la tête sur son lit, rendit son ame perverse. Ainsi, le peuple d'hérétiques, qui habitait cette province, abandonna ses erreurs, et confessa la Trinité indivisible.

temps de Leuvigild, père de Reccared, ni en Espagne et parmi les Goths, mais en Afrique et du temps de Hunéric, roi des Vandales, qu'avait eu lieu cette aventure.

Après cela, Reccared envoya à Gontran et à Childebert une ambassade pour faire la paix avec eux, offrant, comme il affirmait s'être réuni avec eux dans une même foi, de s'unir également à eux par la charité; mais le roi Gontran repoussa les envoyés, disant: « Quelle fidélité peuvent-ils me promettre, et com-
« ment pourrai-je les croire quand ils ont réduit en
« captivité ma nièce Ingonde, et quand, par leurs
« embûches, son mari a été mis à mort, et qu'elle-
« même a péri dans son voyage? Je ne recevrai point
« d'ambassade de Reccared jusqu'à ce que Dieu per-
« mette que j'aie été vengé de ces ennemis. » Les envoyés, ayant reçu cette réponse, allèrent trouver le roi Childebert, qui les reçut avec des sentimens de paix, et ils lui dirent : « Ton frère Reccared, notre
« maître, veut se laver du crime qu'on lui impute,
« d'avoir été complice de la mort de votre sœur; il
« s'en purgera, si tu veux, par serment ou de quelque
« autre manière qu'il te plaira; puis il donnera à votre
« Grâce dix mille sous d'or, et il desire ainsi avoir
« votre amitié, afin qu'usant de votre secours, et vous
« du sien, lorsqu'il sera nécessaire, vous y trouviez
« tous deux votre avantage. » Lorsqu'ils eurent ainsi parlé, le roi Childebert et sa mère promirent de garder avec Reccared une paix et une amitié constantes, et après avoir reçu et fait des présens, les envoyés ajoutèrent : « Notre maître nous a aussi ordonné de
« transmettre à votre oreille quelques paroles sur
« votre fille et sœur Clodosinde, afin qu'elle lui soit
« donnée en mariage, ce qui rendra plus solide la
« paix promise entre vous. » Le roi et la reine répondirent : « Vous recevrez de nous, sur ce point,

« une promesse valable ; mais nous n'osons faire la
« chose sans le consentement de notre oncle le roi
« Gontran ; car nous lui avons promis de ne traiter
« aucune grande affaire sans en prendre son avis. »
Ils s'en allèrent après avoir reçu cette réponse.

Il y eut cette année de grandes pluies au printemps, et les arbres et la vigne commençaient déjà à se garnir de feuilles lorsqu'il tomba de la neige qui couvrit tout ; ensuite vint de la gelée qui brûla tant les pousses de la vigne que les autres fruits déjà sortis. La rigueur de la saison parvint à ce point que les hirondelles et les autres oiseaux venus des régions lointaines périrent par la violence du froid. Ce qu'il y eut de merveilleux, c'est que la gelée détruisit tout dans les lieux où elle n'avait jamais fait de mal, et qu'il n'y en eut pas dans ceux où elle avait coutume de nuire.

Les Bretons se précipitèrent sur le territoire de Nantes, pillèrent, envahirent les métairies, et emmenèrent des captifs. Ces nouvelles ayant été annoncées au roi Gontran, il ordonna de faire marcher une armée, et envoya aux Bretons un messager pour leur dire de composer pour tout le mal qu'ils avaient fait, ou qu'autrement son armée les passerait au fil de l'épée. Saisis de crainte, ils promirent de réparer tout le mal qu'ils avaient fait. Alors le roi fit partir des envoyés pour aller vers eux, savoir Namatius, évêque d'Orléans, Bertrand, évêque du Mans, avec des comtes et autres hommes du premier rang. Il y vint aussi des hommes considérables du royaume de Clotaire, fils du roi Chilpéric, qui allèrent dans le territoire de Nantes annoncer à Waroch et à Widimael tout ce

qu'ordonnait le roi. Ceux-ci répondirent : « Nous sa-
« vons que ces cités appartiennent aux fils du roi Clo-
« taire, et que nous-mêmes devons leur être soumis ;
« ainsi nous composerons sans retard pour tout ce que
« nous avons fait contre leurs droits. » Ils donnèrent
donc des cautions et souscrivirent des engagemens,
promettant de donner au roi Gontran et au roi Clotaire
chacun mille sous de composition, et ils promirent aussi
de ne plus faire d'irruption sur le territoire des cités
qui leur appartenaient. La chose ainsi accommodée,
les envoyés du roi s'en retournèrent et leur rapportèrent ce qu'ils avaient fait. Mais tandis que l'évêque
Namatius séjournait dans les métairies situées au territoire de Nantes, et qui, enlevées à ses parens, lui
avaient été rendues, il lui survint à la tête trois ul-
cères pernicieux. S'en trouvant très-malade, il voulut
retourner dans sa ville ; mais, en passant dans le pays
d'Angers, il y rendit l'esprit. Son corps fut porté à la
ville et enseveli dans la basilique de Saint-Aignan,
confesseur. On mit dans son siége Austrin, dont le
père avait été berger. Waroch, oubliant ses sermens
et ses engagemens, n'accomplit rien de ce qu'il avait
promis. Il s'empara des vignes des Nantais, en fit la
vendange et transporta le vin à Vannes. Sur quoi le
roi Gontran, saisi de nouveau d'une grande colère,
ordonna de faire marcher une armée, mais il s'apaisa.

La guerre entre les habitans de Tours, qui, comme
nous l'avons dit plus haut, s'était apaisée, se réveilla
avec une nouvelle fureur. Sichaire, après avoir tué
les parens de Chramnisinde, s'était lié avec lui d'une
grande amitié et ils se chérissaient tous deux avec une
telle tendresse qu'ils prenaient souvent leurs repas

ensemble et couchaient dans un même lit. Un soir Chramnisinde avait préparé à souper et avait invité Sichaire à son festin. Celui-ci étant venu ils se mirent ensemble à table. Comme Sichaire, pris de vin, tenait à Chramnisinde beaucoup de fâcheux propos, il en vint à dire, à ce qu'on rapporte : « Tu dois bien
« me rendre grâces, ô mon très-cher frère, de ce que
« j'ai tué tes parens, car la composition que tu as reçue
« pour cela fait que l'or et l'argent abondent dans ta
« maison ; tu serais maintenant nu et misérable, si
« cela ne t'avait pas un peu remonté. » Ces paroles de Sichaire excitèrent une grande amertume dans l'ame de Chramnisinde, et il dit en lui-même : « Si je ne venge
« pas la mort de mes parens, je mérite de perdre le
« nom d'homme et d'être appelé une faible femme. » Aussitôt, ayant éteint les lumières, il fendit avec sa dague la tête de Sichaire, qui, en ce dernier moment de sa vie, jeta un faible cri et tomba mort. Les serviteurs qui étaient venus avec lui prirent la fuite. Chramnisinde dépouilla le cadavre de tous ses vêtemens et le pendit aux branches d'un buisson ; puis, montant à cheval, il alla trouver le roi. Il entra dans l'église, et, s'étant jeté à ses pieds, lui dit : « Je te demande la
« vie, ô roi très-glorieux, pour avoir tué les gens qui,
« après avoir fait périr en secret mes parens, ont en-
« levé tous mes biens. » Alors, ayant exposé son affaire en détail, la reine Brunehault, qui avait pris Sichaire sous sa garantie, trouva très-mauvais qu'il eût été tué de cette manière, et commença à s'emporter contre Chramnisinde. Voyant qu'elle lui était contraire, il se retira à Besages dans le pays de Bourges, où habitaient ses parens, parce qu'il était mal vu dans le royaume

du roi Gontran. Tranquille, femme de Sichaire, ayant laissé ses fils et ses richesses à Tours ou à Poitiers, alla chez ses parens dans le Hurepoix, et s'y maria. Sichaire mourut vers l'âge de quarante ans; il avait été, durant sa vie, inconsidéré, ivrogne, porté au meurtre, et, dans son ivresse, il avait causé à plusieurs beaucoup de dommages. Chramnisinde retourna de nouveau vers le roi, et l'on prononça qu'il serait obligé de prouver que Sichaire avait tué les siens, ce qu'il fit. Mais comme Sichaire était sous la garantie de la reine Brunehault, ainsi que nous l'avons dit, on ordonna que les biens de Chramnisinde fussent confisqués. Mais le domestique Flavien les lui rendit par la suite; et, comme il allait à Agen, il lui donna des lettres pour empêcher que personne ne lui fît du mal : la reine avait concédé ses biens à Flavien.

Dans cette année, la treizième du roi Childebert, comme nous étions en route vers la ville de Metz pour nous rendre auprès du roi, nous reçûmes l'ordre d'aller en ambassade vers le roi Gontran. Nous le trouvâmes dans la ville de Châlons et nous lui dîmes : « Ton très-glorieux neveu Childebert t'envoie, « ô illustre roi, un très-ample salut, et te rend des « grâces infinies de ta bonté, parce que tu ne cesses « de lui donner des avis pour qu'il fasse ce qui plaît « à Dieu et ce qui peut t'être agréable et convenir aux « peuples. Il promet d'accomplir toutes les choses dont « vous avez parlé ensemble et de ne violer aucun « des engagemens pris entre vous. » Alors le roi dit : « Je n'ai pas également à lui rendre grâces, quand il « viole à ce point tout ce qu'il m'a promis. Il ne « m'a pas rendu, comme il le devait, ma part de la

« ville de Senlis. Il a empêché de passer des hommes
« que je voulais, pour mon avantage, transporter
« en d'autres lieux, parce qu'ils m'étaient contraires.
« Comment dites-vous donc que mon très-doux ne-
« veu ne veut transgresser aucun des engagemens
« signés entre nous ? » Et nous lui répondîmes : « Il
« ne veut rien faire contre ses engagemens, et
« promet de les accomplir en entier; ainsi si tu veux
« envoyer dès à présent pour qu'on fasse le par-
« tage de la ville de Senlis, tu recevras immédiate-
« ment ce qui t'appartient. Donne par écrit le nom
« des hommes dont tu parles, et on accomplira tout
« ce qui a été promis. » Comme nous tenions ce discours, le roi ordonna de relire le traité devant tous ceux qui étaient présents. En voici le texte :

« Au nom du Christ, les très-excellens seigneurs rois Gontran et Childebert, et la très-glorieuse dame la reine Brunehault se sont réunis à Andelot[1] pour l'amour de la charité, afin de terminer, par une mûre délibération, tout ce qui pourrait engendrer des différends entre eux; et par la médiation des prêtres et des grands, Dieu y intervenant, pour l'amour de la charité il a été arrêté, voulu et convenu, qu'aussi long-temps que le Dieu tout-puissant les voudrait maintenir dans la vie de ce monde, ils se conserveraient une

---

[1] Les opinions varient sur le lieu où fut conclu ce traité; dans le mot *Andelaüm*, les uns voient la petite ville des Andelys en Normandie, les autres Andlaw dans les Vosges sur les confins de l'Alsace, d'autres enfin Andelot, dans le diocèse de Langres, entre Langres et Naz sur l'Ornain. Cette dernière opinion, adoptée par dom Bouquet, nous paraît aussi la plus vraisemblable, le bourg d'Andelot se trouvant à peu près sur la frontière du royaume de Childebert et de celui de Gontran.

foi et une charité pure et sincère; et en même temps comme le seigneur Gontran, d'après le traité qu'il a fait avec le seigneur Sigebert de vertueuse mémoire, a dit avoir droit de retenir en entier toute la portion qui lui était revenue du royaume de Charibert, et que les ayant-cause du seigneur Childebert ont témoigné en son nom vouloir reprendre tout ce qu'avait possédé son père, il demeure arrêté, d'après une délibération et détermination fixes, que ce que le seigneur Sigebert, par un traité, avait eu du royaume de Charibert, savoir le tiers de la cité de Paris, avec son territoire et le peuple qu'elle contient, ainsi que Châteaudun, Vendôme et tout ce que ledit roi avait possédé dans tout le pays d'Étampes et de Chartres, leurs territoires et le peuple qu'ils contiennent, demeureront à perpétuité sous la puissance et domination du seigneur Gontran, avec tout ce que ledit seigneur a possédé dudit royaume du roi Charibert du vivant du roi Sigebert. D'un autre côté, le seigneur roi Childebert retient, à compter de ce jour, en sa puissance, les cités de Melun, deux portions de celle de Senlis, Tours, Poitiers, Avranches, Conserans, Aire, Bayonne, Albi, avec leurs territoires; et il est établi que celui de ces rois qui, par la volonté de Dieu, survivra à l'autre, héritera du royaume de celui qui sortira de la lumière du monde sans laisser de fils, en jouira en entier à perpétuité, et le laissera, avec l'aide de Dieu, à ses enfans. Il est spécialement convenu, comme une condition que tous doivent observer inviolablement, que tout ce que le seigneur roi Gontran a donné à sa fille Clotilde, ou, avec la permission de Dieu, lui donnera en-

core en biens, en choses et en hommes, cités, champs
ou rentes, demeurera en sa possession et propriété; et
si elle veut disposer à sa volonté de quelques-uns des
champs qui lui ont été donnés du fisc, ou de ses effets et de ses fonds, ou qu'elle veuille les donner à
quelqu'un, qu'ils lui soient conservés à perpétuité,
avec l'aide de Dieu, ne lui soient enlevés en aucun
temps par qui que ce soit, et qu'elle les possède en tout
honneur, sûreté et dignité, sous la garde et défense
du seigneur Childebert, ainsi que tout ce qu'elle se
trouvera posséder à la mort de son père. Le seigneur
roi Gontran promet également que, si par un effet de
l'instabilité des choses humaines, ce que veuille ne
pas permettre la miséricorde divine et ce qu'il ne dé-
sire pas, il arrivait que le roi Childebert quittât la lumière de ce monde, lui encore vivant, il prendrait
comme un bon père sous sa tutelle et défense ses fils
les rois Théodebert et Théodoric, ainsi que les autres que Dieu voudra lui accorder; en sorte qu'ils pussent posséder en toute sûreté le royaume de leur
père, et prendrait de même sous sa défense et protection la mère du seigneur Childebert, la dame reine
Brunehault, sa fille Clodosinde, sœur du roi Childebert,
aussi long-temps qu'elles demeureraient dans le pays
des Francs, et la reine Faileube; qu'il leur demeu-
rerait attaché comme à une bonne sœur et à de bonnes
filles, et les maintiendrait en tout honneur et dignité,
avec tous leurs biens, cités, champs, rentes ou autres
titres, effets, et tant ce qu'elles possèdent actuellement que ce qu'elles pourront, avec l'aide du Christ,
acquérir encore, afin qu'elles les possèdent en tout
repos et toute sûreté; et si elles veulent disposer

des champs qu'elles ont reçus du fisc, de leurs effets et de leurs fonds, ou les veulent transmettre à quelqu'un, que cela demeure aussi solidement établi à perpétuité, et ne soit enlevé par personne ni en aucun temps. Quant aux cités de Bordeaux, Limoges, Cahors, Béarn et Bigorre, que Galsuinthe, sœur de la dame Brunehault, a acquises en venant en France, tant en qualité de dot que de *morganegiba*, c'est-à-dire don du lendemain[1], et que, par un jugement du très-glorieux seigneur roi Gontran et des Francs, les rois Chilpéric et Sigebert encore vivans, la dame Brunehault est reconnue avoir acquises, il est convenu, qu'à compter de ce jour, la dame Brunehault recevra en propriété la cité de Cahors avec son territoire et le peuple qu'elle renferme. Les autres villes comprises dans le nombre de celles qui ont été nommées ci-dessus, seront possédées par le seigneur Gontran de son vivant, et après sa mort retourneront sous la domination de la dame Brunehault et de ses héritiers, pour être possédées par eux à demeure; avec l'aide de Dieu, et tant que vivra le seigneur Gontran, elles ne pourront, en quelque temps ni par quelque raison que ce soit, être revendiquées ni par la dame Brunehault ni par le roi Childebert ou ses fils; il est également convenu que le seigneur Childebert possédera dans son entier la cité de Senlis, et que le

---

[1] *Morgengabe*; présent que le mari faisait à la femme le lendemain du jour des noces, en récompense de la virginité qu'elle lui avait apportée. L'usage et le mot existent chez tous les peuples d'origine germanique; *morgengap*, *morgincap*, chez les Lombards; *morgengifa* chez les Anglo-Saxons; *morgongafva* chez les Scandinaves, etc.; on le retrouve également chez beaucoup d'autres nations, et il s'est conservé en Allemagne jusqu'aux temps modernes, mais seulement dans la classe supérieure.

tiers qui en revient au seigneur Gontran sera compensé à son égard par le tiers appartenant au seigneur Childebert dans la cité de Rosson ¹. Il est également convenu que, conformément au traité qui a été fait entre le seigneur Gontran et le seigneur Sigebert de vertueuse mémoire, ceux des Leudes qui, après la mort du seigneur Clotaire, ont prêté d'abord serment au roi Gontran, et qui ont été convaincus d'avoir passé dans un autre parti, seront renvoyés des lieux qu'ils sont venus habiter; et de même ceux qui, après la mort du roi Clotaire, auront prêté d'abord serment au seigneur Sigebert, et se seront ensuite transportés dans un autre parti, seront renvoyés de la même manière. Il est également convenu de maintenir les dons faits par lesdits rois à l'Église ou à leurs fidèles, ou ce que, avec l'aide de Dieu, ils voudraient encore à bon droit leur conférer; comme aussi qu'aucun de ces fidèles n'aura à souffrir aucun préjudice en ce qui lui reviendra légalement et légitimement dans l'un ou l'autre royaume, mais qu'il lui sera permis de reprendre et posséder ce qui lui appartient; que si, dans l'interrègne, l'un d'entre eux, sans l'avoir mérité, était dépouillé de quelque chose, après avoir été entendu, il en obtiendra la restitution, et chacun possédera en toute sûreté ce qu'il aura tenu de la munificence des rois précédens, et possédé jusqu'à la mort du roi Clotaire de glorieuse mémoire, et ce qui a été depuis ce temps enlevé aux fidèles leur sera actuellement restitué; et comme, au nom de Dieu, les susdits rois se sont liés d'une union pure

---

¹ Selon les uns, Rosson-le-Long, bourg entre Soissons et Vic-sur-Aisne; selon d'autres, Rosson dans le diocèse de Beauvais.

et sincère, il est convenu que, lorsque quelqu'un des fidèles des deux royaumes voudra voyager dans l'un ou l'autre de ces royaumes, soit pour des affaires publiques ou particulières, le passage ne lui sera en aucun temps refusé. Il est également convenu qu'aucun des deux rois ne cherchera à attirer à soi les Leudes de l'autre, et ne les recevra, quand ils viendront le trouver; que si par hasard l'un de ces Leudes, pour quelque tort, croit devoir se réfugier dans l'autre royaume, il sera rendu à son roi en obtenant des garanties de sûreté proportionnées à la nature de la faute. Il a été agréé d'ajouter au présent traité que, si sous quelque prétexte ou en quelque temps que ce fût, l'une des parties présentes venait à le transgresser, elle en perdrait tous les avantages tant actuels que promis, et ils tourneraient au bénéfice de celui qui serait demeuré inviolablement fidèle aux susdites conditions, et il serait, sur tous les points, relevé des obligations de son serment. Ces choses ainsi arrêtées, les parties jurent, au nom du Dieu tout-puissant, de la Trinité indivisible, et de toutes les choses divines, ainsi que du redoutable jour du jugement, d'observer inviolablement tout ce qui a été écrit ci-dessus, sans aucune méchante tromperie ou artifice frauduleux. Convenu le quatrième jour des calendes de décembre, l'an 26ᵉ du règne du seigneur roi Gontran, et le 12ᵈ de celui du roi Childebert [1]. »

Après la lecture du traité, le roi dit : « Que je « sois frappé du jugement de Dieu, si j'ai enfreint « quelque chose de ce que contient ce traité. » Et se tournant vers Félix, qui était venu en mission avec

[1] 28 novembre 587.

nous, il lui dit : « Dis-moi, ô Félix! tu as lié une « grande amitié entre ma sœur Brunehault et Frédé- « gonde, cette ennemie de Dieu et des hommes. » Lui le niant, je dis : « Le roi ne doit pas douter qu'elles « ne conservent entre elles cette amitié dont elles « sont liées depuis plusieurs années ; car tu dois savoir « certainement que la haine qui règne entre elles de- « puis long-temps ne fait que croître au lieu de s'at- « ténuer. Plût à Dieu que toi, ô roi très-glorieux! tu « n'eusses pas pour Frédégonde plus de bienveillance, « car nous avons su bien souvent que tu avais reçu ses « ambassades beaucoup mieux que les nôtres. » Et lui répondit : « Sache, prêtre de Dieu, que si j'ai reçu « ses envoyés, c'est de manière à ne point manquer à « mon amitié envers mon neveu, le roi Childebert, « car je ne peux me lier d'amitié à celle de la part de « qui je sais que sont venus souvent des gens envoyés « pour m'ôter la vie de ce monde. » Lorsqu'il eut ainsi parlé, Félix dit: « Il est, je crois, parvenu jusqu'à votre « Gloire que Reccared avait envoyé une ambassade à « votre neveu, pour lui demander en mariage votre « nièce Clodosinde, fille de votre frère. Mais lui n'a « rien voulu promettre que d'accord avec vous. » Le roi dit : « Il n'est pas très-bon que ma nièce aille dans « le pays où l'on a fait périr sa sœur, et ce n'est pas « une chose conforme à la raison que la mort de ma « nièce Ingonde demeure sans vengeance. » Félix ré- pondit : « Ils desirent beaucoup s'en justifier par des « sermens ou par toute autre condition qu'on voudra « leur imposer. Ils demandent seulement que vous « consentiez à ce que Clodosinde soit fiancée à Rec- « cared, ainsi qu'il vous en sollicite. » Le roi dit :

« Si mon neveu accomplit toutes les conditions du
« traité qu'il a signé, je ferai là-dessus ce qui lui
« plaira. » Nous promîmes que tout serait accompli,
et Félix ajouta : « Il supplie aussi votre bonté de lui
« prêter secours contre les Lombards, afin que les chas-
« sant d'Italie, il puisse recouvrer ce que son père pos-
« sédait de son vivant, et que par son assistance et la
« vôtre, le reste soit remis sous la domination de
« l'empereur. » Le roi répondit : « Je ne puis envoyer
« mon armée en Italie, pour la livrer moi-même à la
« mort. L'Italie est actuellement ravagée par une
« cruelle contagion. » Et moi je dis : « Vous avez fait
« connaître à votre neveu qu'il fallait qu'il rassem-
« blât tous les évêques de son royaume, parce qu'il
« y a beaucoup de choses qu'ils doivent examiner;
« mais votre neveu très-glorieux desirerait que, sui-
« vant l'usage canonique, chacun des métropolitains
« rassemblât ses suffragans, et remédiât par l'autorité
« des décrets sacerdotaux aux désordres commis dans
« son propre pays. Quel motif peut-il y avoir pour ras-
« sembler une si grande multitude? aucun péril n'é-
« branle la foi de l'Église, il ne s'élève point de nou-
« velle hérésie. Quelle nécessité y a-t-il donc de ras-
« sembler tant de prêtres du Seigneur? » Et le roi dit :
« Ils ont à juger de beaucoup d'actions iniques, tant
« fornications qu'autres affaires qui se traitent en-
« tre nous; mais l'affaire de Dieu est la première de
« toutes, et vous devez rechercher d'abord comment
« l'évêque Prétextat a été assassiné par le glaive dans
« son église. On doit aussi discuter l'accusation de
« luxure portée contre plusieurs, afin que, s'ils sont
« convaincus, ils se soumettent à la correction des dé-

« crets sacerdotaux; que si on les trouve innocens, la
« fausseté de l'accusation soit reconnue publique-
« ment. » Il ordonna que ce synode fût renvoyé au
commencement du quatrième mois [1], et après cet entretien nous nous rendîmes à l'église. C'était le jour
de la fête de la résurrection du Seigneur. Après la
messe, il nous invita à sa table, qui ne fut pas moins
chargée de mets qu'abondante en satisfaction. Le roi
tournait toujours l'entretien sur Dieu, la construction
des églises, la défense des pauvres. Il riait aussi des
jeux d'esprit qu'il aimait beaucoup, ajoutant des
choses dont nous recevions une sorte de joie; car il
disait : « Pourvu que mon neveu garde toutes les pro-
« messes qu'il m'a faites, tout ce que j'ai est à lui; et
« s'il se scandalise de ce que je reçois les envoyés de
« mon neveu Clotaire, suis-je donc privé de sens,
« que je ne puisse me ménager entre eux, de manière
« à ce qu'il ne s'engendre pas de discorde? Je sais qu'il
« vaut mieux y couper court que les laisser traîner
« en longueur. Je donnerai à Clotaire, si je le recon-
« nais pour mon neveu, deux ou trois cités pour sa
« part, afin qu'il ne paraisse pas déshérité de mon
« royaume, et pour ne point préparer d'embarras à
« ceux à qui je le laisserai. » Après avoir dit ces choses et plusieurs autres, il nous renvoya avec d'affec-
tueuses caresses, et chargés de présens, nous recom-
mandant d'insinuer toujours au roi Childebert des
choses avantageuses à son bien-être.

Ce roi, comme nous l'avons dit, était libéral en
aumônes, assidu aux veilles et aux jeûnes. On disait
alors que Marseille était grandement dévastée par la

[1] Juin.

peste, et que cette maladie s'était répandue très-rapidement jusqu'à un bourg du pays de Lyon nommé Octave. Mais le roi, comme l'aurait pu faire un bon évêque, prit soin d'ordonner des remèdes capables de guérir les plaies contractées par les péchés des peuples. Il voulut que tout le monde se rassemblât à l'église, et que les Rogations y fussent célébrées avec la plus grande dévotion; que personne ne prît pour sa nourriture autre chose que du pain d'orge et de l'eau pure, et que tous assistassent constamment aux Vigiles. Cela se fit, ainsi qu'il l'avait ordonné, pendant trois jours; il répandit ses aumônes encore plus libéralement que de coutume, craignant tellement pour tout son peuple, qu'on l'eût pris non seulement pour un roi, mais pour un prêtre du Seigneur; mettant toutes ses espérances dans la miséricorde de Dieu, et tournant toutes les pensées qui pouvaient lui survenir vers celui sur qui, dans la pureté de sa foi, il s'en reposait du soin de les rendre efficaces. On rapportait comme une chose notoire parmi les fidèles, qu'une femme, dont le fils était dans son lit cruellement malade de la fièvre quarte, s'étant approchée au milieu de la foule du peuple jusque derrière le roi, et lui ayant pris adroitement quelques brins de la frange de son vêtement royal, les mit dans de l'eau qu'elle fit boire à son fils, et qu'aussitôt la fièvre cessa, et il fut guéri; ce dont je ne fais aucun doute; car souvent j'ai entendu des démoniaques, dans leurs accès, invoquer son nom, et, reconnaissant sa puissance, s'accuser eux-mêmes de ce qu'ils avaient fait.

Comme, ainsi que nous l'avons dit, la contagion

empirait dans la ville de Marseille, il convient de détailler plus au long tout ce que cette ville eut à souffrir. En ces jours-là, l'évêque Théodore alla vers le roi pour lui parler contre le patrice Nicet; mais le roi Childebert n'ayant pas voulu l'entendre, il prit le parti de s'en retourner chez lui. Cependant, un vaisseau d'Espagne, arrivé dans le port pour y faire le commerce accoutumé, apporta avec lui le germe pernicieux de cette maladie; et, comme il avait négocié avec beaucoup de citoyens, il arriva aussitôt que, dans une maison qui contenait huit habitans, tous périrent par la contagion, en sorte qu'elle demeura vide. Le feu de la contagion ne se répandit pas sur-le-champ dans toutes les maisons, mais demeura interrompu quelque temps; puis, comme une flamme allumée dans les moissons, il embrâsa toute la ville de la fureur de la maladie. Cependant, l'évêque de la ville y arriva, et se tint renfermé dans la basilique de saint Victor, avec un petit nombre de ceux qui l'avaient accompagné. Il implorait, par des veilles et des oraisons, la miséricorde de Dieu sur les calamités de sa ville, afin que, le mal s'apaisant, le peuple pût retrouver quelque repos. La maladie ayant cessé pendant deux mois, le peuple commençait à revenir sans crainte, lorsqu'elle reprit de nouveau, et ceux qui étaient revenus périrent. Beaucoup de bourgs voisins souffrirent ensuite de ce fléau.

Agéric, évêque de Verdun, était malade du chagrin qu'il éprouvait journellement en pensant que Gontran-Boson, pour qui il s'était porté caution, avait été tué, et il ressentait aussi une douleur secrète de ce que Bertfried avait été tué dans l'oratoire de la maison épiscopale; et chaque jour, en pleurant, il répétait aux fils de Gontran, qu'il avait avec lui : « C'est en haine de moi qu'on vous a « laissés orphelins. » Dévoré, comme nous l'avons dit, par ce souvenir, accablé d'un cruel déplaisir, et de plus consumé par une excessive diète, il mourut et fut déposé dans le tombeau. Buciovald, son vicaire, concourut pour son épiscopat, mais ne put l'obtenir. L'autorité royale, d'accord avec l'élection des citoyens, porta au sacerdoce Charimer, référendaire, et mit de côté l'abbé Buciovald. Il passait pour orgueilleux, et, à cause de cela, plusieurs lui donnaient le nom de *Buccus validus* (trompette sonore). Licérius, évêque d'Arles, mourut aussi et, par la protection de l'évêque Siagrius, Virgile, vicaire d'Autun, fut mis à sa place.

En ce temps mourut aussi Deutère, évêque de Vannes, à la place duquel on nomma Fronime. Ce Fronime était natif de la ville de Bourges; mais, je ne sais pourquoi, il s'était rendu en Septimanie. Après la mort du roi Athanagild, il fut magnifiquement reçu par son successeur Liuva, et sacré évêque de la ville d'Adge. Mais, après la mort de Liuva, son successeur, Leuvigild, ayant marché dans les voies iniques de l'hérésie, lorsqu'Ingonde, fille du roi Sigebert, eut été, comme nous l'avons dit, mariée en Espagne, on fit entendre à Leuvigild que l'évêque lui donnait des conseils pour empêcher qu'elle ne se laissât infecter du venin des croyances hérétiques; et, à cause de cela, il lui dressa des piéges dangereux, afin de le chasser de son évêché; mais, ne trouvant pas moyen de le faire tomber dans ses lacs, il envoya enfin des gens pour le faire périr sous le glaive. L'évêque en fut averti par des messagers, et, quittant la ville d'Agde, il vint dans les Gaules. Là, il fut accueilli par un grand nombre d'évêques, en reçut des présens, et passa au roi Childebert. Le siége de Verdun étant demeuré vacant, le roi le revêtit en cette ville de la puissance pontificale, neuf ans après celui où il avait été chassé de son premier siége.

Les Bretons pillèrent cruellement cette année les territoires de Nantes et de Rennes, vendangèrent les vignes, dévastèrent les champs cultivés, et emmenèrent captifs les habitans des villages, ne gardant aucune des promesses qu'ils avaient faites, et non seulement ne gardant pas leurs promesses, mais enlevant ce qui appartenait à nos rois.

Le roi Childebert avait promis, sur la demande des Lombards dont il avait reçu des présens, de donner sa sœur pour femme à leur roi ; mais les envoyés des Goths étant venus ensuite, comme il apprit que cette nation s'était convertie à la foi catholique, ils reçurent à leur tour la même promesse ; et Childebert envoya une ambassade à l'empereur pour convenir qu'il enverrait des troupes faire la guerre aux Lombards, ce qu'il n'avait pas encore fait, et que de concert avec lui il les chasserait d'Italie [1]. Cependant il envoya son armée pour se rendre maître de ce pays, et les chefs s'étant mis en marche avec l'armée, ils livrèrent combat ; mais les nôtres furent très-fort battus et il y en eut beaucoup de tués, plusieurs faits prisonniers ; d'autres, échappés par la fuite, revinrent à grand'peine dans leur

[1] En 588.

pays. Il se fit dans cette occasion un tel carnage de l'armée des Francs, qu'on ne se rappelle pas qu'il y en ait eu un semblable.

La quatorzième année du roi Childebert, passa de ce monde la reine Ingoberge, veuve de Charibert, femme d'une grande prudence, adonnée à la vie religieuse, et point paresseuse aux veilles, aux prières et aux aumônes. Avertie, je crois, par la providence de Dieu, elle m'envoya des messagers pour que je vinsse l'aider à faire son testament, comme elle l'avait projeté pour le salut de son ame, afin de faire rédiger par écrit, lorsque je serais venu vers elle, et après s'en être consultée avec moi, les choses qu'elle avait déterminé de faire. Je vins, et je le déclare, je vis une personne craignant Dieu. Elle me reçut avec bienveillance, fit appeler un notaire, et s'étant, comme je l'ai dit, consultée avec moi, légua certaines choses à l'église de Tours et à la basilique de saint Martin, et d'autres à l'église du Mans; et peu de mois après, accablée d'une maladie subite, elle passa de ce monde, à ce que je crois dans la soixante-dixième année de son âge, laissant une fille unique mariée au fils du roi de Kent. Elle donna par son testament la liberté à un grand nombre de gens.

Le duc Amale, ayant envoyé sa femme dans un de ses domaines pour y soigner ses affaires, devint amoureux d'une jeune fille de naissance libre. La nuit venue, étant pris de vin, il envoya ses serviteurs pour enlever la jeune fille, et l'amener dans son lit. Elle résistant, ils la conduisirent par force dans sa demeure, la frappant de soufflets, en sorte que le sang coulait à flots de ses narines. D'où il arriva que le lit du duc en fut ensanglanté ; car s'en étant rendu maître avec des coups de poing, des soufflets, et d'autres mauvais traitemens, il la prit dans ses bras, et aussitôt, accablé de sommeil, il s'endormit. Elle, ayant étendu la main au-delà de la tête de cet homme, trouva son épée, et l'ayant tirée, lui en frappa courageusement la tête, ainsi que l'avait fait Judith à Holopherne. A ses cris, ses serviteurs accoururent et voulurent tuer la jeune fille, mais il s'écria en disant : « N'en faites « rien, je vous prie, car j'ai péché en voulant de force « lui ravir sa chasteté ; qu'elle ne périsse point celle « qui n'a rien fait que pour conserver sa pudicité. » En disant ces mots, il rendit l'esprit. Tandis que sa famille réunie était occupée à pleurer sur le lit, la jeune fille, avec l'aide de Dieu, s'échappa, sortit de la maison et arriva dans la nuit à la ville de Châlons située à près de trente-cinq milles [1] du lieu d'où elle était partie. Là, elle entra dans la basilique de saint Marcel, et prosternée aux pieds du roi lui raconta tout ce qui lui était arrivé. Le roi très-miséricordieux non seulement lui donna la vie, mais commanda qu'il lui fût remis un ordre d'après lequel il la prenait sous sa protection, et défendait à aucun des parens du défunt de l'inquiéter en aucune manière. Nous avons su que, par l'aide de Dieu, la chasteté de cette fille n'avait été en aucune manière violée par son furieux ravisseur.

La reine Brunehault fit fabriquer un bouclier d'une merveilleuse grandeur, d'or et de pierres précieuses. Elle fit aussi faire en bois deux plats vulgairement

---

[1] Quinze milles seulement selon quelques manuscrits, ce qui paraît plus probable.

nommés bassins, également ornés de pierreries et d'or, et les envoya au roi d'Espagne par Ebrégésile, qui avait déjà été plusieurs fois en ambassade en ce pays. On vint avertir le roi Gontran de la chose, et lui dire que la reine Brunehault envoyait des présens aux fils de Gondevald. Alors le roi ordonna qu'on fît une garde exacte sur toutes les routes de son royaume, afin que personne ne pût passer sans être examiné. On cherchait donc dans les habits des voyageurs, dans leurs chaussures, dans leurs effets, pour savoir s'ils ne portaient pas de lettres cachées. Ebrégésile, arrivant à Paris avec les présens dont il était chargé, fut pris par le duc Ebrachaire et conduit à Gontran; le roi lui dit : « Ne suffisait-il pas, ô mal« heureux, qu'aidant à des projets impudiques tu al« lasses inviter au mariage Ballomer que vous appelez « Gondovald, que mon armée a vaincu, et qui vou« lait réduire mon royaume sous sa puissance ? Main« tenant vous envoyez des présens à ses fils pour les « faire revenir dans les Gaules, afin de me mettre à « mort. Tu n'iras donc point où tu veux, mais tu « mourras de mort violente, parce que la mission dont « tu es chargé est contraire à notre race. » Celui-ci nia ce qu'on lui imputait, et dit que ces paroles ne pouvaient s'adresser à lui, mais qu'il allait porter ces présens à Reccared qui devait épouser Clodosinde, sœur du roi Childebert. Le roi crut à ce qu'il disait et le relâcha. Il poursuivit avec les présens son chemin vers le lieu où il était envoyé.

Le roi Childebert sur une invitation de Sigebert, évêque de la ville de Mayence, se décida à célébrer dans cette ville, le jour de Pâques. Son fils Théodebert était alors malade, et souffrait beaucoup d'une tumeur à la gorge; mais il guérit. Cependant le roi Childebert leva une armée, et se prépara à passer avec elle en Italie pour combattre la nation des Lombards. Mais les Lombards, l'ayant appris, lui firent passer des envoyés avec des présens, lui disant : « Qu'il y ait amitié entre nous, afin que nous ne pé- « rissions pas, et nous te paierons certainement un « tribut, et nous ne manquerons pas de te donner « secours contre tes ennemis, toutes les fois que tu « en auras besoin. » Le roi Childebert ayant entendu ces paroles, adressa des envoyés au roi Gontran pour lui faire connaître ce qu'on lui offrait. Celui-ci ne s'opposa point à cet accord, et lui conseilla de ratifier la paix. Le roi Childebert donna ordre à son armée de s'arrêter, et fit partir des envoyés pour aller trouver les Lombards, afin que s'ils confirmaient ce qui avait été promis, l'armée revînt dans son pays; mais cela ne fut point accompli.

Le roi Childebert, sur l'invitation de l'évêque Mérovée, envoya à Poitiers Florentien, maire du palais, et Romulf, comte du palais, pour faire le recensement du peuple, afin que, rectifiant les rôles d'après les changemens survenus, il en pût tirer le tribut qu'on y payait du temps du père de Childebert. Plusieurs de ceux qui payaient étaient morts, en sorte que le poids du tribut pesait sur les veuves, les orphelins et les faibles. Les envoyés de Childebert ayant examiné la chose en détail, déchargèrent les pauvres et les infirmes, et comprirent dans le cens ceux que leur condition soumettait justement au tribut, après quoi ils vinrent à Tours; mais lorsqu'ils voulurent obliger le peuple à payer le tribut, disant qu'ils avaient entre les mains les rôles des contributions telles qu'elles avaient été payées sous les règnes précédens, nous répondîmes en ces paroles : « Il est « certain que du temps du roi Clotaire, on fit des « rôles de la ville de Tours, et que les registres fu- « rent portés au roi ; mais touché de la crainte de « l'évêque saint Martin, le roi les brûla. Après la « mort du roi Clotaire, le peuple prêta serment au « roi Charibert. Celui-ci jura de ne point imposer au « peuple de lois ni de coutumes nouvelles, et de « le maintenir par la suite dans l'état où il avait vécu « sous la domination de défunt son père; et en « effet, il ne porta aucune nouvelle ordonnance ten- « dant à le dépouiller. De son temps, le comte Gaïse, « en vertu de capitulaires faits, comme nous l'avons « dit, plus anciennement, commença à exiger le tri- « but; empêché par l'évêque Euphronius, il se ren- « dit auprès du roi avec le fruit de cette inique « exaction, et lui montra les capitulaires dans les- « quels étaient portés les rôles. Mais le roi, gémis- « sant et redoutant la puissance de saint Martin, jeta « au feu les capitulaires, remit à la basilique de saint « Martin les pièces de monnaie injustement exi- « gées, et protesta qu'aucun des gens de Tours ne « serait soumis à aucun tribut public. Après sa mort, « le roi Sigebert eut cette ville sous sa puissance, et « ne la chargea d'aucun tribut. Voilà maintenant la « quatorzième année que règne Childebert; depuis « la mort de son père, il n'a rien exigé, et la ville « n'a gémi sous le poids d'aucun impôt. Maintenant, « il est en votre pouvoir de le lever ou de ne le pas

« lever ; mais prenez garde de ne point attirer de
« mal sur le roi, en allant contre son serment. » Ils
me répondirent : « Voilà dans nos mains le registre
« en vertu duquel ce peuple est imposé. » Et je dis :
« Ce livre n'a pas été apporté du trésor du roi, et n'a
« point fait autorité depuis plusieurs années. Ce n'est
« pas merveille si, par inimitié pour leurs conci-
« toyens, quelques-uns l'ont conservé chez eux.
« Dieu jugera ceux qui, après un si long intervalle
« de temps, l'ont reproduit pour dépouiller nos ci-
« toyens. » C'était Audin qui avait produit ce registre.
Le même jour, tandis que ces choses se passaient, son
fils fut pris de la fièvre, et mourut trois jours après.
Ensuite de quoi nous envoyâmes au roi des messagers pour lui demander de nous donner à connaître
ce qu'il aurait ordonné sur cette affaire. Incontinent nos messagers nous firent passer des lettres
royales portant que, par respect pour saint Martin,
le peuple de Tours ne serait pas soumis aux rôles.
Après les avoir reçues, les hommes que nous avions
envoyés pour cette affaire revinrent aussitôt dans
leur pays.

Le roi Gontran fit marcher une armée en Septimanie. Le duc Austrovald étant arrivé à Carcassonne
fit prêter serment au peuple, et le soumit à la puissance du roi. Le roi envoya Boson et Antestius pour
se rendre maîtres des autres cités. Celui-ci arriva plein
d'orgueil, méprisant le duc Austrovald, et le blâmant
d'avoir osé, sans lui, entrer dans Carcassonne. Il y
marcha avec les gens de Saintes, de Périgueux, de
Bordeaux, d'Agen et de Toulouse. Comme il s'avançait ainsi plein d'arrogance, les Goths, avertis, se

préparèrent à le faire tomber dans des piéges. Ayant placé son camp sur une petite rivière proche de la ville, il se mit à faire festin et s'enivra, éclatant en injures et en blasphêmes contre les Goths, qui, survenant à l'improviste, le surprirent, avec ses conviés, au milieu de leur repas. Alors ceux-ci, poussant des cris, sortirent contre les Goths. Ces derniers résistèrent peu et feignirent de prendre la fuite. Mais, comme les autres les poursuivaient, les gens qu'ils avaient mis en embuscade se levèrent, les entourèrent, et en firent un grand carnage. Ceux qui purent échapper, montant à cheval, se dérobèrent à grand'peine par la fuite, laissant par les champs tout leur mobilier, n'emportant avec eux rien de ce qui leur appartenait, et tenant à grand bonheur d'avoir la vie sauve. Les Goths, en les poursuivant, ramassèrent tous leurs effets, les emportèrent, emmenèrent captifs tous les piétons, et tuèrent près de cinq mille hommes. Ils en emmenèrent captifs plus de deux mille, mais en relâchèrent un grand nombre, qui retournèrent dans leur pays.

Le roi irrité ordonna de fermer tous les chemins de son royaume, afin que personne du royaume de Childebert ne trouvât passage à travers son territoire, disant : « C'est par la perfidie qu'il a eue de faire alliance avec le roi d'Espagne, que mon armée a été « détruite, et il a envoyé vers lui, afin que les villes « ne se soumissent pas à ma puissance. » Il s'ajoutait encore à ceci un autre foyer d'aigreur : Childebert songeait à envoyer à Soissons son fils aîné, nommé Théodebert; ce qui donnait des soupçons au roi Gontran, car il disait : « Mon neveu envoie son fils à

« Soissons pour le faire entrer dans Paris, parce qu'il
« veut m'enlever mon royaume; » ce que Childebert
n'avait jamais pu vouloir, s'il est permis de le dire, même
en pensée. Gontran parlait aussi en termes outrageans
de la reine Brunehault, disant que son fils faisait cela
par son conseil, et ajoutant qu'elle avait invité le fils
de Gondovald à venir s'unir avec elle en mariage; en
sorte qu'il ordonna qu'un synode d'évêques se rassemblât au commencement de novembre. Plusieurs qui
s'étaient mis en route des parties les plus éloignées de
la Gaule pour venir à cette assemblée, retournèrent
sur leurs pas, parce que la reine Brunehault se purgea
par serment de cette accusation; et Gontran, ayant fait
rouvrir les routes, laissa le passage libre aux gens qui
voulaient aller avec le roi Childebert.

En ces jours-là, Ingiltrude, qui avait établi un
monastère dans l'enceinte de Saint-Martin, vint vers
le roi pour accuser sa fille. Dans ce monastère vivait
Bertheflède, fille du défunt roi Charibert; mais Ingiltrude étant sortie du monastère, Bertheflède passa
dans celui du Mans. Elle était adonnée à la gourmandise et au sommeil, et sans aucun soin du service de
Dieu. Je crois devoir rapporter plus en détail l'affaire
d'Ingiltrude et de sa fille. Lorsque plusieurs années
auparavant Ingiltrude avait commencé à rassembler,
comme nous l'avons dit, dans les cours de Saint-Martin, un monastère de filles, elle écrivit à sa fille,
en disant : « Laisse ton mari, et viens, que je te fasse
« abbesse du troupeau que j'ai rassemblé ici. » Celle-ci
ayant écouté ce conseil de l'imprudence, vint à Tours
avec son mari, et étant entrée dans le monastère, elle
dit à son mari : « Va-t'en, et gouverne nos biens

« et nos enfans, car je ne retournerai pas avec toi,
« parce que celui qui vit en mariage ne verra pas le
« royaume de Dieu. » Celui-ci vint vers moi, et me
raconta tout ce que lui avait dit sa femme. Alors je
me rendis au monastère, et j'y lus un canon du concile de Nicée, ainsi conçu : « Si une femme quitte son
« mari, et dédaigne le lit dans lequel elle a bien vécu,
« disant qu'il n'y a pas de part dans la gloire du royaume
« céleste pour celui qui vit en mariage, qu'elle soit
« anathême. » Berthegonde l'ayant entendu, et craignant d'être privée de la communion par les évêques,
retourna avec son mari. Trois ou quatre ans après, sa
mère envoya de nouveau vers elle, la suppliant de venir la trouver. Alors, en l'absence de son mari, ayant
chargé une barque tant de ce qui lui appartenait que
de ce qui appartenait à son mari, elle prit avec elle un
de ses fils, et vint débarquer à Tours. Mais comme sa
mère ne put la garder avec elle à cause de la méchanceté de son mari, et de peur qu'il ne suivît l'accusation qu'il avait faussement portée contre elle, elle
l'envoya vers son fils Bertrand, frère de Berthegonde,
et évêque de Bordeaux. Son mari l'y poursuivant,
Bertrand lui dit : « Comme tu l'as épousée sans le
« consentement de ses parens, elle ne sera point ta
« femme. » Il y avait près de trente ans qu'ils étaient
mariés. Son mari vint plusieurs fois à Bordeaux; mais
l'évêque ne voulut pas la lui rendre. Le roi Gontran
étant venu, comme nous l'avons dit dans un livre précédent, à la ville d'Orléans, cet homme commença à
attaquer l'évêque avec des paroles très-aigres, disant : « Tu m'as enlevé ma femme et ses serviteurs;
« et voilà ce qui ne convient point à un évêque, que

« toi avec mes servantes, et elle avec tes serviteurs,
« vous vous livriez à la honte de l'adultère. » Alors le
roi, irrité de colère, força l'évêque de promettre de
la rendre à son mari, disant : « Elle est ma parente ;
« et si elle a fait quelque chose de mal dans la maison
« de son mari, j'aurai soin d'en prendre vengeance ;
« mais autrement pourquoi livrer cet homme à toute
« sorte de honte, et lui enlever sa femme ? » L'évêque
Bertrand le promit, et dit : « Ma sœur est venue vers
« moi, j'en conviens, après plusieurs années révolues;
« et par amitié pour elle et sur son desir, je l'ai gardée
« avec moi, ainsi qu'il lui plaisait; maintenant elle m'a
« quitté : la demande donc et la reprenne qui voudra,
« je n'y mettrai pas d'obstacle. » Après avoir parlé
ainsi, il lui envoya secrètement des messagers pour
lui dire de prendre l'habit, d'entrer en religion, et de
se rendre dans la basilique de Saint-Martin, ce qu'elle
fit sans aucun retard. Son mari vint, suivi de beaucoup
de gens, pour l'enlever du lieu saint. Elle avait pris
l'habit religieux, assurait qu'elle avait embrassé la pénitence, et refusa de suivre son mari. Cependant l'évêque Bertrand étant mort dans la ville de Bordeaux,
elle revint à elle-même, et dit : « Malheur à moi d'a« voir écouté les conseils de ma méchante mère ! Voilà
« que mon frère est mort ; je suis délaissée de mon
« mari, séparée de mes fils ; où irai-je, malheureuse,
« et que ferai-je ? » Alors elle se détermina à se rendre
à Poitiers. Sa mère voulut la retenir avec elle, mais
ne put y parvenir; il en résulta entre elles de l'inimitié, et elles venaient souvent en la présence du roi,
l'une voulant garder les biens de son père, l'autre ceux
de son mari. Berthegonde montra la donation que lui

avait faite son frère Bertrand, disant : « Mon frère « m'a donné telle et telle chose. » Sa mère, ne reconnaissant pas la donation, et voulant tout reprendre pour elle, envoya des gens qui brisèrent les portes de la maison de sa fille, et enlevèrent tout ce qu'elle avait, ainsi que la donation. Elle fournit ensuite elle-même, en quelque sorte, la preuve de ce fait, en restituant, lorsqu'elle y fut contrainte, sur la demande de sa fille, plusieurs des choses qu'elle avait enlevées. Moi et mon confrère Mérovée ayant souvent reçu des lettres du roi pour que nous eussions à pacifier cette affaire, Berthegonde se rendit à Tours. Comme elle fut mise en jugement devant nous, nous l'obligeâmes, autant qu'il nous fut possible, à se conformer à la raison ; mais rien ne put fléchir sa mère : violemment irritée, elle se rendit auprès du roi pour déshériter sa fille des biens de son père, et ayant exposé l'affaire devant le roi et en l'absence de sa fille, il fut décidé qu'elle restituerait un quart à sa fille, et en conserverait trois en commun avec ses petits-fils qu'elle avait d'un de ses fils. Le prêtre Teuthaire qui, autrefois référendaire du roi Sigebert, était récemment entré dans le clergé, et y avait reçu les honneurs de la prêtrise, fut nommé pour exécuter ce partage, ainsi qu'il avait été ordonné par le roi; mais la fille s'y refusant, il n'y eut point de partage de fait, et la querelle ne fut point apaisée.

Rigonthe, fille de Chilpéric, tenait souvent des discours contre sa mère, se prétendait la maîtresse, et disait que sa mère devait la servir, l'accablant continuellement d'un grand nombre d'injures, en sorte qu'elles se battaient souvent à coups de poings et avec

des soufflets. Sa mère enfin lui dit : « Pourquoi me
« tourmentes-tu, ma fille ? Voilà les trésors de ton
« père que j'ai en ma puissance ; prends-les, et fais-en
« ce qu'il te plaira ; » et étant entrée dans le cabinet
du trésor, elle ouvrit un coffre rempli de colliers et
de joyaux précieux, et après en avoir tiré pendant
long-temps diverses choses qu'elle remettait à sa fille
qui était là présente, elle lui dit : « Je suis fatiguée,
« mets la main dans le coffre, et sors-en ce que tu
« trouveras. » Celle-ci ayant enfoncé son bras dans
le coffre pour en tirer des effets, sa mère prit le couvercle, et lui en frappa la tête ; puis, le pressant de
toutes ses forces, elle lui serrait la gorge contre la
planche inférieure, de telle sorte que les yeux étaient
prêts à lui sortir de la tête. Une servante qui était dans
le cabinet, se mit à crier de toutes ses forces en disant :
« Accourez, je vous prie, accourez ; voilà ma maîtresse
« que sa mère étrangle. » Aussitôt ceux qui étaient
restés devant la porte, attendant qu'elles sortissent,
se précipitèrent vers le cabinet, et, sauvant Rigonthe
d'un péril imminent, la conduisirent dehors. Après
cela, il s'engendra entre elles de violentes inimitiés ;
et surtout à cause des adultères auxquels se livrait
Rigonthe, il y avait sans cesse entre elles des querelles et des coups.

Bertrude [1], en mourant, institua sa fille son héritière, léguant quelque chose au monastère de filles
qu'elle avait institué, et aux églises et basiliques des
saints confesseurs. Mais Waddon, de qui nous avons
parlé dans un livre précédent, se plaignait que le

---

[1] Femme du duc Launbod, qui avait fait construire à Toulouse l'église
de Saint-Saturnin.

gendre de Bertrude lui eût enlevé ses chevaux, et voulait aller à une métairie dont avait hérité sa fille, et qui se trouvait sur le territoire de Poitiers, disant : « Celui-ci est venu d'un autre royaume, et m'a enlevé « mes chevaux ; je lui prendrai sa métairie. » Il envoya des ordres au régisseur pour qu'il préparât tout ce qui était nécessaire à sa venue et à sa dépense. Le régisseur alors assembla les gens de la maison, et se prépara au combat en disant : « Waddon n'entrera pas, « moi vivant, dans la maison de mon maître. » La femme de Waddon, apprenant qu'on se préparait au combat contre son mari, lui dit : « N'y va pas, cher « époux, car si tu y vas, tu mourras, et moi je de- « meurerai misérable avec tes fils ; » et le saisissant de ses mains, elle voulait le retenir. Son fils lui disait aussi : « Si tu y vas, nous mourrons tous les deux, et « tu laisseras ma mère veuve et mes frères orphelins. » Mais, ne se laissant nullement arrêter par ces paroles, et enflammé de fureur contre son fils qu'il nommait lâche et poltron, il lui lança sa hache, dont il aurait eu la tête rompue si, s'étant jeté de côté, il n'eût évité le coup qui l'allait frapper. Tous deux étant donc montés à cheval envoyèrent de nouveaux ordres au régisseur pour qu'il balayât la maison, et couvrît les bancs de tapis ; mais lui, ne faisant aucune attention à ces ordres, se plaça, comme nous l'avons dit, avec tous les hommes et les femmes de la maison, devant la porte de son maître, pour attendre la venue de Waddon. Celui-ci, en arrivant, entra sur-le-champ dans la maison, et dit : « Pourquoi ces bancs ne sont-ils pas « couverts de tapis ? Pourquoi la maison n'est-elle pas « balayée ? » Et levant sa hache, il en frappa la tête du régisseur qui tomba mort. Le fils du mort voyant cela, porta à Waddon un coup de lance qui, l'atteignant au milieu du ventre, le perça de part en part, en sorte que le fer lui sortait par le dos. Il tomba à terre. Alors les gens qu'on avait rassemblés arrivèrent en foule, et commencèrent à l'accabler de pierres. Quelques-uns des siens qui l'avaient accompagné, pénétrèrent jusqu'à lui à travers cette pluie de pierres, le couvrirent d'un manteau, et ayant apaisé le peuple, son fils, en pleurant, le plaça sur un cheval, et le ramena chez lui encore en vie; mais bientôt il rendit l'esprit au milieu des larmes de sa femme et de ses fils. Après qu'il eut péri si malheureusement, son fils se rendit vers le roi, et obtint ses biens.

Dans cette même année de son règne, Childebert était avec sa femme et sa mère dans le territoire de la ville qu'on appelle Strasbourg. Alors les hommes vaillans qui vivaient dans la ville de Soissons et dans celle de Melun, vinrent à lui et lui dirent : « Donne-nous « un de tes fils, afin que nous le servions, et qu'ayant « avec nous quelqu'un de ta race, nous opposions plus « de résistance aux ennemis, et nous appliquions à « défendre ta ville. » Réjoui de cette demande, il résolut de leur envoyer Théodebert, son fils aîné, et, le septième mois de cette année, le fit partir avec des comtes, des domestiques, des intendans, des gouverneurs, et tous ceux qui étaient nécessaires au service royal, se conformant ainsi au désir de ceux qui lui avaient demandé de le leur envoyer. Le peuple le reçut avec beaucoup de joie, et demandant à la miséricorde divine de lui accorder, ainsi qu'à son père, une vie plus longue que celle de son aïeul,

Alors était dans la ville de Soissons Droctégésile, qui, à ce qu'on dit, par excès de boisson, avait perdu le sens depuis quatre années. Comme sa folie le tenait davantage lorsqu'il était dans les murs de la ville, beaucoup assuraient que ce mal lui était arrivé à cause du renvoi de l'archidiacre, qu'il avait dépouillé de sa dignité. En effet, lorsqu'il sortait des murs, il se trouvait mieux. Le roi Théodebert étant venu à la ville, comme nous l'avons dit, dans le temps où il se portait mieux, on ne permit pas à Droctégésile d'y rentrer, à cause de son arrivée. Quoiqu'il fût vorace à table et buveur outre mesure, et plus qu'il ne convient à la prudence sacerdotale, on n'a jamais dit qu'il fût tombé dans l'adultère. Un synode d'évêques s'étant ensuite assemblé dans le village de Sorci, il fut ordonné qu'on lui permettrait de rentrer dans sa ville.

La reine Faileube était malade de l'enfantement d'un fils mort en naissant, lorsqu'il lui parvint que certaines gens s'efforçaient d'agir contre elle et contre la reine Brunehault. Lorsqu'elle fut relevée de sa maladie, elle se rendit en présence du roi et lui découvrit, ainsi qu'à sa mère, tout ce qu'elle avait appris. Il lui avait été dit que Septimine, gouvernante de ses enfans, voulait persuader au roi de renvoyer sa mère, de délaisser sa femme et d'en prendre une autre, afin de faire avec lui tout ce qu'on voudrait, ou d'en tout obtenir par des prières. Que si le roi refusait d'acquiescer à ce conseil, on devait le faire mourir par des maléfices, élever ses fils à la royauté, après en avoir éloigné leur mère et leur aïeule, et gouverner en leur nom le royaume. Elle nomma, pour avoir pris part à ces

projets, Sumnégésile, comte des écuries, Gallomagne, référendaire, et Droctulf, qui avait été donné à Septimine pour l'aider à soigner les enfans du roi. Septimine et Droctulf furent saisis et sur-le-champ étendus entre des poteaux, où ils furent violemment frappés de coups. Alors Septimine avoua que, par amour pour Droctulf, dont elle était la prostituée, elle avait fait périr son mari Jovius, au moyen de maléfices. Elle avoua aussi tout ce que nous avons rapporté plus haut, et nomma, pour être entrés dans le projet, tous ceux dont nous avons parlé. On alla sur-le-champ pour les prendre; mais, effrayés par leur conscience, ils avaient cherché leur refuge dans l'enceinte des églises. Le roi alla lui-même vers eux et leur dit : « Sortez pour qu'on vous juge, afin que
« nous sachions si les choses dont on vous accuse
« sont vraies ou fausses. Car je pense que vous ne
« vous seriez pas sauvés dans cette église, si vous
« n'aviez pas été effrayés par votre conscience. Ce
« pendant, recevez la promesse que la vie vous sera
« laissée, quand même on vous trouverait coupables;
« car nous sommes chrétiens, et il n'est pas permis
« de punir les criminels qu'on a tirés de l'église. »
Ils furent conduits hors de l'église, et vinrent avec le roi pour être jugés. Ayant été examinés sur l'accusation, ils réclamèrent et dirent : « Septimine et
« Droctulf nous avaient déclaré ce projet, mais
« nous nous y sommes refusés avec exécration, et
« n'avons jamais voulu consentir à ce crime. » Et le roi dit : « Si vous n'y aviez donné aucun consente
« ment, vous l'eussiez fait parvenir à notre oreille;
« et n'est-il donc pas vrai que vous y avez prêté votre

« consentement, puisque vous l'avez dérobé à notre
« connaissance ? » Et aussitôt, ayant été mis dehors,
ils se réfugièrent de nouveau dans l'église. Mais Septimine fut, ainsi que Droctulf, violemment frappée
de coups ; elle eut le visage brûlé de fers ardens ; puis,
après lui avoir ôté tout ce qu'elle avait, on la conduisit au village de Marlheim pour y tourner la meule
et pour préparer chaque jour les farines nécessaires
à la nourriture des femmes qui habitaient le Gynécée.
Droctulf, après avoir eu les cheveux et les oreilles
coupés, fut envoyé cultiver les vignes ; mais au bout
de peu de jours, il s'échappa par la fuite. Le régisseur
ayant été à sa recherche le ramena au roi, et après
avoir été fort battu, il fut reconduit de nouveau à la
vigne d'où il s'était échappé.

Sumnégésile et Gallomagne, privés de tous les biens
qu'ils avaient reçus du fisc, furent envoyés en exil. Mais
il vint de la part du roi Gontran des envoyés, parmi
lesquels se trouvaient des évêques, qui prièrent pour
eux, en sorte qu'ils furent délivrés de l'exil ; mais on
ne leur laissa rien que ce qu'ils possédaient de leurs
propres biens.

Dans le monastère de Poitiers, le diable entra par
ses ruses dans le cœur de Chrodielde, qui se disait
fille du défunt roi Charibert ; elle éleva un grand scandale, et se fiant sur ce qu'elle avait les rois pour parens, fit promettre par serment aux religieuses, que
lorsqu'elle aurait accusé l'abbesse Leubovère et l'aurait fait chasser du monastère, elles la nommeraient
à sa place. Elle sortit donc du monastère avec quarante au plus de ces filles, et sa cousine Bazine fille
de Chilpéric, disant : « Je vais trouver les rois mes

« parens, afin de leur donner connaissance de nos af-
« fronts, car on nous tient ici dans l'abaissement, tout
« ainsi que des filles non pas de rois, mais nées de mau-
« vaises servantes. » Elle avait oublié, cette malheureuse pécheresse, en quelle humilité se faisait voir la
bienheureuse Radegonde, fondatrice du monastère.
Étant donc arrivée à Tours, elle vint vers nous, et
nous ayant donné le salut, elle dit : « Je te supplie,
« saint évêque, daigne garder et nourrir ces filles que
« l'abbesse de Poitiers tient dans un grand abaisse-
« ment, jusqu'à ce que j'aille vers les rois nos parens
« leur exposer ce que nous souffrons, et que je re-
« vienne ici. » Je lui dis : « Si l'abbesse est en faute
« et a manqué en quelque chose à la règle canonique,
« allons trouver notre confrère l'évêque Mérovée, et la
« réprimander de concert ; mais vous, amendez votre
« conduite en rentrant dans votre monastère, afin que
« la luxure ne disperse pas celles que sainte Rade-
« gonde a rassemblées par des jeûnes, des oraisons
« multipliées et d'abondantes aumônes. » Elle répondit : « Point du tout, nous irons trouver les rois ; »
et je lui dis : « Pourquoi résistez-vous à la raison,
« et par quel motif refusez-vous d'écouter les admo-
« nitions sacerdotales? Je crains que les évêques réu-
« nis ne vous interdisent la communion. » C'est ainsi
en effet que l'ont ordonné nos prédécesseurs, dans la
lettre qu'ils écrivirent à la bienheureuse Radegonde,
lors de l'établissement de sa congrégation. J'ai cru
devoir insérer ici cette lettre.

« A la bienheureuse dame Radegonde, en Jésus-
Christ fille de l'Église ; Euphronius, Prétextat, Ger-

main, Félix, Domitien, Victor et Domnole évêques. Par les soins du Dieu infini sont incessamment fournis aux humains de pressans moyens de salut; aucun temps, ni aucun lieu n'est privé de la continuité de ses bienfaits, puisque le bienfaisant arbitre des choses sème çà et là dans l'héritage remis à la culture de l'Église, des personnes par le moyen desquelles son champ, assidûment travaillé du hoyau de la foi, rend au centuple, grâces à la température que lui fait le ciel, les fruits heureux de la récolte du Christ. Sa bonté dispense tellement ses bienfaits de côté et d'autre, qu'elle ne refuse jamais ce qu'elle sait être à l'avantage du grand nombre, afin que par le très-saint exemple de ces personnes, il y en ait au jour du jugement beaucoup à couronner. Ainsi, lorsqu'à la naissance de la religion catholique, les habitans des Gaules commençaient à vivre dans la vénérable enceinte de la foi primitive, et que la connaissance des ineffables mystères de la Trinité divine n'était encore parvenue qu'à un petit nombre, le Seigneur, afin de ne gagner pas moins ici qu'il n'avait obtenu dans le monde entier par la prédication des apôtres, daigna, dans sa miséricorde, envoyer pour éclairer notre patrie le bienheureux Martin né d'une race étrangère. Quoiqu'il ne fût pas venu du temps des apôtres, la grâce apostolique ne lui manqua point, et ce qui lui manquait en primauté lui fut suppléé en grâce du Seigneur; car celui qui excelle en mérites ne perd rien pour être le second en degré. Nous nous réjouissons, très-révérente fille, de voir revivre en vous, par la faveur divine, cet exemple de la dilection d'en haut; car, dans le déclin du temps et la vieillesse du siècle, la foi, par les efforts de votre amour, renaît florissante ; et ce qu'avait attiédi le froid hiver de la vieillesse, se réchauffe par l'ardeur de votre ame fervente. Mais comme tu es venue à peu près des lieux d'où nous avons appris que nous était arrivé le bienheureux Martin, ce n'est pas merveille si l'on te voit imiter dans tes œuvres celui que nous pensons t'avoir servi de guide dans ton chemin, afin que, suivant ses traces et son exemple, tu accomplisses ton vœu fortuné, et t'associes à cet homme bienheureux autant que tu fuis toute société avec le monde. Brillante de la lumière de ses doctrines, tu remplis tellement les cœurs de ceux qui t'écoutent d'une clarté céleste, que partout les ames des jeunes filles, attirées à toi et embrasées des étincelles d'un feu divin, se hâtent avidement de venir dans ton sein s'abreuver à la source de l'amour du Christ, et laissant leurs parens, te choisissent de préférence à leur mère ; ce qui est un effet de la grâce, et non de la nature. Voyant donc les vœux formés par leur affection, nous rendons grâces à la miséricorde suprême qui fait coïncider les volontés des hommes avec sa propre volonté, et ne doutons pas qu'elle ne veuille retenir dans ses bras celles à qui elle a ordonné de se réunir autour de vous ; et comme nous avons appris que, par la protection divine, quelques filles de nos diocèses sont venues avec un grand desir se soumettre d'elles-mêmes à la règle que vous avez instituée ; ayant aussi pris lecture de la requête que vous nous présentez dans votre épître reçue de nous avec joie, par Jésus-Christ, notre auteur et notre sauveur, nous arrêtons que toutes celles qui se sont rassemblées autour de vous doivent inviolablement rester attachées, dans l'amour de Dieu, à cette demeure qu'elles ont paru choisir de leur plein gré, parce que rien ne doit souiller la foi promise au Christ en présence du ciel, et que ce n'est pas un crime léger que de polluer, ce qu'à Dieu ne plaise, le temple du Seigneur, en sorte qu'il soit ensuite détruit par sa colère. Cependant nous arrêtons spécialement que si quelqu'une de celles qui vivent sur les lieux soumis par la grâce de Dieu à notre juridiction sacerdotale, a, comme nous l'avons dit, obtenu d'entrer dans votre monastère de la ville de Poitiers pour y suivre les institutions de monseigneur Césaire, évêque d'Arles, de bienheureuse mémoire, aucune de celles qui, selon la règle, aura paru y entrer par sa propre volonté ne pourra prendre par la suite la licence d'en sortir, de peur que l'infamie d'une seule n'imprime une tache de honte sur ce qui reluit aux yeux de tous de l'éclat de l'honneur; et si, ce dont le Seigneur nous veuille préserver, quelqu'une d'entre elles, poussée par les suggestions d'un esprit insensé, voulait couvrir d'une telle macule d'ignominie sa discipline, sa gloire et sa couronne; si, par le conseil de l'ennemi du genre humain, comme Ève rejetée du Paradis, elle consentait à sortir des cloîtres de ce monastère, c'est-à-dire, du royaume du ciel, pour se plonger et se vautrer dans la vile fange des rues; qu'alors, séparée de notre communion, elle soit frappée d'un horrible anathême; en sorte que si, après avoir laissé le Christ, soumise à la puissance du diable, elle veut épouser un homme, non seulement la fugitive, mais aussi celui qui se serait joint à elle en mariage soit regardé comme un infâme adultère, et plutôt comme un sacrilége que comme un mari ; et que quiconque, lui donnant un poison plutôt qu'un conseil, l'aurait engagée à cette action, soit, par le jugement céleste et avec notre assistance, frappé d'une vengeance pareille à celle qui a été prononcée contre elle ; jusqu'à ce que, s'étant séparée de celui à qui elle se sera unie, elle soit revenue aux lieux qu'elle aura quittés, pour y faire pénitence de son crime exécrable, et mériter ainsi d'y être reçue et réélue. Nous ajoutons aussi que ceux qui nous succéderont dans le sacerdoce doivent tenir la main à l'exécution de ces décisions ; et si, ce que nous ne croyons pas, quelqu'un d'eux voulait, contre la teneur de notre délibération, s'en relâcher, qu'il sache que nous l'appellerons en jugement devant le Juge éternel ; car les préceptes communs du salut sont que ce qui a été promis au Christ doit être inviolablement observé ; lequel décret nous avons cru devoir munir de notre propre signature, afin de lui donner plus de solidité, et que, sous la protection du Christ, il soit par nous à jamais observé. »

Après avoir entendu lire cette lettre Chrodielde dit : « Rien ne nous retiendra et nous irons sans aucun « retard trouver les rois que nous savons être nos « parens. » Comme on ne les avait point assistées de chevaux, elles étaient venues à pied de Poitiers, en sorte qu'elles étaient lasses et épuisées ; personne dans la route ne leur avait donné de quoi manger, et elles étaient arrivées à notre ville le premier jour du premier mois. Il faisait alors de grandes pluies, et les routes étaient rompues par une immense quantité d'eau.

Elles se plaignaient beaucoup de l'évêque, disant que c'étaient ses artifices qui avaient introduit le désordre parmi elles et leur avaient fait quitter leur monastère. Mais il convient de rapporter plus au long la cause de ces scandales.

Durant le règne du roi Clotaire, la bienheureuse Radegonde qui avait institué ce monastère était toujours demeurée, ainsi que sa congrégation, soumise et obéissante aux précédens évêques; mais du temps de Sigebert, lorsque Mérovée fut parvenu à l'épiscopat, sainte Radegonde, excitée par sa foi et sa dévotion, et autorisée par lettres-patentes du roi Sigebert, envoya des clercs en Orient pour y chercher des morceaux du bois de la croix du Seigneur et des reliques des saints apôtres et autres martyrs. Ils allèrent et rapportèrent ces reliques; lorsqu'ils furent arrivés, la reine demanda à l'évêque de venir les placer dans le monastère, avec l'honneur qui leur était dû et des chants solennels. Mais lui, sans avoir égard à sa demande, monta à cheval et s'en alla à sa maison des champs. Alors la reine envoya de nouveau vers le roi Sigebert pour le prier de donner ordre à un évêque quelconque de venir placer ces reliques dans le monastère avec les honneurs convenables, et comme le demandait le vœu qu'elle en avait fait. Il nomma pour cette fonction le bienheureux Euphronius, évêque de la ville de Tours, qui, s'étant rendu à Poitiers avec son clergé, porta, en l'absence de l'évêque du lieu, les reliques dans le monastère avec beaucoup de chants, un grand éclat de cierges et un grand appareil de parfums. Dans la suite, la bienheureuse Radegonde chercha souvent à se remettre bien avec son évêque, mais sans pouvoir y parvenir; en sorte que, forcée par la nécessité, elle se rendit dans la ville d'Arles avec l'abbesse qu'elle avait instituée. Là, elles embrassèrent la règle de saint Césaire et sainte Césarie, et ne pouvant obtenir que celui qui aurait dû être leur pasteur s'occupât de les défendre, elles se mirent sous la protection du roi. De là s'élevèrent des différends qui s'aigrirent de jour en jour, jusqu'au temps où sainte Radegonde passa de ce monde dans l'autre. Après sa mort l'abbesse demanda de nouveau à vivre sous la puissance de son évêque. Celui-ci voulut d'abord refuser, mais ensuite conseillé par les siens, il promit de leur servir de père, comme cela était convenable, et de prendre leur défense lorsqu'elles en auraient besoin; en sorte que s'étant rendu vers le roi Childebert, il en obtint un diplôme pour gouverner régulièrement ce monastère comme ses autres paroisses; mais je ne sais quoi demeurait encore, je crois, dans son ame et devint, à ce qu'assurent ces filles, la cause de nouvelles discordes.

Celles-ci étant, comme nous l'avons dit, dans l'intention d'aller se présenter au roi, nous leur donnâmes conseil, et leur dîmes : « Votre projet est tout« à-fait contraire à la raison, et on ne peut vous faire « entendre les choses qui vous préserveraient du « blâme; mais si, comme nous vous l'avons dit, vous « méprisez la raison et ne voulez pas accepter un « conseil salutaire, considérez au moins qu'il vaut « mieux laisser passer ce temps d'hiver, et qu'à l'ar« rivée du printemps, lorsque les vents seront plus « doux, vous pourrez aller où votre volonté vous « conduit. » Elles accédèrent à ce conseil prudent, et l'été suivant Chrodielde partit de Tours, laissant à sa cousine les autres religieuses, et alla trouver le roi Gontran; il la reçut, l'honora de présens, et elle revint à Tours, laissant, dans le monastère d'Autun, Constantine fille de Burgolin, pour y attendre les évêques à qui le roi avait donné ordre de venir examiner ses différends avec l'abbesse. Cependant, avant qu'elle revînt d'auprès du roi, plusieurs de ses religieuses, circonvenues par diverses gens, étaient entrées dans les liens du mariage. Comme elles attendaient l'arrivée des évêques, ne les voyant pas venir, elles retournèrent à Poitiers, et cherchèrent un asile dans la basilique de Saint-Hilaire, où elles rassemblèrent autour d'elles des voleurs, des meurtriers, des adultères et des criminels de toute sorte, se préparant au combat, et disant : « Nous sommes reines et « ne rentrerons pas dans notre monastère que l'ab- « besse n'en soit chassée. »

Il y avait dans ce monastère une recluse, qui peu d'années auparavant, s'étant jetée du haut de la muraille, avait été se réfugier dans la basilique de Saint-Hilaire, vomissant contre l'abbesse beaucoup d'accusations que nous reconnûmes être fausses ; mais ensuite remontée dans le monastère avec des cordes par l'endroit où elle s'était précipitée, elle demanda à être renfermée dans une cellule secrète, disant : « Parce que j'ai beaucoup péché contre Dieu et contre « madame Radegonde (qui vivait encore en ce temps- « là), je veux me séparer tout-à-fait de la société de « cette congrégation, et faire pénitence de l'oubli de « mes devoirs. Je sais que le Seigneur est plein de « miséricorde, et remet les péchés à ceux qui les

« confessent. » Elle entra dans la cellule ; mais lorsque dans la suite ce scandale se fut élevé, et que Chrodielde fut revenue de voir le roi Gontran, cette recluse ayant brisé pendant la nuit la porte de sa cellule, sortit du monastère et alla rejoindre Chrodielde, proférant, comme la première fois, beaucoup d'accusations contre l'abbesse.

Tandis que ces choses se passaient, Gondégésile, évêque de Bordeaux, s'étant adjoint Nicaise, évêque d'Angoulême, Saffarius, évêque de Périgueux, et Mérovée, évêque de Poitiers, comme métropolitain de cette ville, se rendit avec eux à la basilique de Saint-Hilaire, admonestant ces filles et tâchant de les faire rentrer dans leur monastère ; mais elles s'y refusèrent obstinément, et l'évêque de Bordeaux, ainsi que les autres, ayant prononcé contre elles l'excommunication, comme le prescrivait l'épître ci-dessus rapportée, cette troupe brutale, dont nous avons parlé, se souleva, et le clergé fut tellement maltraité de coups, dans la basilique même de Saint-Hilaire, que les évêques jetés sur le pavé eurent grand'peine à se relever, et que les diacres et les autres clercs sortirent de la basilique tout'sanglans et la tête brisée. Le diable, je crois, s'en mêlant, ils furent tellement aveuglés de frayeur qu'en sortant du lieu saint tous, sans se dire adieu, s'enfuirent à pied par le premier chemin qu'ils rencontrèrent. Didier, diacre de Syagrius, évêque d'Autun, qui s'était trouvé dans ce désastre, se jeta dans le Clain sans s'arrêter à chercher le gué par où il avait traversé la première fois, et mettant son cheval à la nage passa ainsi de l'autre côté. Après cela Chrodielde choisit des chargés d'affaires, envahit les métairies du monastère, et tout ce qu'elle put saisir de ses propriétés, se faisant obéir, à force de coups et de toutes sortes de mauvais traitemens, par les serviteurs du monastère, et menaçant, si elle pouvait y entrer, de jeter l'abbesse du haut des murs.

Ces choses ayant été annoncées au roi Childebert, il adressa sur-le-champ des ordres au comte Maccon pour qu'il eut à réprimer toutes ces discordes. Gondégésile et les autres évêques ayant laissé ces religieuses séparées de la communion, le premier écrivit, en son nom et au nom de ses confrères présens, aux évêques alors assemblés près du roi Gontran, et en reçut cette réponse :

« A nos Seigneurs et très-dignes possesseurs de leur siége et du siége apostolique, Gondégésile, Nicaise et Saffarius-Hétérius, Syagrius, Onacaire, Ægichius, Agricola, Urbic, Félix, Véran, un autre Félix et Bertrand, évêques.

« Nous avons reçu les lettres de vos Béatitudes, et autant nous nous sommes réjouis d'y apprendre que vous vous trouviez en bonne santé, autant nous avons été saisis d'une tristesse non petite, en apprenant de vous les injures que vous avez souffertes, et de quelle manière la règle a été transgressée, et toute révérence pour la religion mise en oubli. Vous nous avez fait connaître que des religieuses sorties, à l'instigation du diable, du monastère fondé par Radegonde de vertueuse mémoire, n'avaient voulu en aucune manière entendre à vos admonitions, ni rentrer dans l'enceinte du monastère d'où elles étaient sorties, et qu'elles s'étaient rendues coupables envers vous en vous maltraitant vous et les vôtres, dans la basilique de monseigneur Hilaire. A cause de quoi vous avez cru devoir les priver des bienfaits de la communion, et avez voulu recevoir sur cela les avis de notre médiocrité. Nous reconnaissons que vous avez très-bien consulté les saints canons, et que la règle ordonne pleinement que ceux qui seront pris en de tels excès doivent non seulement encourir l'excommunication, mais être contraints de satisfaire par la pénitence. Ainsi donc, ajoutant, au respect que nous vous portons, les sentimens d'une très-ardente dilection, nous nous déclarons d'accord avec vous dans les choses que vous avez décidées, jusqu'à ce que réunis en un concile synodal, au commencement de novembre, nous délibérions ensemble sur la manière de mettre un frein à de telles témérités, afin que dorénavant aucun n'ose se permettre des insolences semblables. Cependant, comme nous voyons le seigneur apôtre Paul nous avertir sans cesse, dans ses écrits, que nous devons *à temps et à contre-temps*[1], corriger les transgressions par des prédications continuelles, et parce qu'il assure *que la piété est utile à tout*[2], nous vous engageons à implorer par des oraisons assidues la miséricorde du Seigneur, afin qu'il daigne enflammer ces pécheresses de l'esprit de componction, qu'elles satisfassent dignement par la pénitence aux délits dans lesquels elles sont tombées, et que par vos prédications, ces ames en quelque sorte perdues retournent dans leur monastère, afin que celui qui rapporta sur ses épaules à la bergerie une

---

[1] II<sup>e</sup> Épît. de S. Paul à Timot. chap. 4, v. 2.
[2] I<sup>re</sup> Épît. de S. Paul à Timot. chap. 4, v. 8.

de ses brebis égarée, daigne se réjouir de leur retour, comme de l'acquisition d'un troupeau; et nous vous demandons spécialement de nous accorder continuellement, comme nous l'espérons, le secours de votre intercession. Et en particulier, moi, votre Hétérius, pécheur, je me permets de vous saluer; moi, votre client Ægichius, j'ose vous saluer avec respect; moi, qui vous chéris, Syagrius, je vous salue avec respect; moi, votre respectueux serviteur, Urbic pécheur, je vous salue; moi, l'évêque Véran, plein de vénération pour vous, je vous salue avec respect; moi, votre serviteur Félix, je me permettrai de vous saluer; moi, votre très-humble et plein d'affection Félix, j'ose vous saluer; moi, votre très-humble et obéissant, l'évêque Bertrand, je me permets de vous saluer. »

L'abbesse lut tout haut la lettre adressée par la bienheureuse Radegonde aux évêques de son temps, et en envoya des copies aux évêques des villes voisines; voici une de ces copies :

« A mes saints Seigneurs et très-dignes possesseurs du siége apostolique, et mes pères en J. C., tous les évêques, Radegonde pécheresse.

« On doit espérer, au commencement des choses, de pourvoir convenablement à leur solidité et à leur efficacité, lorsque les affaires du troupeau sont portées aux oreilles des pères, médecins et pasteurs, à la sagesse desquels elles ont été commises, afin qu'ils y interviennent autant qu'ils le peuvent par la participation de leur charité, les conseils de leur autorité et le secours de leurs oraisons. Comme autrefois délivrée des chaînes de la vie séculière par les inspirations de la Providence et de la miséricorde divine, j'ai passé volontairement, sous la direction du Christ, à la règle religieuse, m'appliquant de toutes les forces de mon esprit à me rendre utile aux autres, afin que par la volonté de Dieu mes desirs fussent effectués à leur avantage, j'ai élevé et arrangé, par l'institution et les bienfaits du très-excellent seigneur le roi Clotaire, le monastère de filles de la ville de Poitiers, et l'ai doté par une donation de tout ce que m'avait accordé la munificence royale. J'ai établi sur cette congrégation, que j'avais rassemblée avec l'aide du Christ, la règle sous laquelle vécut sainte Césarie, recueillie comme il convenait de l'institution des saints Pères, par les soins du bienheureux Césaire, évêque d'Arles, et par le consentement des bienheureux évêques, tant de cette ville que des autres ; et du choix de notre congrégation, j'ai institué abbesse madame et sœur Agnès, que j'avais instruite et élevée comme ma fille dès son plus jeune âge, et je me suis soumise, après Dieu, à lui obéir désormais conformément à la règle. Et, d'après l'observation des formes apostoliques, moi et mes sœurs avons remis entre ses mains, par des chartes, tout ce que nous possédions en ce monde, sans rien conserver pour nous, en entrant dans le monastère, de crainte du sort d'Ananie et de Sapphire. Mais comme la durée et le terme de la vie de l'homme sont des choses incertaines, comme le monde court à sa fin, et que plusieurs s'empressent davantage à servir leurs volontés que les volontés divines, conduite par le zèle de Dieu, j'offre en ce papier mes prières à ceux de vous qui, par la volonté du Christ, me survivront dans leur apostolat; et, ce que je n'ai pu faire moi-même, je me prosterne par cette épître à vos pieds que j'embrasse, et au nom du Père et du Fils et du Saint-Esprit, et du jour redoutable du jugement, afin que lorsque vous y serez présentés, il ne s'élève pas contre vous comme un tyran, mais vous couronne ainsi qu'un roi légitime, je vous conjure que si, ce que je ne crois pas qu'il arrive, après ma mort par hasard, une personne quelconque, soit l'évêque du lieu, soit un délégué de l'autorité du prince, ou quelqu'autre que ce fût, tentait de porter le trouble dans la congrégation par des suggestions malveillantes ou par des procédés judiciaires, voulait violer la règle ou instituer une autre abbesse que ma sœur Agnès, consacrée par la bénédiction du bienheureux Germain, en présence de ses confrères; ou s'il s'élevait dans la communauté même des murmures, pour obtenir quelque changement, ce qui est impossible; ou bien si une personne quelconque, ou le pontife du lieu, voulait prendre sur le monastère et sur ses affaires plus d'autorité que n'en auraient eu durant ma vie les évêques ses prédécesseurs, ni aucune autre personne; si l'on voulait établir quelque nouveau privilége, ou si quelqu'un contre la règle voulait enlever au monastère quelqu'une des choses qui m'ont été données par mon très-excellent seigneur Clotaire, ou mes très-excellens seigneurs les rois ses fils, et dont, avec la permission du très-excellent seigneur Clotaire, imprimée en ses lettres patentes, j'ai transféré la propriété au monastère, duquel titre j'ai obtenu la confirmation par l'autorité des très-excellens seigneurs rois Charibert, Gontran, Chilpéric et Sigebert, qui me l'ont accordée sous serment et sous leur signature ; ou si quelque prince ou pontife, ou puissance quelconque, ou quelqu'une des sœurs, ou quelque personne que ce soit, osait vouloir envahir par un desir sacrilége, réclamer et reprendre comme sa propriété quelqu'une des choses que d'autres ont données au monastère, pour le salut de leur ame, ou que les sœurs lui ont concédées sur leurs propres biens, au nom de mes prières et de la volonté du Christ, je demande à votre sainteté et à celle de vos successeurs d'intervenir après Dieu dans cette occasion, et que les spoliateurs et ravisseurs des pauvres soient privés de votre faveur, afin que, par votre résistance, personne ne puisse parvenir à altérer notre règle, ni envahir les biens du monastère. Je vous conjure aussi, lorsque Dieu voudra retirer de ce monde notre susdite dame et sœur Agnès, que notre congrégation élise à sa place une abbesse qui, par la volonté de Dieu et la sienne, garde notre règle, et ne retranche rien du but de sainteté que nous nous sommes proposé, afin qu'elle ne périsse jamais, ni par sa volonté propre, ni par celle de personne. Que si, ce qu'à Dieu ne plaise, quelqu'un voulait, contre l'ordre de Dieu et l'autorité des rois, changer quelque chose aux susdites conditions dont l'accomplissement vous est demandé avec supplication en présence de Dieu et de ses Saints, si on voulait enlever au monastère quelque personne ou quelque propriété, ou si on tourmentait d'une manière quelconque notre susdite sœur l'abbesse Agnès, que ce coupable encoure le jugement de Dieu, de la sainte croix et de la bienheureuse Marie, et que les bienheureux confesseurs Hilaire et Martin, auxquels après Dieu j'ai remis la défense de mes sœurs, se chargent de la poursuivre et de plaider contre lui. Vous aussi, bienheureux pontife et vos successeurs, que je requiers de défendre soigneusement, comme patron, la cause de Dieu, si, ce qu'à Dieu ne plaise, il se trouvait quelqu'un qui tentât de machiner quelque chose contre ce monastère, ne craignez pas, pour repousser et combattre l'ennemi de Dieu, de vous rendre vers le roi qui régnera alors sur ce pays, ou à la cité de Poitiers pour y connaître des choses qui vous sont recommandées devant Dieu, et faire exécuter la justice contre les auteurs et défenseurs de l'injustice, afin qu'un roi catholique ne souffre pas que de son temps une telle indignité puisse avoir lieu, et ne laisse point détruire ce qui a été établi par la volonté de Dieu, la mienne et celle des rois eux-mêmes. Je conjure aussi les princes que Dieu voudra laisser, après ma mort, à la tête des peuples, et au nom de ce roi dont le règne n'aura pas de fin, par la volonté duquel s'affermissent les royaumes, et qui leur a donné la vie et la royauté; je les supplie d'ordonner que le monastère que j'ai voulu construire par la permission et les secours des seigneurs rois leurs pères ou aïeux, que j'ai soumis à la règle et doté, soit gouverné sous leur protection et sous leurs ordres d'accord avec l'abbesse Agnès, et qu'il ne soit permis à personne d'inquiéter ni de tourmenter plusieurs fois la susdite abbesse, ni personne appartenant à notre monastère, ni de rien ôter ou changer de ce qui appartient à ce monastère; mais plutôt pour l'amour de Dieu, je les en supplie devant le rédempteur des nations, que comme je le leur recommande, ils le défendent et le garantissent, d'accord avec nos seigneurs les évêques, afin qu'ils vivent dans le royaume éternel, en société avec le défenseur des pauvres et l'époux des vierges, en l'honneur duquel ils auront protégé les servantes de Dieu. Je vous le demande aussi, très-saints pontifes et très-excellens seigneurs rois, et vous tous peuples chrétiens, je vous en conjure par la foi catholique dans laquelle vous avez été baptisés, et par les églises que vous avez sous votre garde; lorsque Dieu voudra me séparer de la lumière de ce monde, que mon corps soit enseveli dans la basilique que nous avons commencé à élever en l'honneur de sainte Marie mère du Seigneur et dans laquelle reposent déjà plusieurs de nos sœurs; je le demande, qu'elle soit achevée ou non. Que si quelqu'un voulait ou tentait la chose autrement, que par l'intercession de la croix du Christ et de la bienheureuse Marie, il encourre la vengeance divine, et que par votre intervention j'obtienne un coin pour être ensevelie dans cette basilique près de mes sœurs de la congrégation, et je demande avec larmes que cette supplication, que j'ai souscrite de ma propre main, soit conservée dans les archives de la cathédrale, afin que si la nécessité exigeait que ma sœur l'abbesse Agnès ou la congrégation vous demandassent secours contre des méchans, par les soins de votre sollicitude pastorale, vous leur accordassiez les pieuses consolations de votre miséricorde, et qu'elles ne se disent pas abandonnées de moi qui, avec l'aide de Dieu, leur ai préparé votre bienveillance. Je vous remets toutes ces choses devant les yeux, par celui qui, du haut de sa glorieuse croix, recommanda la Vierge sa mère au bienheureux apôtre Jean, afin que comme il accomplit cet ordre de Dieu, ainsi soit accompli par vous, mes seigneurs pères de l'Église et hommes apostoliques, ce que moi humble et indigne, je vous recommande ici. En sorte que conservant dignement le dépôt qui vous a été confié, vous participiez au mérite de celui dont vous accomplissez le mandat apostolique et reproduisiez dignement son exemple. »

Après cela l'évêque Mérovée qui savait qu'on avait dit beaucoup de mal de lui, envoya à l'évêque Gondégésile et aux évêques ses suffragans, Porcarie, abbé de la basilique de saint Hilaire, afin qu'ils lui permissent, après avoir donné la communion à ces filles, de venir vers eux afin d'en être entendu; mais il ne put l'obtenir. Le roi Childebert, continuellement importuné par les deux parties, savoir, le monastère et ces filles qui en étaient sorties, envoya le prêtre Teuthaire pour terminer les querelles qui régnaient entre elles. Celui-ci ayant appelé devant lui Chrodielde et les autres filles, elles dirent: « Nous ne venons pas parce que nous « sommes interdites de la communion. Si nous obte« nons d'être réconciliées, nous nous rendrons sans « retard à l'audience. » Lui, apprenant leur réponse, alla trouver les évêques, s'entretint avec eux de cette affaire, mais ne put en aucune façon obtenir qu'on les admît à la communion, et s'en retourna ainsi à Poitiers. Toutes ces filles étaient dispersées, les unes chez leurs parens, les autres dans leur propre maison; plusieurs étaient retournées dans le monastère, parce que, à cause de la rigueur de l'hiver et du défaut de bois, elles ne pouvaient demeurer ensemble;

il n'en resta qu'un petit nombre avec Chrodielde et Basine, et il y avait entre elles de grandes discordes, parce que chacune voulait commander.

En cette année, il y eut, après les fêtes de Pâques, une si terrible pluie accompagnée de grêle, que dans l'espace de deux ou trois heures on vit à travers les plus petites vallées courir d'énormes torrens. Les arbres fleurirent en automne et donnèrent des fruits pareils à ceux qu'on avait déjà recueillis; des roses parurent au neuvième mois. Les rivières grossirent outre mesure, et en telle sorte qu'elles couvrirent des endroits où les eaux n'étaient jamais arrivées et ne firent pas peu de tort aux semences.

# LIVRE DIXIÈME.

La quinzième année du roi Childebert[1], notre diacre revenant de la ville de Rome avec des reliques de saints, rapporta qu'au neuvième mois de l'année précédente, le fleuve du Tibre avait couvert la ville de Rome d'une telle inondation que les édifices antiques en avaient été renversés, et les greniers de l'Église emportés; on y perdit plusieurs milliers de mesures de grains. Il arriva aussi qu'une multitude de serpens et un grand dragon semblable à une grosse solive, descendirent à la mer entraînés par les eaux du fleuve; mais ces animaux étouffés dans les flots orageux de la mer salée, furent rejetés sur le rivage. Aussitôt après survint une contagion qu'ils appellent maladie des aines[2]. Elle arriva vers le milieu du onzième mois, et selon ce qu'on lit dans le prophète Ezéchiel : « Commencez « par mon sanctuaire[3], » elle frappa d'abord le pape Pélage, qui en mourut presque aussitôt. Après sa mort la maladie causa de grands ravages parmi les habitans; et comme l'Église de Dieu ne pouvait demeurer sans chef, tout le peuple élut le diacre Grégoire[4]. Il était sorti d'une des premières familles de

---
[1] En 590.

[2] Espèce de maladie contagieuse qui n'est nulle part définie, mais qu'on peut regarder comme une des nombreuses sortes de peste si souvent confondues sous le même nom.

[3] Ézéch. chap. 9, v. 6.

[4] Grégoire I$^{er}$, dit le Grand, qui occupa le trône pontifical du 3 septembre 590 au 12 mars 604.

sénateurs, et dévot à Dieu depuis son adolescence. Il avait de son propre bien construit six monastères en Sicile ; il en institua un septième dans les murs de Rome, leur donna à tous les terres nécessaires pour fournir aux alimens quotidiens de la communauté, vendit tout le reste avec tout le mobilier de sa maison et le distribua aux pauvres; et lui qui avait coutume de marcher par la ville couvert de vêtemens de soie et brillant de pierres précieuses, maintenant vêtu d'un humble habit, se consacra au service des autels du Seigneur, et fut appelé par le pape pour le seconder en qualité de septième lévite. Il usait d'une telle abstinence dans sa nourriture, était si vigilant à l'oraison, si sévère dans ses jeûnes qu'à peine son estomac affaibli pouvait-il y résister. Il était si instruit dans les sciences de la grammaire, de la dialectique et de la rhétorique, que dans la ville il n'y avait personne qu'on crût pouvoir l'égaler. Il fit tous ses efforts pour éviter cet honneur, de peur de retomber, par l'acquisition d'une telle dignité, dans les vanités du siècle, qu'il avait rejetées. Il écrivit donc à l'empereur Maurice, dont il avait tenu le fils sur les fonts sacrés, le conjurant et lui demandant avec beaucoup de prières de ne point accorder au peuple son consentement pour l'élever aux honneurs de ce rang; mais Germain, préfet de la ville de Rome, devança son messager, et l'ayant arrêté, déchira les lettres et envoya à l'empereur l'acte de la nomination faite par le peuple. Maurice qui aimait le diacre, rendant grâces à Dieu de cette occasion de l'élever en dignité, envoya son diplôme pour le faire sacrer. Comme on tardait à le consacrer et que la contagion continuait à faire des ravages dans le peuple, il s'adressa en ces mots à la multitude pour l'exhorter à la pénitence :

« Il convient, mes très-chers frères, que nous
« craignions, du moins quand ils arrivent et que
« nous les éprouvons, les fléaux de Dieu, que nous
« aurions dû redouter d'avance. Que la douleur donne
« en nous entrée à la conversion, et que la peine que
« nous souffrons amollisse la dureté de nos cœurs;
« car, comme l'a prédit le prophète, *l'épée les va percer*
« *jusqu'au fond du cœur*[1]. Voilà que tout ce peuple est
« frappé de l'épée de la colère céleste, qui abat d'un
« coup subit chacun de nos citoyens. La mort n'est
« point précédée de la maladie, mais devance, comme
« vous le voyez, les langueurs du mal. Celui qui est
« frappé est enlevé avant d'avoir pu se livrer aux gé-
« missemens de la pénitence. Pensez donc de quelle
« manière ils sont forcés de se présenter devant le
« juge sans avoir eu le temps de pleurer leurs actions.
« Nos habitans ne sont point ravis un à un, mais tous
« tombent à la fois. Les maisons demeurent vides,
« les parens assistent aux obsèques de leurs enfans,
« et leur mort est précédée de celle de leurs héri-
« tiers. Que chacun de nous se réfugie donc dans les
« lamentations de la pénitence, tandis qu'il nous
« reste le temps de pleurer avant d'être frappés. Rap-
« pelons devant les yeux de notre esprit toutes les
« erreurs dont nous nous sommes rendus coupables,
« et expions, par nos larmes, nos actions criminelles.
« Prévenons, par notre confession, la présence du
« juge, et, selon l'avertissement du prophète, élevons
« au ciel nos cœurs avec nos mains vers le Seigneur;

[1] Jérémie, chap. 4, v. 10.

« et, en élevant ainsi vers Dieu nos cœurs avec nos
« mains[1], élevons l'ardeur de nos prières aux mérites
« d'une bonne œuvre. Certes, il rend la confiance à
« nos frayeurs, celui qui nous a crié par son pro-
« phète : *Je ne veux point la mort de l'impie, mais
« qu'il vive et se convertisse*[2]. Que personne donc ne
« désespère en raison de la grandeur de ses iniqui-
« tés : il suffit de trois jours de pénitence pour laver
« les crimes invétérés des Ninivites, et, de la sen-
« tence même de sa mort, le larron converti reçut
« les récompenses de la vie. Changeons donc notre
« cœur, et osons croire que nous avons déjà reçu
« ce que nous demandons. Le juge est plus prompte-
« ment fléchi par les prières, lorsque celui qui le sup-
« plie est corrigé de sa perversité. Repoussons, par
« l'importunité de nos pleurs, ce glaive de colère
« suspendu sur nos têtes. L'importunité, fâcheuse
« d'ordinaire aux hommes, est agréable au juge de
« vérité, car le Dieu clément et miséricordieux veut
« que nos prières lui arrachent son pardon, et ne
« consent jamais à s'irriter contre nous autant que
« nous le méritons, car c'est lui qui a dit, par la
« bouche du psalmiste : *Invoquez-moi aux jours de
« l'affliction, et je vous en délivrerai et vous aurez lieu
« de m'honorer*[3]. En nous avertissant de l'invoquer, il
« se rend à lui-même témoignage qu'il desire faire mi-
« séricorde à ceux qui l'invoquent. Ainsi donc, mes
« très-chers frères, le cœur contrit et amendés dans
« nos œuvres, venons d'une ame dévouée aux larmes,

[1] Jérémie, Lament. chap. 3, v. 41.
[2] Ézéchiel, chap. 33, v. 11.
[3] Psaum. 49, v. 16.

« au point du jour de la quatrième férie, pour célé-
« brer la litanie septiforme dans l'ordre que je vais
« vous indiquer, afin que le juge soit forcé de s'arrê-
« ter avant de punir nos fautes, et qu'il épargne même
« la condamnation à ceux dont la sentence est déjà
« prononcée. Que le clergé donc sorte en procession,
« avec les prêtres de la sixième région, de l'église
« des saints martyrs Côme et Damien; que tous les
« abbés et leurs religieux sortent, avec les prêtres de
« la quatrième région, de l'église des saints martyrs
« Gervais et Protais; que toutes les abbesses, avec leurs
« congrégations, sortent de l'église des saints martyrs
« Marcellin et Pierre, avec les prêtres de la première
« région; que tous les enfans sortent de l'église des
« saints martyrs Jean et Paul, avec les prêtres de la
« deuxième région; que tous les laïques sortent de
« l'église du premier martyr saint Etienne avec les
« prêtres de la septième région; que toutes les femmes
« veuves sortent de l'église de sainte Euphémie avec
« les prêtres de la cinquième région; et toutes les
« femmes mariées de l'église du saint martyr Clément,
« avec les prêtres de la troisième région; afin que,
« venant avec prières et avec larmes de ces différentes
« églises, nous nous réunissions à la basilique de la
« bienheureuse Marie, toujours Vierge, mère de
« Jésus-Christ, notre Seigneur Dieu; et que là, sup-
« pliant long-temps le Seigneur avec des pleurs et
« des gémissemens, nous parvenions à obtenir le
« pardon de nos péchés. »

Après avoir ainsi parlé, ayant rassemblé les différens clergés, il ordonna de chanter des psaumes pendant trois jours, et d'implorer la miséricorde du Sei-

gneur. Toutes les trois heures, des chœurs, chantant les psaumes, venaient à l'église, criant par les rues de la ville : *Kyrie eleïson.* Notre diacre, qui était présent, assurait que, tandis que le peuple élevait ainsi vers le Seigneur une voix suppliante, dans l'espace d'une heure, quatre-vingts personnes tombèrent et rendirent l'esprit. Cependant l'évêque ne cessa pas de prêcher le peuple pour l'engager à continuer ses oraisons. Notre diacre reçut de Grégoire, comme nous l'avons dit, les reliques des Saints, tandis qu'il était encore dans le diaconat. Comme il se préparait à fuir pour se cacher, il fut pris, entraîné, et conduit à la basilique de l'apôtre saint Pierre, où il fut sacré pape de la ville, et revêtu de l'office pontifical. Notre diacre ne le quitta point jusqu'à ce qu'il fût arrivé à l'épiscopat, et fut de ses yeux témoin de son sacre.

Grippon, revenant de sa mission près l'empereur Maurice, raconta que, l'année précédente, ayant pris un bâtiment, il était arrivé avec ses compagnons à un port d'Afrique, et s'était rendu à Carthage-la-Grande. Tandis qu'ils y étaient, attendant un ordre du préfet de la ville pour leur donner les moyens de se rendre vers l'empereur, un des serviteurs venus avec Évance, ayant dérobé un joyau de la main d'un marchand, l'emporta en leur logis. Celui à qui appartenait la chose le poursuivit, le pressant de la lui rendre; mais le serviteur le refusa. Cette querelle s'échauffa de plus en plus; et un jour le marchand, ayant trouvé le serviteur dans la rue, le prit par son vêtement, et commença à le retenir en disant : « Je ne « te lâcherai pas jusqu'à ce que tu m'aies restitué ce « que tu m'as enlevé par violence; » et lui, s'efforçant de s'échapper des mains de cet homme, ne craignit pas de tirer son épée et de le tuer; puis il revint aussitôt au logis sans dire à ses compagnons ce qui s'était passé. Les envoyés étaient Bodégésile, fils de Mummolène, de Soissons; Évance, fils de Dynamius, d'Arles, et Grippon, Franc de naissance. Ils venaient de se lever de table, et s'étaient livrés au sommeil pour prendre leur repos. Lorsqu'on fut venu annoncer aux principaux de la ville l'action de ce serviteur, ils rassemblèrent des soldats, et, environnés de tout le peuple en armes, se rendirent au logis des envoyés. Ceux-ci, éveillés en sursaut, demeurèrent saisis de surprise en voyant ce qui se passait. Celui qui était à la tête du rassemblement leur criait : « Déposez vos « armes, et sortez pour venir à nous, afin que nous « sachions paisiblement comment a été commis le « meurtre. » Ceux qui étaient en dedans, saisis de crainte, ignorant encore ce qui était arrivé, demandèrent qu'on leur prêtât serment qu'ils pouvaient sortir en sûreté sans leurs armes. Les autres jurèrent; mais la colère ne leur permit pas de tenir leur parole; et à peine Bodégésile fut-il sorti qu'ils le frappèrent de leurs épées, ainsi qu'Évance : ils tombèrent devant la porte du logis. Alors Grippon, prenant ses armes, ainsi que les serviteurs qui étaient avec lui, marcha vers les gens de la ville en disant : « Nous « ignorons ce qui s'est passé, et voilà que mes com- « pagnons de voyage qui avaient été envoyés vers « l'empereur, ont été abattus par le glaive. Dieu ju- « gera notre injure, et la mort de ceux qui sont « tombés sous vos coups, car vous les avez tués « lorsque nous venions en paix, et sans vous faire do

« mal; et il n'y aura plus de paix entre nos rois et
« votre empereur, car nous sommes venus pour une
« mission de paix, et pour apporter secours à la ré-
« publique. Je prends Dieu à témoin aujourd'hui que
« c'est votre crime qui est la cause que la paix pro-
« mise entre les princes ne sera pas gardée. » Grippon ayant ainsi parlé, et dit plusieurs autres choses dans le même sens, la troupe armée des Carthaginois se dissipa, et chacun retourna chez soi. Le préfet vint trouver Grippon, et s'efforça d'adoucir son esprit sur ce qui s'était passé, en lui donnant les moyens de se rendre vers l'empereur. Arrivé à lui, après lui avoir rendu compte de sa mission, Grippon lui fit connaître la mort de ses compagnons. L'empereur en fut extrêmement affligé, et promit de la venger, conformément au jugement que prononcerait le roi Childebert; puis, après avoir reçu des présens de l'empereur, Grippon revint avec la paix.

Grippon ayant rapporté la chose au roi Childebert, aussitôt celui-ci ordonna de faire marcher une armée en Italie, et envoya vingt ducs faire la guerre à la nation des Lombards. Je n'ai pas cru nécessaire d'insérer ici la suite de leurs noms. Le duc Audovald avec Wintrion fit marcher les gens de la Champagne. En arrivant à la ville de Metz qui était sur sa route, il commit tant de pillages, tant de meurtres et maltraita les habitans de telle sorte, qu'on aurait dit qu'il amenait l'ennemi dans son propre pays. Les autres ducs en firent autant avec leurs phalanges, et désolèrent ainsi leur propre pays et ses habitans, avant de remporter aucune victoire sur les ennemis. Lorsqu'ils arrivèrent sur les confins de l'Italie, Audovald prit la droite avec six ducs, et vint à la ville de Milan. Ils placèrent leur camp dans la campagne, au-dessus de cette ville; mais Olon, un de ces ducs, s'étant approché imprudemment de Bellinzone, château dépendant de cette ville et situé dans les champs Canini[1], fut frappé d'un trait sur la paupière, et tomba mort. Ceux qui étaient sortis du camp pour aller au butin et tâcher de se procurer quelques vivres, furent en divers lieux attaqués et tués par les Lombards. Il y avait dans le territoire de la ville de Milan un lac appelé *Corèse*[2], d'où sort une petite rivière étroite mais profonde; ils avaient appris que les Lombards étaient campés sur le bord de ce lac; comme ils s'en approchaient, avant qu'ils passassent la rivière dont nous avons parlé, un des Lombards couvert de son casque et de sa cuirasse, debout sur le rivage et la lance à la main, éleva la voix vers l'armée des Francs, disant : « C'est aujourd'hui qu'on verra à qui Dieu veut « accorder la victoire. » D'où il y a lieu de croire que, selon qu'il réussirait, ce guerrier devait servir aux Lombards comme de présage. Un petit nombre de Francs passèrent la rivière, combattirent contre le Lombard et le tuèrent, et voilà que toute l'armée des Lombards prit la fuite. Les Francs ayant passé la rivière n'en trouvèrent plus aucun, mais reconnurent seulement la place de leur camp, et le lieu où ils avaient

---

[1] Partie de l'ancienne Rhétie qui forme aujourd'hui le canton du Tésin ou la Suisse italienne.

[2] *Coresium*; peut-être faut-il lire *Comesium*, et appliquer ce passage au lac de Côme, situé en effet dans le territoire de Milan et traversé par l'Adda. Il s'appelait d'abord *lacus Larius*; il a pris de la ville de Côme (*Comum*), bâtie à son extrémité méridionale, son nom nouveau qu'il portait peut-être déjà du temps de Grégoire de Tours.

fait des feux et placé des tentes. Ils retournèrent à leur camp sans en avoir pris un seul ; il leur vint en ce lieu des envoyés de l'empereur pour leur annoncer qu'une armée arrivait à leur secours. « Elle arrivera, « dirent-ils, dans trois jours. Vous reconnaîtrez sa « venue à ce signal : quand vous verrez ce village si- « tué sur la montagne, embrasé par les flammes, et que « la fumée de l'incendie s'élevera jusqu'au ciel, vous « saurez que nous arrivons avec l'armée qui vous est « promise. » Ils attendirent, comme il avait été convenu, pendant six jours, et ne virent arriver personne.

Cédin, étant entré avec treize ducs dans la partie gauche de l'Italie, y prit cinq châteaux, et exigea le serment des habitans. La dysenterie ravageait déjà cruellement son armée, parce que l'air du pays était contraire à ses gens qui n'y étaient pas accoutumés, en sorte qu'il en mourut plusieurs. Mais le vent s'étant élevé et la pluie étant survenue, l'air commença à se rafraîchir un peu, et apporta du soulagement à la maladie. Que dirai-je de plus ? Ils parcoururent l'Italie pendant plus de trois mois sans y rien gagner et sans pouvoir prendre vengeance de leurs ennemis qui se renfermaient dans des lieux très-bien fortifiés. Ils ne purent non plus prendre le roi qui s'était mis en sûreté dans les murs de Pavie, et n'eurent aucun moyen d'en tirer vengeance. L'armée donc, malade, comme nous l'avons dit, à cause de l'insalubrité de l'air, et exténuée par la famine, se prépara à retourner dans son pays, soumettant à la puissance du roi les lieux qu'avait possédés son père, où l'on fit prêter serment, et d'où l'on emmena des captifs et du butin. En s'en retournant, les Francs furent tellement tourmentés par la disette, qu'avant de revenir aux lieux de leur naissance, ils vendirent leurs armes et leurs vêtemens, pour acheter des vivres. Aptachaire[1], roi des Lombards, envoya des ambassadeurs au roi Gontran, chargés de lui dire ces paroles: « Nous avons été, roi très-pieux, et désirons être encore soumis et fidèles à vous et à votre race. Nous n'avons point manqué au serment que nos prédécesseurs ont juré aux vôtres, cessez donc de nous persécuter. Qu'il y ait entre nous paix et concorde, afin que nous nous prêtions, au besoin, secours contre nos ennemis, que votre nation et la nôtre soient en sûreté, et que les adversaires qui bruissent en foule autour de nous, nous voyant en paix, aient plus lieu de s'effrayer de notre alliance que de se féliciter de nos discordes. » Le roi Gontran écouta ces paroles avec bienveillance, et fit passer les envoyés vers son neveu le roi Childebert. Pendant leur séjour près de lui, il en vint d'autres qui annoncèrent la mort du roi Aptachaire et que Paul avait été mis à sa place[2]; ils apportaient aussi de sa part des paroles semblables à celles que nous avons rapportées; le roi Childebert, étant convenu avec eux d'un terme pour leur faire savoir ce qu'il aurait décidé, leur ordonna de s'en retourner.

[1] Autharis qui régna de 584 à 591.

[2] Dom Bouquet remarque, dans sa note sur ce passage, que les historiens des Lombards, notamment Paul diacre, ne font aucune mention de ce Paul, et que le successeur d'Autharis fut Agilulf, duc de Turin, élevé au trône par le choix de Théodelinde, veuve d'Autharis, et du peuple Lombard. Le duc Agilulf succéda en effet à Autharis et régna jusqu'en 615; mais comme il était Arien, quelques historiens prétendent que sa femme Théodelinde le ramena à la foi catholique, qu'il fut baptisé et prit alors le nom de Paul. C'est là sans doute le fait qui a donné lieu à l'assertion de Grégoire de Tours. Du reste ce fait est demeuré douteux.

Maurice envoya, les mains liées et chargés de chaînes, au roi Childebert, douze des Carthaginois qui, l'année précédente, avaient tué son ambassadeur, lui donnant toute liberté de les faire mourir s'il le voulait, mais promettant que, s'il voulait les relâcher pour une rançon, il lui donnerait trois cents pièces d'or pour chacun d'eux. Il lui demandait de choisir, afin que tout sujet de querelle étant assoupi, il ne s'élevât plus entre eux aucun motif d'inimitié. Mais le roi Childebert refusa de recevoir ces hommes, et il dit : « Nous ne savons pas si les gens que vous « nous amenez sont les meurtriers, ou si vous ne « nous amenez pas quelques esclaves, tandis que « ceux des nôtres qui ont été tués chez vous étaient « bien de race libre. » Grippon surtout, qui avait été envoyé en ambassade avec eux au temps où ils furent tués, était présent et disait : « Le préfet vint « tomber sur nous avec deux ou trois mille hommes « rassemblés et tua mes compagnons, et j'aurais péri « moi-même dans ce tumulte si je n'avais pris le « parti de me défendre avec courage. Je pourrai « donc, en retournant sur les lieux, reconnaître ceux « qui les ont tués, et si votre empereur, comme « vous le dites, est dans l'intention de demeurer en « paix avec notre maître, il doit en exiger ven- « geance. » Le roi étant convenu d'un terme pour envoyer après eux vers l'empereur, leur donna ordre de s'en retourner.

En ces jours-là Cuppan, autrefois comte des écuries du roi Chilpéric, fit une irruption sur le territoire de la ville de Tours, et se livrant au pillage, voulut enlever les troupeaux et plusieurs autres choses; mais les habitans avertis se précipitèrent en foule à sa poursuite, lui reprirent son butin et tuèrent deux de ses serviteurs; il s'enfuit tout nu et deux autres de ses serviteurs furent pris; on les envoya enchaînés au roi Childebert qui les fit jeter en prison et ordonna qu'ils fussent interrogés, afin de savoir par l'aide de qui Cuppan s'était échappé et n'avait point été pris par ceux qui le poursuivaient. Ils répondirent que c'était par l'artifice du vicaire Animodius, qui exerçait l'autorité judiciaire dans le pays. Aussitôt le roi adressa des lettres au comte de la ville pour lui ordonner de le lui envoyer enchaîné, et, dans le cas où il s'efforcerait de résister, le roi ordonnait au comte, s'il voulait acquérir ses bonnes grâces, de le saisir par force et de le tuer; mais Animodius, sans résister, donna caution et se rendit où il lui était ordonné. Il alla trouver le domestique Flavien, fut mis en cause avec son co-accusé, et n'ayant point été jugé coupable, fut absous ainsi que lui. Il reçut l'ordre de retourner chez lui, après avoir cependant fait auparavant des présens au domestique. Ce même Cuppan, ayant réuni de nouveau quelques-uns des siens, voulut enlever, pour l'épouser, la fille de défunt Bodégésile, évêque du Mans. Dans cette intention donc, il tomba une nuit, avec la troupe de ses associés, sur le village de Marolles. Mais la matrone Magnatrude, mère de la jeune fille et maîtresse de la maison, avertie de cette surprise, sortit contre lui avec ses serviteurs, le repoussa par la force et blessa plusieurs d'entre eux; en sorte que Cuppan s'en retourna non sans confusion.

Il arriva qu'une nuit, en Auvergne, des hommes

étant enchaînés dans les prisons, leurs liens se rompirent par l'ordre de Dieu, et ayant ouvert les portes, ils s'échappèrent des mains de ceux qui les gardaient et se réfugièrent dans l'église. Le comte Eulalius ayant ordonné qu'on les chargeât de nouveau de chaînes, à peine furent-elles posées sur eux qu'elles se brisèrent comme un verre fragile, et, délivrés par l'intercession de l'évêque Avite, ils furent rendus à leur liberté naturelle.

Le roi Childebert remit à la même ville, par une pieuse munificence, tous les tributs qui lui étaient dus, tant par l'église que par les monastères ou les autres clercs attachés à l'église, ou par ceux qui cultivaient les biens de l'église. Plusieurs de ceux qui étaient chargés de recueillir ces tributs avaient déjà été ruinés; attendu que, par la longueur du temps et la suite des générations, ces propriétés s'étant divisées en un grand nombre de portions, ils ne pouvaient qu'à grand'peine recueillir le tribut. Le roi, par l'inspiration de Dieu, remédia à la chose, de sorte que ce qui était dû au fisc ne tombât point à la charge des collecteurs ¹, et que les cultivateurs des biens de l'église ne fussent pas obligés de payer les arrérages.

On assembla, sur les confins du territoire de l'Auvergne, du Velay et du Rouergue, un synode d'évêques contre Tétradie, veuve de défunt Didier, parce que le comte Eulalius réclamait ce qu'elle lui avait

---

¹ Les percepteurs des tributs ou des redevances dus au roi étaient demeurés responsables de leur recouvrement, et obligés de fournir eux-mêmes ce que ne pouvaient payer les contribuables, comme les décurions dans l'empire romain.

emporté en s'enfuyant de chez lui. Mais je crois devoir rapporter plus au long cette affaire, et comment Tétradie avait quitté Eulalius et s'était enfuie vers Didier. Eulalius, jeune d'âge, agissait en plusieurs choses sans raison, en sorte que, souvent réprimandé par sa mère, il avait conçu de la haine pour elle, qu'il aurait dû aimer. Comme elle se prosternait souvent en prières dans l'oratoire de sa maison, et pendant le sommeil de ses serviteurs passait fréquemment les veilles de la nuit dans l'oraison et dans les larmes, il arriva qu'un jour on la trouva étranglée dans le cilice dont elle était vêtue durant sa prière. Personne ne sachant qui avait commis cette action, son fils fut accusé du parricide. Il parut dans la cité d'Auvergne, et l'évêque Cautin lui refusa la communion. A la fête de saint Julien, martyr, comme les citoyens étaient réunis autour de l'évêque, Eulalius se prosterna à ses pieds, se plaignant qu'on l'eût séparé de la communion sans qu'il eût été entendu. Alors l'évêque lui permit d'assister à la messe avec les autres; mais, lorsqu'on vint à la communion, et qu'Eulalius s'approcha de l'autel, l'évêque lui dit : « Le bruit populaire t'accuse de parricide, mais « j'ignore si tu as ou non commis ce crime; j'en re- « mets donc le jugement à Dieu et au saint martyr « Julien. Si donc tu es innocent, comme tu l'affirmes, « approche, prends une portion de l'eucharistie et « mets-la dans ta bouche; Dieu verra ta conscience. » Celui-ci prit l'eucharistie et s'en alla après avoir communié. Il avait pour femme Tétradie, née d'une mère noble et d'un père de rang inférieur. Comme, dans sa maison, il vivait en familiarité avec ses servantes, il commença à négliger sa femme, et lorsqu'en quittant ses concubines il retournait vers elle, souvent il lui faisait souffrir beaucoup de mauvais traitemens. Ses crimes nombreux lui avaient fait contracter beaucoup de dettes, et, pour les payer, il détournait souvent les bijoux et l'or de sa femme. Tandis que celle-ci vivait dans cette infortune, et dépouillée, dans la maison de son mari, des honneurs dont elle avait joui, Eulalius alla vers le roi, et il arriva que Virus, son neveu, eut pour Tétradie des desirs d'amour, et comme il avait perdu sa femme, il voulut la prendre en mariage; mais, craignant l'inimitié de son oncle, il l'envoya au duc Didier, dans l'intention de l'épouser ensuite. Tétradie ayant emporté avec elle de ce qui appartenait à son mari, tant en or qu'en argent et en vêtemens, tout ce qu'il était possible de déplacer, s'en alla, emmenant avec elle son fils aîné, et en laissant dans la maison un autre plus jeune. Eulalius, revenant de son voyage, apprit ce qui lui était arrivé, et, lorsque son premier chagrin fut un peu apaisé, il courut sur son neveu Virus, et le tua dans les défilés des vallées de l'Auvergne. Didier, qui lui-même avait dernièrement perdu sa femme, apprenant que Virus avait été tué, prit en mariage Tétradie. Eulalius enleva une religieuse du monastère de Lyon et l'épousa; mais ses concubines, excitées à ce qu'on assure par la jalousie, lui ôtèrent le sens par le moyen de maléfices. Long-temps après Eulalius chercha secrètement Eymeri, cousin de cette fille, et le tua. Il tua de même Socrate, que son père avait eu d'une concubine, et fit beaucoup d'autres crimes qu'il serait trop long de raconter. Son fils

Jean, qui s'en était allé avec sa mère, s'échappa de la maison de Didier et vint en Auvergne. Innocent sollicitait déjà l'évêché de Rhodez : Eulalius s'adressa à lui pour recouvrer, par son assistance, les biens qui devaient lui revenir dans le territoire de cette cité ; mais Innocent lui dit : « Si tu me donnes un de tes « fils afin que je le fasse clerc et qu'il demeure avec « moi pour m'aider, je ferai ce que tu desires. » Il lui envoya le jeune homme nommé Jean, et recouvra ses biens.

L'évêque Innocent ayant reçu ce jeune homme lui tondit la tête et le donna à l'archidiacre de sa cathédrale. Il se voua à une telle abstinence qu'au lieu de froment il mangeait de l'orge, au lieu de vin buvait de l'eau, et au lieu de cheval se servait d'un âne ; il s'habillait des vêtemens les plus humbles. Les prêtres et les grands du pays s'étant réunis, comme nous l'avons dit, sur les confins du territoire de ladite ville, Eulalius se porta partie contre Tétradie qui fut représentée par Agin. Eulalius redemanda ce qu'elle avait enlevé de sa maison en allant trouver Didier ; il fut décidé que Tétradie restituerait au quadruple ce qu'elle avait emporté ; les fils qu'elle avait eus de Didier furent déclarés bâtards ; il lui fut accordé, en rendant à Eulalius ce qui était ordonné, de pouvoir revenir en Auvergne et de jouir, sans que personne y trouvât à redire, des biens qu'elle avait de la succession de son frère ; la chose fut exécutée ainsi.

Pendant ce temps-là, les Bretons commirent de grandes cruautés autour des villes de Nantes et de Rennes, et le roi Gontran ordonna de faire marcher contre eux une armée à la tête de laquelle il envoya

Beppolène et Ébrachaire. Mais Ébrachaire craignant que, s'il obtenait la victoire avec Beppolène, celui-ci ne fût mis en possession de son duché, se prit d'inimitié contre lui, et, pendant toute la route, ils s'accablèrent d'insultes, d'injures et de malédictions, et commirent sur leur chemin un grand nombre d'incendies, de meurtres, de pillages et beaucoup d'autres crimes. Ils vinrent à la rivière de la Vilaine, et l'ayant passée arrivèrent à celle de l'Aoust ; là ayant détruit les maisons du voisinage, ils firent un pont sur la rivière et toute l'armée passa. En ce temps-là un certain prêtre vint trouver Beppolène et lui dit : « Si tu « veux me suivre, je te conduirai jusqu'au lieu où est « Waroch et te montrerai tous les Bretons réunis. » Frédégonde, depuis long-temps ennemie de Beppolène, ayant appris qu'il marchait à ce combat, envoya au secours de Waroch, des Saxons de Bayeux qui portaient les cheveux coupés de la même manière que les Bretons et des vêtemens semblables. Beppolène ayant marché avec ceux qui avaient consenti à le suivre, commença le combat, et, pendant deux jours, tua beaucoup de Bretons et de Saxons. Ébrachaire était resté en arrière avec les gens du premier rang, et ne voulut pas aller à lui qu'il n'eût appris sa mort. Le troisième jour, comme ceux qui étaient avec Beppolène étaient déjà tués et qu'il combattait encore blessé lui-même d'un coup de lance, Waroch, avec ceux dont j'ai parlé, tomba sur lui et le tua. Les Bretons avaient enfermé les Francs entre des passages étroits et des marais, où ils périrent plutôt dans la boue que tués par le glaive. Ébrachaire arriva jusqu'à la ville de Vannes ; l'évêque Régal avait envoyé au devant de lui son clergé qui le conduisit jusqu'à la ville en chantant des psaumes. On rapportait en ce temps que Waroch ayant voulu fuir avec des navires chargés d'or et d'argent et de ses autres effets, lorsqu'il eut pris le large, le vent s'éleva, ses navires furent submergés, et il perdit tout ce qu'il y avait mis. Cependant il vint trouver Ébrachaire, lui demanda la paix, lui donna des ôtages et beaucoup de présens, et promit à l'avenir de ne rien faire contre les intérêts du roi Gontran.

Lorsqu'il fut parti, l'évêque Régal, son clergé et le peuple de sa cité prêtèrent le même serment, disant : « Nous ne sommes pas coupables envers nos « seigneurs les rois, et nous ne leur avons pas résisté « avec orgueil, mais nous sommes retenus en capti- « vité par les Bretons et accablés d'un joug pesant. » La paix ayant été conclue entre Waroch et Ébrachaire, Waroch dit : « Allez-vous-en maintenant et retour- « nez dans votre pays, car j'aurai soin d'accomplir de « moi-même tout ce qu'ordonnera le roi, et afin que « vous donniez à mes paroles une entière créance, je « vous remettrai mon neveu en ôtage. » Il le fit ainsi et la guerre cessa. Il y avait eu une grande multitude d'hommes tués, tant de l'armée royale que de celle des Bretons.

Comme l'armée sortait de Bretagne, les plus forts passèrent le fleuve, les faibles et les pauvres qui étaient avec eux ne purent le passer en même temps. Tandis qu'ils demeuraient sur le bord de la Vilaine, Waroch, oubliant ses sermens et l'ôtage qu'il avait donné, envoya Conan son fils avec une armée, et celui-ci ayant pris les hommes qu'il trouva sur le rivage, les chargea de liens, et tua ceux qui résistaient ; plusieurs qui voulurent passer la rivière à cheval furent emportés à la mer par l'impétuosité du courant. La femme de Waroch en renvoya ensuite plusieurs avec des cierges et des lettres[1] comme délivrés de servitude, et ils retournèrent chez eux. L'armée qui avait passé la première n'osa retourner par le chemin qu'elle avait pris en venant, de peur qu'on ne lui rendît le mal qu'elle avait fait ; elle se dirigea vers la ville d'Angers pour aller trouver le pont placé sur la Mayenne ; mais une petite troupe qui passa la première fut dépouillée, maltraitée et réduite aux dernières ignominies. En passant par Tours, ils pillèrent et dépouillèrent beaucoup de gens, parce qu'ils avaient surpris les habitans à l'improviste. Plusieurs de cette armée revinrent vers le roi Gontran, disant que le duc Ébrachaire et le comte Wiliachaire avaient reçu de l'argent de Waroch pour faire périr l'armée. Ébrachaire fut donc appelé devant le roi qui, après lui avoir dit beaucoup d'injures, lui ordonna de se retirer de sa présence ; le comte Wiliachaire s'enfuit, se cachant en divers lieux.

La quinzième année du roi Childebert, qui était la vingt-neuvième du roi Gontran, le roi Gontran, chassant dans la forêt des Vosges, y trouva les restes d'un buffle qu'on avait tué. Le garde de la forêt, sévèrement interrogé pour savoir qui avait osé tuer un buffle dans la forêt royale, nomma Chaudon, chambellan du roi.

---

[1] *Cum tabulis :* on appelait *tabularii* les esclaves affranchis devant l'Église ; le maître se présentait à l'église, remettait son esclave à l'évêque en présence du clergé et du peuple, et demandait qu'on rédigeât l'acte d'affranchissement qui portait le nom de *tabula*.

Alors le roi ordonna qu'il fût saisi et conduit à Châlons chargé de liens. Tous les deux ayant été confrontés en la présence du roi, et Chaudon soutenant qu'il ne s'était nullement permis l'action dont on l'accusait, le roi ordonna le combat. Le chambellan présenta son neveu pour combattre à sa place. Tous deux se rendirent sur le champ, et le jeune homme, ayant poussé sa lance contre le garde des forêts, lui perça le pied. Celui-ci tomba aussitôt en arrière ; et comme le jeune homme, tirant le couteau qui pendait à sa ceinture, tâchait de lui couper la gorge, l'autre lui perça le ventre de son couteau. Tous deux tombèrent morts ; ce que voyant, Chaudon prit la fuite pour se rendre à la basilique de Saint-Marcel ; mais le roi s'écriant qu'on le prît avant qu'il n'atteignît le seuil de l'édifice sacré, il fut pris, attaché à un poteau, et lapidé. Le roi eut ensuite un grand repentir de s'être laissé aller si promptement à la colère, et d'avoir fait mourir avec tant de précipitation, pour une petite faute, un homme qui lui était nécessaire et fidèle.

Clotaire, fils du défunt roi Chilpéric, tomba grièvement malade, et parut tellement désespéré qu'on annonça sa mort au roi Gontran, en sorte qu'il partit de Châlons pour aller à Paris, et vint jusqu'aux confins du territoire de la ville de Sens ; mais là, ayant appris que Clotaire se portait mieux, il revint sur ses pas. Sa mère Frédégonde, le voyant désespéré, avait voté une forte somme à la basilique de Saint-Martin, et alors la santé de son fils commença à s'améliorer. Elle envoya aussi des messagers à Waroch, afin qu'il délivrât, pour racheter la vie à son fils, les hommes qu'il retenait encore en Bretagne, de l'armée du roi

Gontran. Waroch le fit comme elle le lui demandait : d'où il fut manifeste que c'était avec la connivence de cette femme que Beppolène avait été tué et l'armée détruite.

La religieuse Ingiltrude qui, comme nous l'avons raconté dans les livres précédens, avait établi un monastère de filles dans la cour de la basilique de Saint-Martin, étant tombée malade, institua sa nièce abbesse, ce qui fit beaucoup murmurer le reste de la communauté ; mais, sur nos réprimandes, ces murmures cessèrent. Ingiltrude, toujours brouillée avec sa fille parce qu'elle lui avait enlevé ses richesses, adjura ceux qui l'entouraient de ne lui permettre de prier ni sur son tombeau, ni dans le monastère qu'elle avait institué. Elle mourut, à ce que je crois, dans la quatre-vingtième année de sa vie, et fut ensevelie le 9 du premier mois [1]. Sa fille Berthegonde vint à Tours ; mais, n'ayant pas été reçue, elle alla vers le roi Childebert, le sollicitant de permettre qu'elle gouvernât le monastère à la place de sa mère. Le roi, oubliant le jugement qu'il avait rendu en faveur de sa mère, donna à Berthegonde un autre ordre corroboré de sa propre signature, portant la permission de se mettre en possession de tout ce qu'avaient eu son père et sa mère, et d'emporter tout ce qu'Ingiltrude avait laissé au monastère. Elle, arrivée avec cet ordre, enleva tout le mobilier du monastère, en telle sorte qu'elle ne laissa à peu près rien dans les murs dépouillés. Elle rassembla des hommes coupables de divers crimes, et enclins à tous les tumultes : ils emportèrent tous les fruits venant des autres métai-

[1] Mars.

ries données au monastère par la dévotion des fidèles. Elle fit tant de mal en ce lieu qu'à peine serait-il possible de le raconter. Après avoir pris toutes les choses que j'ai dites, elle rentra à Poitiers, vomissant beaucoup de faussetés contre l'abbesse qui était sa proche parente.

En ces jours-là, il y eut un de nos prêtres qui, infecté du venin de l'hérésie saducéenne, niait la résurrection à venir; et comme nous lui affirmions qu'elle avait été prédite par les saintes Écritures, et enseignée par l'autorité des traditions apostoliques, il répondit : « Il est clair que c'est l'opinion générale ; « mais nous ne sommes pas certains que cela soit, « d'autant plus que le Seigneur, irrité contre le pre- « mier homme qu'il avait formé de ses mains sa- « crées, lui dit : *Vous mangerez votre pain à la* « *sueur de votre visage, jusqu'à ce que vous retour-* « *niez en terre d'où vous avez été tiré; car vous* « *êtes poudre et vous retournerez en poudre*[1]. Que « répondez-vous à cela, vous qui prêchez une résur- « rection future, puisque la Divinité ne promet pas « de faire vivre de nouveau l'homme retourné dans « la poussière? — Je pense, lui dis-je, qu'aucun ca- « tholique n'ignore ce qu'ont dit, à cet égard, soit le « Seigneur lui-même, notre rédempteur, soit les Pères « qui nous ont précédés. Ainsi, dans la Genèse, « quand les patriarches mouraient, Dieu disait : *Il fut* « *réuni à son peuple, et il mourut dans une heu-* « *reuse vieillesse*[2]. Et il dit à Caïn : *La voix du*

---

[1] Genèse, chap. 3, v. 19.
[2] *Ibid.* chap. 25, v. 8.

« *sang de votre frère crie de la terre jusqu'à moi* [1].
« D'où il paraît évidemment que l'ame vit après sa
« sortie du corps, et qu'elle attend avec un saint dé-
« sir la résurrection future. Et il est écrit de Job : *Il*
« *ressuscitera dans la résurrection des morts*. Et
« le prophète David, parlant au nom du Seigneur,
« prévoit la résurrection lorsqu'il dit : *Celui qui dort,*
« *ne pourra-t-il donc pas se relever* [2] ? Ce qui veut
« dire : Celui qui est accablé du sommeil de la
« mort ne sera-t-il pas appelé à la résurrection ? Et
« Isaïe nous apprend que les morts doivent ressus-
« citer de leurs sépulcres. Et lorsque le prophète Ézé-
« chiel nous raconte qu'il a vu des os desséchés, re-
« couverts de peau, rattachés par des nerfs, garnis de
« veines et animés du souffle de l'esprit, et l'homme
« refait de nouveau, c'est évidemment la résurrec-
« tion future qu'il nous enseigne ; et lorsqu'Elisée, tou-
« chant un cadavre, lui rend la vie par un effet de sa
« puissance, c'est encore un indice manifeste de la
« résurrection. Notre Seigneur lui-même, le premier.
« né parmi les morts, a manifesté la résurrection lors-
« qu'il a fait mourir la mort, et a ramené des morts
« à la vie. » Le prêtre dit : « Je ne doute pas que
« Dieu fait homme ne soit mort et ressuscité ; mais
« je n'admets pas pour cela que les autres morts res-
« suscitent. » Et moi je lui dis : « Quel besoin avait
« le fils de Dieu de descendre du ciel, de se revêtir
« de chair, de pénétrer aux enfers, si ce n'est pour
« empêcher que l'homme qu'il avait formé ne fût livré

---

[1] Genèse, chap. 4, v. 10.
[2] Psaum. 40, v. 9.

« à une mort éternelle? Les ames des justes qui jus-
« qu'à sa passion étaient demeurées renfermées dans
« les cachots de l'enfer, furent relâchées à sa venue ;
« descendant aux enfers, il fit entrer dans leurs té-
« nèbres une lumière nouvelle, et emmena avec lui
« les ames de ces justes, afin qu'ils ne fussent pas plus
« long-temps affligés d'une pareille détresse, d'après
« ces paroles, *et les morts se relèveront dans leurs
« sépulcres.* » Et le prêtre dit : « Comment des os
« réduits en poussière pourraient-ils être ranimés de
« nouveau, et refaire un homme vivant? » Et je lui
répondis : « Nous croyons qu'il ne sera pas difficile
« à Dieu de ressusciter à la vie l'homme réduit en
« poussière, et dispersé dans les eaux et sur la terre
« par la violence des vents. » Le prêtre répondit :
« Je crois que vous errez grandement, en tâchant de
« soutenir par des paroles mielleuses une fausseté
« très-difficile à croire, lorsque vous dites qu'on
« verra ressusciter celui qui a été déchiré par les
« bêtes, plongé dans les eaux, dévoré par la gueule
« des poissons, réduit en excrémens, rejeté par la
« digestion, ou décomposé en séjournant dans l'eau,
« ou détruit dans la terre par la putréfaction. » Je lui
répondis : « Tu as mis en oubli, je crois, ce que dit
« dans son Apocalypse Jean l'évangéliste, qui a re-
« posé sur le sein du Seigneur, et dévoilé les secrets
« des saints mystères : *Alors,* dit-il, *la mer rendit
« les morts qui étaient ensevelis dans ses eaux* [1].
« D'où il est manifeste que ce que les poissons ont
« dévoré du corps humain, ce que les oiseaux ont
« enlevé, ce que les bêtes féroces ont englouti,

[1] Apocalypse, chap. 20, v. 13.

« sera rassemblé par le Seigneur et rétabli lors de
« la résurrection, car il ne lui sera pas difficile de
« réparer ce qui se sera perdu, lui qui a créé de
« rien ce qui n'était pas né. Mais il remettra les
« choses dans leur entier, comme elles étaient aupa-
« ravant, afin que le corps qui a vécu dans ce monde
« reçoive, selon son mérite, le châtiment ou la gloire.
« Le Seigneur lui-même a dit dans l'Évangile : *Le
« fils de l'homme doit venir dans la gloire de son
« père avec ses anges, et alors il rendra à chacun
« selon ses œuvres*[1]. Marthe, doutant de la résur-
« rection actuelle de son frère Lazare, disait : *Je sais
« qu'il ressuscitera en la résurrection*[2] ; » et le Sei-
« gneur lui dit : *Je suis la résurrection et la vie*[3]. »
Le prêtre répondit : « Pourquoi donc est-il dit aussi
« dans les Psaumes : *Les impies ne ressusciteront
« point dans le jugement des justes*[4] ? » Et je répondis : « Ils ne ressusciteront pas pour juger, mais
« ressusciteront pour être jugés ; car le juge ne peut
« s'asseoir avec les impies pour rendre compte de ses
« actes. » Et il répondit : « Dieu dit dans son Évan-
« gile : *Celui qui ne croit point est déjà condamné*[5].
« Ainsi donc, il ne verra pas de résurrection. » Et je
répondis : « Il est jugé que celui qui ne croit pas au
« Fils unique de Dieu ira aux tourmens éternels.
« Cependant son corps ressuscitera, afin de souffrir
« la punition des péchés qu'il a commis en son corps.

---

[1] Évang. sel. S. Math. chap.
[2] Évang. sel. S. Jean, chap.
[3] *Ibid.* v. 25.
[4] Psaum. 1, v. 6.
[5] Évang. sel. S. Jean, chap.

« Et il ne peut y avoir de jugement à moins que les
« morts ne ressuscitent; car de même que ceux qui
« sont morts en sainteté habitent, à ce que nous
« croyons, le ciel, et produisent souvent des miracles
« sur leur tombeau, comme rendre la vue aux aveu-
« gles, faire marcher les boiteux, guérir les lépreux,
« et rendre à tous les autres infirmes le bienfait de
« la santé; de même, nous croyons que les pécheurs
« sont retenus jusqu'au jugement dans les prisons de
« l'enfer. » Et le prêtre dit : « Nous lisons aussi dans
« les psaumes : *L'esprit ne fera que passer dans*
« *l'homme, et il n'occupera plus son lieu comme*
« *auparavant*[1]. » Et je lui dis : « Voici ce que, dans
« la parabole, a dit le Seigneur lui-même au riche
« tourmenté des flammes de l'enfer : *Mon fils, sou-*
« *venez-vous que vous avez reçu vos biens dans*
« *votre vie, et que Lazare n'y a eu que des maux*[2].
« En effet, le riche n'a point là sa pourpre et son
« lin si fin, ni les délices de ses festins auxquels four-
« nissaient la terre, l'air, la mer; et Lazare n'a pas
« retrouvé ses plaies, ni cette pourriture où il vivait
« lorsqu'il était couché devant sa porte, maintenant
« que l'un repose dans le sein d'Abraham, et que
« l'autre est tourmenté dans les flammes. » Le prêtre
dit : « Nous lisons dans un autre psaume : *Leur ame*
« *étant sortie de leur corps, ils retourneront dans*
« *la terre d'où ils sont sortis; et ce jour-là même*
« *toutes leurs vaines pensées périront*[3]. » Je lui
répondis : « Tu dis fort bien; lorsque l'esprit est sorti

---

[1] Psaum. 102, v. 15.
[2] Évang. sel. S. Luc, chap. 16, v. 25.
[3] Psaum. 145, v. 3.

« du corps de l'homme, et que son corps est étendu
« mort, il ne pense plus aux choses qu'il a laissées
« dans ce monde. C'est comme si tu disais : il ne
« pense pas à bâtir, à planter, à cultiver ses champs,
« à amasser de l'or, de l'argent ou les autres richesses
« du monde. Cette pensée périt dans le corps mort
« parce que l'esprit ne l'habite plus; mais toi, pour-
« quoi doutes-tu de la résurrection, lorsque l'apôtre
« Paul, dans lequel le Christ lui-même a parlé, l'an-
« nonce évidemment en disant : *Nous avons été ense-*
« *velis avec lui par le baptême pour mourir au pé-*
« *ché, afin que, comme Jésus-Christ est ressuscité*
« *d'entre les morts par la gloire de son Père, nous*
« *marchions aussi dans une nouvelle vie*[1]; et ail-
« leurs : *Nous ressusciterons tous, mais nous ne*
« *serons pas tous changés; la trompette sonnera*
« *et les morts ressusciteront en un état incorrup-*
« *tible, et alors nous serons changés*[2]; et ailleurs :
« *Entre les étoiles, l'une est plus éclatante que*
« *l'autre; il en arrivera de même dans la résurrec-*
« *tion des morts; le corps, comme une semence,*
« *est maintenant mis en terre plein de corruption,*
« *et il ressuscitera incorruptible...*[3]; et ailleurs :
« *Nous devons tous comparaître devant le tribu-*
« *nal de Jésus-Christ, afin que chacun reçoive ce*
« *qui est dû aux bonnes ou aux mauvaises ac-*
« *tions qu'il aura faites pendant qu'il était re-*
« *vêtu de son corps*[4]; et en écrivant aux Thes-

---

[1] Épît. de S. Paul aux Rom. chap. 6, v. 4.
[2] I<sup>re</sup> Épît. de S. Paul aux Corinth. chap. 15, v. 51, 52.
[3] *Ibid.* v. 41, 42.
[4] II<sup>e</sup> Épît. de S. Paul aux Corinth. chap. 5, v. 10.

« saloniciens, il indique clairement la résurrection
« future en disant : *Nous ne voulons pas que vous
« ignoriez ce que vous devez savoir touchant ceux
« qui dorment, afin que vous ne vous attristiez
« pas comme font les autres hommes qui n'ont
« point d'espérance; car si nous croyons que Jé-
« sus est mort et ressuscité, nous devons croire
« aussi que Dieu amènera avec Jésus ceux qui se
« seront endormis en lui. Aussi nous vous déclarons,
« comme l'ayant appris du Seigneur, que nous qui
« vivons et qui sommes réservés pour son avéne-
« ment, nous ne préviendrons point ceux qui sont
« déjà dans le sommeil de la mort. Car aussitôt
« que le signal aura été donné par la voix de l'ar-
« change et par le son de la trompette de Dieu, le
« seigneur lui-même descendra du ciel, et ceux qui
« seront morts en Jésus-Christ ressusciteront les
« premiers; puis nous autres qui sommes vivans et
« qui seront demeurés jusqu'alors, nous serons em-
« portés avec eux dans les nuées pour aller au de-
« vant du Seigneur au milieu de l'air, et ainsi nous
« vivrons pour jamais avec le Seigneur. Consolez-
« vous donc les uns les autres par ces vérités*[1]. On a
« plusieurs témoignages qui confirment cette opinion;
« mais je ne sais pourquoi tu doutes de la résurrection
« que les Saints attendent à cause de leurs mérites, que
« les pécheurs redoutent à cause de leurs crimes.
« Cette résurrection nous est démontrée par les élé-
« mens visibles à nos yeux, lorsque nous voyons les
« arbres, couverts de feuilles en été, s'en dépouiller
« à l'arrivée de l'hiver, et lorsque revient l'époque

[1] II<sup>e</sup> Épît. de S. Paul aux Thessalonic. chap. 4, v. 13—18.

« du printemps, comme ressuscités, ils reprennent
« leur manteau de feuillage comme par le passé. Elle
« se reconnaît aussi dans les semences jetées en la
« terre; confiées aux sillons, si elles viennent d'abord
« à mourir, elles renaissent ensuite dans une abon-
« dance de fruits, comme le dit l'apôtre Paul : *In-*
« *sensés que vous êtes, ne voyez-vous pas que ce*
« *que vous semez ne prend point de vie s'il ne meurt*
« *auparavant*[1] *?* Toutes ces choses sont manifes-
« tées au monde pour qu'il croie à la résurrection ;
« car s'il ne doit pas y avoir de résurrection, à quoi
« servira-t-il au juste de bien agir? En quoi nuira-
« t-il au pécheur de faire le mal? Que chacun donc
« se conduise par sa volonté et fasse ce qui lui plaira,
« s'il ne doit point y avoir de jugement. Mais ne
« crains-tu donc pas, méchant, ce qu'a dit le Seigneur
« lui-même à ses bienheureux apôtres? *Quand le*
« *fils de l'homme viendra,* dit-il, *dans sa majesté,*
« *accompagné de tous ses anges, il s'assiéra sur*
« *le trône de sa gloire ; et toutes les nations étant*
« *assemblées devant lui, il séparera les uns d'avec*
« *les autres comme un berger sépare les brebis d'a-*
« *vec les boucs : Et placera les brebis à la droite et*
« *les boucs à la gauche ; alors le roi dira à ceux*
« *qui seront à sa droite : Venez, vous qui avez été*
« *bénis par mon père ; possédez le royaume qui*
« *vous a été préparé dès le commencement du*
« *monde.... Il dira ensuite à ceux qui seront à la*
« *gauche : Retirez-vous de moi, maudits ; allez au*
« *feu éternel*[2]. Et quand le Seigneur agira ainsi, ne

[1] I<sup>re</sup> Épît. de S. Paul aux Corinth. chap. 15, v. 36.
[2] Év. sel. S. Math. chap. 25, v. 31—34, 41.

« penses-tu pas qu'il y aura une résurrection des
« morts et un jugement? Que l'apôtre Paul te réponde
« donc, comme aux autres incrédules : *Si Jésus-*
« *Christ n'est pas ressuscité, notre prédication est*
« *vaine, et votre foi est vaine aussi*[1]. » Le prêtre se
retira attristé, promettant de croire en la résurrection, conformément à la série de textes des saintes
Ecritures que nous avons rapportés.

Il y avait en ce temps un diacre de la ville de Paris
nommé Théodulf, une sorte de demi-savant, qui
souvent à cause de cela faisait naître des disputes.
Il vint de Paris à Angers, et l'évêque Audovée le prit
avec lui, à cause de l'ancienne amitié qu'ils avaient
liée étroitement, dans le temps qu'ils habitaient ensemble à Paris. En sorte que Ragnemode, évêque de
la ville de Paris, excommuniait souvent Théodulf
parce qu'il refusait de revenir à la cathédrale dans
laquelle il avait été ordonné diacre. Celui-ci était
arrivé à une telle familiarité avec l'évêque d'Angers que l'évêque ne pouvait se délivrer de lui, car
il était bon et rempli de bienveillance. Il arriva
qu'il avait élevé sur les murs de la ville une terrasse
d'où, après son festin, il descendait pour souper, s'appuyant sur le diacre; celui-ci était tellement pris de
vin qu'à peine pouvait-il avancer. Irrité, je ne sais
pourquoi, il frappa de son poing la tête du serviteur qui marchait devant avec la lumière, et de l'impulsion qu'il s'était donnée, comme il ne pouvait se
soutenir, il tomba du haut du mur, avec la même
violence, saisissant dans sa chute le mouchoir de
l'évêque qui pendait à sa ceinture; et l'évêque serait

[1] I<sup>re</sup> Épit. de S. Paul aux Corinth. chap. 15, v. 14.

tombé avec lui si son vicaire ne l'eût promptement embrassé par les jambes. Théodulf tombant sur la pierre, se rompit les os et les côtes, et vomissant le sang avec la bile, il rendit l'esprit. Il était adonné au vin et abandonné à l'adultère.

Les scandales que le diable avait élevés dans le monastère de Poitiers croissaient tous les jours en iniquité. Chrodielde ayant rassemblé autour d'elle, comme nous l'avons dit, des meurtriers, des sorciers, des adultères et des gens coupables de plusieurs autres crimes, se tenait toujours prête à exciter quelque émeute ; elle leur ordonna une nuit de faire irruption dans le monastère et d'en tirer l'abbesse. Lorsque celle-ci entendit le tumulte s'approcher, tourmentée, comme elle était, des douleurs de la goutte, elle se fit porter devant la châsse de la sainte croix, afin d'en obtenir assistance. Ces hommes étant entrés allumèrent un flambeau de cire, et les armes à la main, courant de côté et d'autre dans le monastère pour la chercher, ils entrèrent dans son oratoire, où ils la trouvèrent prosternée à terre devant la châsse de la sainte croix. Comme l'un d'eux, plus méchant que les autres, s'approchait de l'abbesse, tout prêt au crime, pour la couper en deux avec son épée, un autre, par le concours, je crois, de la divine Providence, le frappa d'un coup de couteau ; il tomba à terre baigné dans son sang, et ne put accomplir le projet conçu dans sa pensée insolente. Cependant Justine, prieure du couvent[1], aidée des autres sœurs, ayant éteint le flambeau, cacha l'abbesse sous la couverture de l'autel placé devant la

---

[1] *Præposita* ; c'était la première dignité dans le couvent, après celle de l'abbesse.

châsse de la sainte croix; mais les autres arrivant avec des lances et des épées, déchirant les vêtemens des religieuses et les mettant elles-mêmes presque en pièces, prirent dans l'obscurité la prieure pour l'abbesse, lui arrachèrent son voile, et l'entraînèrent par ses cheveux épars jusque dans la basilique de saint Hilaire, pour la remettre entre les mains des gardes: mais en s'approchant de la basilique, comme le ciel commençait un peu à blanchir, ils reconnurent que ce n'était pas l'abbesse et aussitôt ordonnèrent de la reconduire au monastère; y retournant alors ils saisirent l'abbesse, l'entraînèrent et l'enfermèrent auprès de la basilique de saint Hilaire, au lieu où logeait Basine, mettant des gardes à la porte pour que personne ne vînt au secours de leur prisonnière. Comme ils étaient entrés dans le monastère à la nuit noire et n'avaient pu trouver aucune lumière, ni flambeau allumé, ils tirèrent du cellier une tonne enduite de poix alors séchée. Ils y mirent le feu et s'en faisant un grand phare, enlevèrent à sa lueur tout le mobilier du monastère, ne laissant que ce qu'ils ne purent emporter.

Ces choses arrivèrent sept jours avant Pâques. L'évêque, très-affligé de ce qui se passait et ne pouvant parvenir à apaiser cette diabolique sédition, envoya vers Chrodielde, disant: « Relâche l'abbesse, afin
« que, durant ces jours-ci, elle ne soit pas retenue
« dans cette prison; autrement je ne célébrerai pas la
« Pâque du Seigneur, et aucun catéchumène ne re-
« cevra le baptême dans cette ville, à moins que tu
« n'aies fait délivrer l'abbesse des liens qui la retien-
« nent captive. Si vous ne voulez pas la relâcher, je
« rassemblerai les citoyens et irai l'enlever. » A ces

paroles, Chrodielde envoya sur-le-champ vers ses spadassins et leur dit : « Si on tente de l'enlever de « force, frappez-la sur-le-champ de vos épées. »

En ces jours-là Flavien, récemment nommé domestique, était à Tours, et par son secours l'abbesse entra dans la basilique de Saint-Hilaire, et s'y cacha. Sur ces entrefaites il se commit des meurtres au sépulcre de sainte Radegonde, et plusieurs furent tués par les séditieux devant la châsse de la sainte croix. L'orgueil de Chrodielde augmentant chaque jour les fureurs de la sédition, les révoltés commettaient de continuels massacres, et, comme nous l'avons raconté, beaucoup d'autres crimes ; et l'arrogance de Chrodielde croissait de telle manière qu'elle regardait sa cousine Basine du haut de sa grandeur ; celle-ci commença à se repentir, disant : « J'ai erré en suivant l'orgueilleuse Chrodielde, « et voilà que j'en reçois des mépris et que je vis en « rébellion avec mon abbesse. » Et étant revenue à son devoir elle s'humilia devant l'abbesse, lui demandant la paix, et elle la trouva dans un même esprit et une même volonté. Une nouvelle rumeur s'étant élevée, les serviteurs qui accompagnaient l'abbesse résistèrent à la sédition élevée par la bande de Chrodielde et frappèrent un des serviteurs de Basine qui tomba et mourut. Alors ils se réfugièrent, à la suite de l'abbesse, dans la basilique du confesseur, et là-dessus Basine quitta l'abbesse et s'en sépara. Mais les serviteurs s'étant échappés par la fuite, elles se remirent en paix comme auparavant. Il s'éleva ensuite de grandes inimitiés entre leurs diverses troupes. Quelles paroles pourraient jamais donner l'idée de tant de plaies, de tant de meurtres, de tant de maux ! A peine se passait-il un jour sans un meurtre, une heure sans querelles, un moment sans pleurs!

Le roi Childebert, instruit de ces nouvelles, adressa des envoyés au roi Gontran, afin que, réunissant les évêques des deux royaumes, on pût par un jugement canonique remédier à ce qui se passait. Dans cette vue, le roi Childebert nomma pour être présens à Poitiers notre médiocre personne, Ébrégésile, évêque de Cologne, et Mérovée, évêque de la ville. Le roi Gontran y envoya Gondégésile, évêque de Bordeaux, avec ses évêques suffragans, parce qu'il était métropolitain de la ville de Poitiers. Mais nous commençâmes à refuser, disant que nous n'irions pas dans cette ville jusqu'à ce que la violence de la sédition qu'avait élevée Chrodielde eût été réprimée par la force judiciaire. Alors on fit passer à Maccon, en ce temps-là comte de la ville, des lettres portant l'ordre de réprimer la sédition par la force si l'on faisait résistance. Chrodielde, l'ayant appris, ordonna à ses sicaires de se tenir en armes devant la porte de l'oratoire, afin de résister au juge, et, s'il voulait employer la force, de lui rendre la pareille. Le comte fut donc obligé d'y marcher avec des gens armés, de les réduire en frappant les uns à coups de barres, perçant les autres de traits, et usant de l'épée contre ceux qui résistaient plus violemment. Chrodielde voyant ce qui arrivait prit la croix dominicale dont elle avait jusqu'alors méprisé la puissance, et sortit au-devant des assaillans, disant : « Gardez-vous, je vous prie, d'user contre
« moi de violence, car je suis reine, fille d'un roi et
« cousine d'un autre roi. Gardez-vous-en bien, de
« peur que, lorsque le temps en sera venu, je ne

« prenne vengeance de vous. » Mais la multitude, s'embarrassant fort peu de ce qu'elle disait, se précipita, comme nous l'avons dit, sur les gens qui faisaient résistance, et les tira enchaînés du monastère ; ils furent attachés à des poteaux, sévèrement frappés ; on coupa aux uns les cheveux, aux autres les mains, aux autres les oreilles et les narines, et la sédition fut apaisée.

Alors les évêques vinrent et siégèrent sur le tribunal ecclésiastique, et Chrodielde se présenta devant eux proférant contre l'abbesse beaucoup d'injures et d'accusations. Elle affirma que l'abbesse avait dans le monastère un homme vêtu d'habillemens de femme, et qu'elle faisait passer pour femme, quoique ce fût bien clairement un homme et qu'il servît l'abbesse avec assiduité. Elle le montra du doigt et dit : *C'est lui.* Celui-ci qui, comme nous l'avons dit, était présent dans l'assemblée en habits de femme, dit qu'il ne pouvait faire œuvre d'homme, et que c'était pourquoi il avait choisi cet habillement. Il déclara ne connaître l'abbesse que de nom, ne l'avoir jamais vue et ne lui avoir jamais parlé, d'autant qu'il vivait à plus de quarante milles de la ville de Poitiers. Ne pouvant donc convaincre l'abbesse de ce crime, Chrodielde ajouta : « Quelle sainteté peut-on trouver dans une abbesse « qui rend les hommes eunuques, et les oblige d'ha- « biter près d'elle à la manière impériale ? » L'abbesse interrogée répondit qu'elle ne savait rien de cette affaire. Cependant Chrodielde ayant dit le nom de ce serviteur eunuque, Réoval, le médecin, qui se trouvait là présent dit : « Ce jeune homme étant tout en- « fant, il lui vint un mal dans la cuisse et on com- « mença à désespérer de lui. Sa mère vint trouver

« sainte Radegonde pour qu'elle en fît prendre soin.
« Celle-ci me fit appeler, et m'ordonna, si je le pou-
« vais, de le soulager. Alors, comme je l'avais vu
« faire autrefois aux médecins de la ville de Constan-
« tinople, je lui coupai les testicules et le rendis guéri
« à sa mère affligée. Je n'ai jamais su que l'abbesse
« ait eu la moindre connaissance de la chose. » Chrodielde, ne pouvant la trouver coupable de ce fait,
commença à porter contre elle plusieurs autres cruelles
accusations. Ses assertions et les réponses de l'abbesse ayant été insérées dans l'acte de leur procès,
le mieux est de le rapporter ici en entier.

A nos seigneurs les rois très-glorieux; les évêques présens :

Avec la protection de la divinité, la religion expose ses affaires aux princes pieux et catholiques donnés au peuple, et auxquels obéit ce pays; car elle sait, par les lumières du Saint-Esprit, qu'elle se fortifie et se consolide par les décrets de ceux qui gouvernent. Comme par l'ordre de votre puissance, nous nous sommes réunis dans la ville de Poitiers pour rétablir l'ordre dans le monastère de Radegonde de bienheureuse mémoire, et pour connaître des altercations qui se sont élevées entre l'abbesse et les religieuses, lesquelles prenant un conseil très-peu salutaire, se sont séparées du troupeau; les parties évoquées, nous avons interrogé Chrodielde et Basine sur les causes qui leur avaient inspiré l'audace de briser les portes du monastère, et de le quitter au mépris de leur règle, en sorte que la congrégation rassemblée en ce lieu a été désunie à leur occasion. Elles ont répondu qu'elles l'avaient fait pour échapper au danger de la faim, de la nudité, et par-dessus cela, des mauvais traitemens. Elles ont ajouté que diverses personnes venaient, contre toute convenance, se laver dans leurs bains, que l'abbesse jouait aux dez [1], que des séculiers venaient prendre leurs repas avec elle, et qu'on avait fait des fiançailles dans l'enceinte du monastère. Elles ont dit encore que l'abbesse avait eu la témérité de faire à sa nièce des robes d'une couverture d'autel en étoffe de soie, qu'elle avait de sa propre autorité pris un feuillage d'or qui entourait cette couverture d'autel, et l'avait criminellement mis au cou de sa nièce; qu'elle avait fait à sa nièce, par un luxe superflu, une bandelette ornée d'or, pour jouer des scènes [2] dans l'intérieur du couvent. L'abbesse, interrogée sur ce qu'elle avait à répondre à ceci, a dit qu'autant que l'a permis la pénurie des temps, elles n'ont jamais souffert une grande disette; quant aux vêtemens, elle a dit que, si l'on voulait chercher dans leurs coffres, on leur en trouverait plus que la nécessité n'en fait besoin. Quant à l'accusation relative aux bains, elle a raconté que les bains avaient été construits dans le temps du carême, et qu'à cause de l'âcreté de la chaux, et pour que cette nouvelle bâtisse n'eût pas de dan-

---

[1] *Ad tabulam;* on appelait *tabula* la petite table creuse où l'on jetait les dez, comme on dit encore: *table de trictrac.* Ces mots *ludere ad tabulam, tabulis, ad tabulas,* reviennent fréquemment dans les écrivains de ce temps, et semblent quelquefois indiquer des jeux différens, mais dont une table creuse est toujours une pièce principale.

[2] *Barbatorias celebrare;* mot qui vient de ce que les acteurs de ces scènes mettaient des masques et des barbes; c'est ainsi qu'on a dit depuis *mascarade.*

ger pour les religieuses quand elles viendraient se baigner, dame Radegonde avait ordonné que ceux qui servaient le monastère pussent tous venir s'y baigner jusqu'à ce que toute odeur capable de nuire fût dissipée. Ils furent donc à l'usage des serviteurs durant tout le carême, et jusqu'à la Pentecôte. A quoi Chrodielde répondit que, depuis, plusieurs venaient encore s'y laver. L'abbesse repartit qu'elle ne prouvait pas ce qu'elle disait, et que pour elle, elle n'en savait rien. Mais elle les inculpa là-dessus, demandant, puisqu'elles avaient vu la chose, pourquoi elles n'étaient pas venues le dire à l'abbesse. Quant au jeu des dez, elle répondit que comme on y jouait du vivant de madame Radegonde, elle n'avait pas cru que ce fût une faute, et que cela n'était défendu ni par la règle ni par les canons. Mais, sur l'ordre des évêques, elle promit d'accomplir avec soumission la pénitence qu'ils lui imposeraient à cet égard. Quant aux repas, elle dit qu'elle n'avait rien établi de nouveau que ce qui s'était fait du temps de madame Radegonde, disant qu'elle offrait des eulogies aux fidèles, mais qu'on ne pouvait prouver qu'elle eût jamais pris ses repas avec eux. A l'égard des fiançailles, elle dit qu'elle avait accepté devant l'évêque, les clercs et les principaux de la ville, des arrhes pour sa nièce Orphanule[1], que s'il y avait en cela une faute, elle déclarait devant tous en demander pardon, mais qu'on n'avait point fait alors de festin dans le monastère. Quant à ce qu'on lui reprochait de la couverture de l'autel, elle produisit une religieuse noble qui avait apporté

---

[1] Je soupçonne que ce n'est pas ici un nom propre, et que l'abbesse voulait parler de sa nièce, petite orpheline.

de chez ses parens un manteau de soie, dont elle lui avait fait présent, et qu'elle en avait coupé une partie pour en faire ce qu'elle voudrait. Elle ajouta qu'elle avait fait du reste, comme il était convenable, une couverture d'autel dignement arrangée, et qu'elle s'était servie du morceau qui avait été coupé de ce manteau pour orner de pourpre une robe de sa nièce qui lui avait été donnée, dit-elle, lorsqu'elle servait le monastère, et Didyme la donatrice confirma tout ce que disait l'abbesse. Quant au feuillage d'or et à la bandelette ornée d'or, votre serviteur Maccon, ici présent, attesta qu'il avait reçu pour cela, par les mains de l'abbesse, vingt sols du fiancé de cette jeune fille, que la chose avait été faite publiquement et qu'il n'y était rien allé des biens du monastère. On demanda à Chrodielde, ainsi qu'à Basine, de déclarer si, ce qu'à Dieu ne plaise, elles croyaient l'abbesse coupable de quelque adultère, si elle avait commis quelque meurtre, quelque maléfice ou quelque crime digne d'un châtiment capital. Les répondantes ont dit n'avoir contre elle autre chose que ce qu'elles l'accusaient d'avoir fait au mépris de la règle. Enfin, on nous produisit plusieurs filles, qui par suite du péché qu'elles ont commis de violer leur clôture, et pour avoir eu, les malheureuses! la liberté de faire pendant tant de mois tout ce qu'elles ont voulu, sans se soumettre à la discipline de l'abbesse, se sont trouvées grosses, tandis que nous les regardions comme des religieuses innocentes. Ayant discuté la chose par ordre, nous n'avons pas trouvé de crime en l'abbesse, qui dût la faire renvoyer; et, quant aux fautes plus légères, nous l'avons xhortée par des avertissemens paternels à ne plus faire par la suite les choses dont elle avait été reprise. Alors nous avons examiné l'affaire des parties adverses, coupables de beaucoup plus grands crimes, savoir, d'avoir dédaigné les prédications de leur évêque qui était venu dans le monastère, et les exhortait à n'en point sortir ; d'avoir foulé aux pieds le pontife, et de l'avoir laissé avec le dernier mépris dans le monastère, après avoir brisé les portes et les serrures ; de s'en être allées pour de vaines causes, et d'avoir, par leurs péchés, entraîné les autres à la transgression. De plus, l'évêque Godégésile et ses évêques suffragans ayant été mandés pour cette affaire, et étant venus par l'ordre du roi dans la ville de Poitiers, les ont sommées de comparaître devant eux au monastère ; mais elles ont méprisé cet ordre, et les évêques s'étant rendus, comme l'ordonnait leur sollicitude pastorale, à la basilique du bienheureux Hilaire, confesseur, où elles habitaient alors, tandis qu'ils les exhortaient, elles soulevèrent une émeute, où les évêques et leurs prêtres furent frappés de bâtons, et le sang des lévites fut répandu dans la basilique. Lorsqu'ensuite, par l'ordre des princes nos seigneurs, le vénérable prêtre Teuthaire fut envoyé pour cette affaire, et qu'on eut déterminé l'époque du jugement, alors, au lieu de l'attendre, elles ont fait assaillir séditieusement le monastère, ont mis dans la cour le feu à une tonne, ont brisé les poteaux des portes avec des leviers et des haches, et, à la lueur du feu allumé, ont maltraité dans l'enceinte et blessé les religieuses jusque dans leurs oratoires, et ont enlevé ce qui se trouvait dans le monastère. L'abbesse, dépouillée et saisie par les cheveux, a été conduite, traînée avec dérision à travers le carrefour, et ensuite renfermée dans un lieu où, si elle n'était pas chargée de liens, du moins elle n'était pas libre. Survenant le jour de Pâques, fête qui se célèbre dans tous les siècles, le pontife offrit une rançon pour la prisonnière, afin qu'elle assistât au baptême; mais il ne put rien obtenir par ses supplications. Chrodielde répondit qu'elle n'avait ni su ni commandé un tel forfait, et assura encore que c'était sur le signe qu'elle-même avait fait, qu'on avait obtenu des siens de ne pas tuer l'abbesse; d'où l'on doit regarder comme certain ce qui est donné à entendre à cet égard; et ce qui ajoute à la cruauté, c'est qu'on a massacré, sur le tombeau de sainte Radegonde, un serviteur de son monastère qui y avait cherché un refuge; et ces forcenés, toujours plus criminels, ne lui ont point accordé de salut. Ensuite ils entrèrent dans le monastère et le prirent, et refusant d'obéir aux injonctions de leurs supérieurs qui commandaient que ces séditieux fussent mis en justice, ils résistèrent à main armée aux ordres du roi, et s'élevèrent furieusement à coups de traits et de lances contre le comte et le peuple; ensuite de quoi, sortant pour se présenter en public, ces filles ont, secrètement et à tort, indécemment et criminellement, tiré de l'église la sainte croix qu'elles ont ensuite été forcées d'y remettre: tous crimes reconnus capitaux, qui n'ont point été réprimés, mais se sont au contraire continuellement accrus de nouveaux crimes; et nous leur ayant dit qu'elles devaient demander à l'abbesse pardon de leurs fautes, et réparer le mal commis par leurs ordres, elles n'ont pas voulu le faire, mais se sont encore plus confirmées dans le projet de la tuer, et l'ont déclaré publiquement. Ayant donc ouvert et consulté les canons, nous y avons vu que, jusqu'à ce qu'elles aient subi une pénitence suffisante, elles doivent être très-justement privées de la communion, et que l'abbesse doit être à demeure rétablie en sa place. Nous avons donc, par votre ordre, autant qu'il appartient à l'autorité ecclésiastique, après avoir consulté les canons, et sans aucune acception de personnes, ordonné que les choses se passassent ainsi. Quant à ce qui concerne, d'ailleurs, les effets du monastère enlevés, ainsi que les actes et chartes des seigneurs rois, vos parens, que Chrodielde et les autres déclarent avoir, mais refusent de rendre volontairement, comme nous leur avons ordonné, c'est à votre piété, à votre puissance et à votre autorité royale, à prendre soin que les choses soient remises en état, et que vos bienfaits et ceux des princes vos prédécesseurs, subsistent à perpétuité. Vous ne devez pas non plus permettre qu'elles retournent ou aspirent à retourner dans le lieu qu'elles ont détruit par tant d'impiétés et de sacriléges, de peur qu'il n'en advienne encore de plus grands maux, et afin qu'avec l'aide du Seigneur, tout ce qui a été acquis à Dieu étant, sous des rois catholiques, restitué en son entier, la religion ne perde rien, et que, conservant au même état tout ce qui a été établi tant par nos Pères que les canons, le culte prospère, et que vous en recueilliez les fruits. Que Notre-Seigneur le Christ vous soutienne, vous conduise, et vous accorde un long règne! »

Le jugement rendu, ces femmes furent suspendues

de la communion, et l'abbesse rétablie dans le monastère. Alors elles s'adressèrent au roi Childebert, ajoutant faute sur faute, et nommant au roi les personnes qui non seulement commettaient l'adultère avec l'abbesse, mais encore portaient chaque jour des messages à son ennemie Frédégonde. Le roi, ayant entendu ces accusations, envoya des gens qui lui amenèrent enchaînés ceux qu'elles inculpaient; mais ayant été jugés, on ne les trouva coupables d'aucun crime, et ils furent renvoyés.

Avant tout cela, le roi entrant dans l'oratoire de sa maison de Marlheim, ses serviteurs virent de loin un homme inconnu qui se tenait debout, et lui dirent : « Qui es-tu? d'où viens-tu? que fais-tu ici? nous ne « te connaissons pas. » Et comme il leur répondit : « Je suis un de vous, » ils le jetèrent aussitôt hors de l'oratoire, et il fut interrogé. Il avoua, sans tarder, que la reine Frédégonde l'avait envoyé pour tuer le roi, et dit : « Elle nous a envoyés douze; six sont « venus ici, et six sont demeurés à Soissons, pour « surprendre le fils du roi; et, comme j'attendais « l'occasion de frapper le roi Childebert dans cet « oratoire, j'ai été saisi de frayeur, et ne me suis « point déterminé à ce que j'avais projeté. » Lorsqu'il eut ainsi parlé, on le livra à de cruels tourmens, et il nomma plusieurs de ses associés, qu'on alla rechercher en divers lieux. Les uns furent condamnés à la prison, d'autres eurent les mains amputées; plusieurs, le nez et les oreilles coupés, furent livrés à la risée publique. Plusieurs de ceux qui avaient été pris, craignant le genre de supplice auquel ils pouvaient être condamnés, se percèrent eux-mêmes avec leur épée. Plusieurs moururent dans les supplices, afin que le roi fût vengé.

Sumnégésile fut de nouveau livré aux tourmens, et chaque jour frappé à coups de verges et de courroies. Lorsque ses plaies venaient à suppurer, et, qu'après le premier écoulement, elles commençaient à se fermer, on recommençait son supplice. Dans les tourmens il s'avoua coupable, non seulement de la mort du roi Chilpéric, mais encore de divers autres crimes. Il ajouta dans ses aveux qu'Ægidius, évêque de Rheims, était un des associés de Rauchingue, d'Ursion et de Bertfried, dans le complot qu'ils avaient formé pour tuer le roi Childebert. On enleva aussitôt l'évêque, et on le conduisit à la ville de Metz, affaibli comme il était par une longue maladie. Là, on le mit sous une sûre garde, et le roi ordonna aux évêques de venir le juger, et, pour cela, de se rendre, au commencement du huitième mois, dans la ville de Verdun. Alors, réprimandé par les autres évêques de ce qu'il l'avait fait enlever de sa ville sans l'entendre et l'avait privé de sa liberté, le roi lui permit de retourner à sa ville, adressant, comme nous l'avons dit, des lettres à tous les évêques de son royaume, pour qu'ils vinssent, au milieu du neuvième mois, dans la susdite ville, lui faire son procès. Il y avait alors de fortes pluies; la terre était couverte d'une immensité d'eau; la rigueur du froid était intolérable; les routes étaient détrempées de boue; les rivières étaient sorties de leur lit; cependant les évêques n'osèrent résister aux ordres du roi, et, s'y étant tous rendus, ils vinrent à la ville de Metz, où Ægidius vint aussi. Alors le roi l'accusa d'être

son ennemi et traître au pays, et chargea le duc Ennodius de la poursuite de l'affaire. Sa première question fut celle-ci : « Dis-moi, ô évêque! comment
« t'est-il venu à la pensée d'abandonner le roi, dans
« la ville duquel tu jouissais des honneurs de l'épis-
« copat, et de te lier d'amitié avec le roi Chilpéric,
« qui s'est toujours montré l'ennemi du roi notre
« seigneur, qui a tué son père, condamné sa mère à
« l'exil, envahi son royaume? et comment as-tu ob-
« tenu de lui des propriétés venant des dépouilles du
« fisc dans les villes que, comme nous l'avons dit, il
« a soumises à sa puissance par une injuste invasion? »
Il répondit à cela : « Je ne puis nier que je n'aie été
« ami du roi Chilpéric; mais cette amitié n'a rien en-
« gendré contre les intérêts du roi Childebert. J'ai
« obtenu les métairies dont tu parles par des chartes
« de ce roi. » Alors les chartes furent produites publiquement, et le roi nia qu'il les eût accordées. On fit appeler Othon, alors référendaire, et dont, après l'avoir examinée, on croyait reconnaître la signature. Il vint et nia avoir signé. Sa main avait été contrefaite dans ces diplômes. L'évêque fut donc trouvé d'abord faussaire en ce point. Après cela on produisit des lettres écrites à Chilpéric, contenant beaucoup de choses injurieuses contre Brunehault. De même il y en avait d'autres envoyées par Chilpéric à l'évêque, et dans lesquelles, entre autres choses, on trouvait ces paroles : « Lorsque la racine n'est point coupée, la tige
« qui s'élève sur la terre ne sèche point. » D'où il est manifeste que le sens de ces paroles est qu'il fallait venir à bout de Brunehault pour accabler ensuite son fils. L'évêque nia que ces lettres eussent été envoyées

en son nom, et en avoir reçu réponse de Chilpéric. Mais il comparut un de ses serviteurs de confiance, qui avait tenu note de ces écrits dans des volumes de chartes ; en sorte que les juges ne purent douter qu'ils ne lui eussent été envoyés. Alors on produisit des pactes faits au nom des rois Childebert et Chilpéric, et dans lesquels il était convenu que les deux rois, après avoir chassé le roi Gontran, partageraient entre eux son royaume. Le roi nia que la chose eût été faite de son consentement et dit : « Pourquoi as-tu « commis ensemble mes oncles, afin d'élever entre « eux la guerre civile ; d'où il est résulté qu'une « armée s'est mise en marche, et que la ville de « Bourges, le pays d'Étampes et le château de Melun « ont été dévastés et dépeuplés, et que, dans cette « guerre, plusieurs ont été tués, dont je pense que « Dieu, en ses jugemens, te redemandera les ames. » L'évêque ne put nier ces choses, car on les avait trouvées par écrit en une cassette, dans le cabinet du roi Chilpéric ; ces écrits étaient parvenus au roi lorsqu'après la mort de Chilpéric, ses trésors avaient été enlevés à Chelles, maison des champs dépendante de la ville de Paris, et lui avaient été apportés. La discussion s'étant prolongée long-temps de cette manière, le vicaire Epiphane, supérieur de la basilique de saint Remi, vint et dit que l'évêque avait reçu deux mille pièces d'or et beaucoup de joyaux pour demeurer fidèle en l'amitié du roi Chilpéric. Les envoyés qui étaient allés avec lui vers ce roi furent aussi présens et dirent : « Il nous laissa et parla long-temps « avec lui ; nous n'entendîmes rien de ce qu'ils se « dirent, et ne le connûmes que par les malheurs qui

« arrivèrent ensuite. » L'évêque l'ayant nié, le vicaire, qui était toujours entré dans le secret de ses conseils, nomma l'homme, le lieu et où, comme nous l'avons dit, cet or avait été apporté, et raconta par ordre comment on était convenu alors qu'on ravagerait, ainsi que cela s'était fait, les pays du roi Gontran. Convaincu de ces choses, Ægidius les confessa. Ensuite les évêques qui avaient été appelés ayant entendu tout cela, et soupirant de reconnaître un prêtre du Seigneur coupable de tant de crimes, prièrent qu'on lui accordât l'espace de trois jours, pendant lesquels Ægidius, se recueillant en lui-même, pourrait trouver quelque moyen de se justifier des offenses qui lui étaient imputées. Mais le troisième jour étant venu à luire, ils se rassemblèrent dans l'église, interrogèrent l'évêque, et lui demandèrent de dire s'il avait quelque excuse à donner; mais il répondit plein de confusion : « Ne tardez pas à pro« noncer la sentence d'un coupable. Je me reconnais « digne de mort, pour le crime de lèse-majesté, parce « que j'ai toujours agi contre les intérêts du roi et de « sa mère, et que, par mon conseil, ont eu lieu beau« coup de combats qui ont dépeuplé plusieurs pays « des Gaules. » Les évêques l'ayant ouï et déplorant l'opprobre de leur frère, après avoir obtenu qu'on lui conservât la vie, le dépouillèrent, d'après la loi canonique, de la dignité du sacerdoce, et il fut condamné à l'exil et conduit dans la ville d'*Argentoras*, maintenant appelée Strasbourg. On mit à sa place Romulf, fils du duc Loup, et déjà revêtu des honneurs de la prêtrise. Epiphane, vicaire de la basilique de saint Remi, fut privé de ses fonctions. On trouva dans le trésor de l'évêque un poids considérable d'or et d'argent, ce qui venait des profits de son iniquité, et on le porta au trésor royal; ce qu'on y trouva des tributs et autres choses appartenant à l'église, y fut laissé.

Dans ce synode, Basine, fille du roi Chilpéric, qui, comme nous l'avons dit, avait été, ainsi que Chrodielde, séparée de la commnion, se jeta aux pieds des évêques, demanda pardon, promettant de rentrer dans le monastère pour y vivre en charité avec l'abbesse et de ne transgresser en rien la règle. Chrodielde protesta que tant que l'abbesse Leubovère resterait dans ce monastère, elle n'y entrerait jamais; mais le roi pria qu'on leur pardonnât à toutes deux, et ainsi elles furent reçues à la communion et envoyées à Poitiers, Basine pour rentrer dans le monastère, comme nous venons de le dire, et Chrodielde dans une maison des champs qui avait appartenu à défunt Waddon, duquel nous avons déjà parlé, et que le roi lui avait concédée.

Les fils de Waddon parcouraient le territoire de Poitiers commettant divers crimes, des meurtres et beaucoup de vols. Quelque temps auparavant ils étaient entrés de force chez des marchands, et dans l'obscurité de la nuit, les avaient fait périr par le glaive et leur avaient enlevé leurs marchandises. Ils tuèrent encore, le faisant tomber dans un piége, un autre homme revêtu de la puissance tribunitienne [1] et s'em-

---

[1] *Vir tribunitiæ potestatis;* le sens des mots *tribunus, vir tribunitiæ potestatis,* à cette époque et dans les États barbares, a été, parmi les savans, le sujet de nombreuses contestations qu'ils se seraient épargnées s'ils n'avaient pas prétendu donner à chaque fonction un nom spécial,

parèrent de ses effets. Le comte Maccon s'étant efforcé de les réprimer, ils se rendirent en présence du roi; le comte y vint aussi pour y rapporter à l'ordinaire, selon son office, ce qui était dû au fisc. Ils vinrent devant le roi, lui offrant un grand baudrier orné d'or et de pierres précieuses, et une épée merveilleuse dont la poignée était faite d'or et de pierres précieuses d'Espagne. Le roi, qui avait été informé de ces crimes et savait avec certitude qu'ils avaient été commis par eux, ordonna qu'ils fussent chargés de chaînes et livrés aux tourmens. Pendant qu'on les tourmentait, ils commencèrent à révéler le lieu où étaient cachés les trésors de leur père, composés de ceux qu'il avait enlevés, comme nous l'avons dit, à Gondovald. On envoya aussitôt des hommes pour les chercher, et ils trouvèrent une immense quantité d'or et d'argent et de divers joyaux ornés d'or et de pierres précieuses, qu'ils apportèrent au trésor royal. Après quoi l'aîné eut la tête coupée, et le plus jeune fut condamné à l'exil.

Le saxon Childéric, après divers crimes, meurtres, séditions et plusieurs autres iniquités, vint dans la

---

et à chaque mot un sens unique et bien déterminé. Tant de précision dans la nature des fonctions publiques et dans le langage n'appartient pas à un état social si désordonné ni à une civilisation si grossière ; le même mot y sert pour des fonctions différentes, la même fonction y a plusieurs noms, des fonctions très-diverses sont confondues. Ainsi le mot *tribunus*, emprunté aux institutions romaines, se trouve employé pour désigner, 1°. un officier militaire ; 2°. un gardien des prisons et des forts ; 3°. un officier monacal subordonné à l'abbé ; 4°. un vicaire ou lieutenant du comte ; 5°. un percepteur des tributs publics ; 6°. un syndic de ville, etc. La seule assertion générale qu'on puisse se permettre sur le sens de ce terme, c'est qu'il indiquait le plus souvent une fonction inférieure à celle de comte, et qui servait de degré pour parvenir à celle-ci.

ville d'Auch où étaient les biens de sa femme. Comme le roi, informé de tout ce qu'il avait fait, avait donné ordre de le tuer, une nuit qu'il était pris de vin, on le trouva mort dans son lit, suffoqué par la boisson. On assurait que c'était lui qui avait donné le signal du crime dont nous avons parlé plus haut, lorsque les prêtres du Seigneur furent maltraités par Chrodielde, dans la basilique de saint Hilaire. S'il en est ainsi, Dieu vengea l'injure de ses serviteurs.

Dans cette année, la terre fut, durant les nuits, éclairée d'une telle lumière qu'on se serait cru au milieu du jour. Car souvent, au temps de la nuit, des globes de feu parcouraient le ciel et éclairaient le monde. Il y eut des doutes sur l'époque de la fête de Pâques, parce que Victorius avait écrit qu'elle se trouvait à la quinzième lune. Cependant, de peur que les Chrétiens ne célébrassent comme les Juifs la fête de Pâques sous cette lune, il ajouta : « Pour les La« tins, c'est à la vingt-deuxième lune. » A cause de cela plusieurs dans les Gaules la célébrèrent à la quinzième lune; nous la célébrâmes, nous, à la vingt-deuxième [1]. Cependant nous nous informâmes avec soin, et nous sûmes que les sources qui en Espagne se remplissent à ce jour par un ordre spécial du Seigneur, s'étaient remplies à l'époque que nous avions choisie pour la Pâques.

Le 14 juin, au moment où la lumière du matin commençait à paraître, il y eut un grand tremblement de terre. Au milieu du huitième mois, le soleil fut éclipsé, et sa lumière fut tellement diminuée qu'à peine en

[1] C'est-à-dire le 2 avril, au lieu du 26 mars, le 22ᵉ jour de la lune de mars au lieu du 15ᵉ.

voyait-on reluire autant qu'en donne le croissant au cinquième jour de la lune. Il y eut en automne de grandes pluies et de violens tonnerres; les eaux grossirent extraordinairement. Le Vivarais et la ville d'Avignon furent dévastés par une peste cruelle.

La seizième année de Childebert et la trentième du roi Gontran il vint à la ville de Tours un évêque, nommé Simon, arrivant des pays d'outre-mer. Il nous annonça la destruction de la ville d'Antioche, et affirma qu'il avait été emmené captif d'Arménie en Perse. Le roi des Perses avait fait une irruption en Arménie, avait enlevé du butin et consumé les églises par le feu; il avait emmené en captivité, comme nous l'avons dit, cet évêque et tout son peuple. Les Perses s'efforcèrent de mettre le feu à la basilique des quarante-huit saints martyrs mis à mort dans ce pays et dont j'ai parlé dans le livre des Miracles. Ils la remplirent donc d'un amas de bois mêlé de poix et de graisse de porc, et y appliquèrent des torches allumées; mais le feu ne put jamais prendre à ce qu'ils avaient préparé; en telle sorte que voyant les grandes merveilles de Dieu ils s'éloignèrent. Un certain évêque ayant appris la captivité de celui dont nous avons parlé envoya par ses gens une rançon au roi de Perse. Le roi ayant reçu la rançon délivra l'évêque des liens de la captivité. En quittant ce pays il vint dans les Gaules où il reçut quelques consolations des ames dévotes, et nous raconta ce que nous venons de rapporter. Il y avait à Antioche un homme très-adonné à l'aumône, ayant une femme et des enfans. Jamais, depuis qu'il avait commencé à posséder quelque chose en propre, il n'avait passé un jour de sa vie sans quelque pauvre à sa table. Un jour qu'il avait parcouru toute la ville jusqu'au soir sans pouvoir trouver un nécessiteux avec qui prendre son repas, il sortit de la porte de la ville au moment où la nuit commençait à tomber, et il trouva un homme vêtu de blanc qui se tenait debout accompagné de deux autres. En les voyant, comme Loth dont il est parlé dans les anciennes histoires, saisi de frayeur, il dit : « Peut-être, « seigneurs, êtes-vous étrangers ? daignez entrer dans « la maison de votre serviteur, et, après y avoir pris « votre repas, y reposer dans un lit ; demain matin « vous reprendrez votre route comme il vous plaira. » Celui qui était le plus considérable des trois, tenant un mouchoir dans sa main, dit : « Ne pourrais-tu, ô « homme de Dieu, avec votre Simon, sauver cette « ville de sa destruction ? » Et, levant la main, il secoua le mouchoir qu'il tenait sur la moitié de la ville, et aussitôt tombèrent tous les édifices et toutes sortes de constructions. Les vieillards furent écrasés avec les enfans, les maris avec leurs femmes, et les gens de tout sexe périrent. Voyant cela, comme privé de sens, tant de la présence de cet homme que du bruit de ce renversement, il tomba à terre et demeura semblable à un mort. L'homme élevait de nouveau la main qui tenait le mouchoir comme pour le secouer sur l'autre moitié de la ville, lorsque ses deux compagnons le retinrent et le conjurèrent, au nom des choses les plus redoutables, de permettre que cette moitié de ville ne fût pas renversée. Sa colère s'étant donc apaisée, sa main demeura suspendue, et, relevant l'homme qui était tombé à terre, il lui dit : « Vas « à ta maison et ne crains rien ; tes fils et ta femme

« et toute ta maison sont sauvés; aucun d'entre eux
« n'a péri, tu as été préservé par l'assiduité de tes
« oraisons et la charité que tu exerces journellement
« envers les pauvres. » En parlant ainsi ils disparurent
de devant ses yeux et il ne les vit plus. Il rentra dans
la ville et en trouva la moitié tombée et renversée sur
les hommes et les troupeaux, dont un grand nombre
ne purent être retirés que morts de dessous les ruines,
et très-peu en sortirent vivans et fort blessés. Mais ce
que l'ange du Seigneur avait dit à cet homme ne fut
en rien trouvé faux, car, de retour à sa maison, il la
trouva sans aucun mal et pleura la mort de ses proches qui avaient péri dans les autres maisons. Au milieu des impies la main de Dieu l'avait protégé avec sa famille; il fut sauvé du danger de la mort, comme il est rapporté que Loth l'avait été autrefois dans Sodome.

La maladie dont j'ai souvent parlé envahit dans les Gaules la province de Marseille, et une grande famine désola les pays d'Angers, de Nantes et du Mans. Ce fut le commencement de ces douleurs semblables à celles dont le Seigneur a dit dans son Évangile : « Il y aura en divers lieux des pestes et des fa-
« mines et des tremblemens de terre, et il s'élevera
« de faux Christs et de faux prophètes, qui feront
« de grands prodiges et des choses étonnantes jus-
« qu'à séduire même, s'il était possible, les élus[1]. »
Ce fut ainsi qu'il en arriva en ce temps. Il y eut un homme de Bourges, comme il l'a dit lui-même ensuite, qui étant entré dans les forêts, afin d'y couper du bois dont il avait besoin pour quelque ouvrage, fut entouré d'un essaim de mouches, en sorte qu'il en

[1] Évan. sel. S. Math. chap. 24, v. 7, 24.

demeura fou pendant deux ans. D'où il y a lieu de croire qu'elles avaient été envoyées par la méchanceté du diable. Après cela, passant à travers les villes voisines, il alla dans la province d'Arles ; là, s'étant vêtu de peaux, il priait comme un religieux, et, trompé par l'ennemi des hommes, il s'attribua le pouvoir de deviner l'avenir. Puis, passant à de plus grands crimes, il changea de lieu, et quittant la province dont j'ai parlé, entra dans le pays du Gévaudan, se déclarant puissant et ne craignant pas de se donner pour le Christ. Il avait pris avec lui, comme sa sœur, une certaine femme qu'il faisait appeler Marie. Le peuple accourait en foule autour de lui, lui amenant des malades auxquels, en les touchant, il rendait la santé. Tous ceux qui venaient à lui lui apportaient de l'or, de l'argent et des vêtemens; et lui, pour les mieux séduire, distribuait tout cela aux pauvres, se prosternant sur la terre et se répandant en oraisons, ainsi que la femme dont j'ai parlé. Puis, se relevant, il ordonnait de nouveau aux assistans de l'adorer. Il prédisait l'avenir, et annonçait à quelques-uns des maladies, à d'autres des malheurs prêts à leur arriver, à bien peu leur salut à venir ; il faisait toutes ces choses par des artifices diaboliques, et je ne sais quels prestiges. Il séduisit une immense multitude de peuple, et même des prêtres de l'Église. Il était suivi de plus de trois mille personnes. Cependant il commença à dépouiller et à piller ceux qu'il trouvait sur sa route ; mais il distribuait leurs dépouilles à ceux qui n'avaient rien. Il menaçait de la mort les évêques et les citoyens des villes, parce qu'ils refusaient de croire en lui; étant entré dans le territoire de la cité du Velai, il arriva dans un endroit appelé le Puy, et s'arrêta avec toute son armée dans une basilique voisine, et là rangea son armée en bataille, pour livrer combat à Aurèle, alors évêque de ce lieu. Il faisait aller devant lui, pour annoncer sa venue, des hommes tout nus qui sautaient et faisaient des tours. L'évêque saisi d'étonnement envoya à sa rencontre des hommes courageux pour savoir ce que cela voulait dire. Un d'eux, qui était des premiers de la ville, se baissa devant lui, comme pour lui embrasser les genoux, et l'ayant fait tomber ordonna qu'on le prît et qu'on le dépouillât. Puis, sans perdre de temps, tirant son épée, il le coupa en morceaux, et tua le Christ qu'on aurait dû plutôt nommer Antechrist, et il demeura mort. Ceux qui l'accompagnaient se dispersèrent; Marie, livrée aux tourmens, avoua tous les prestiges et les illusions dont il s'était servi; mais ceux dont il avait troublé l'esprit par ses artifices diaboliques, pour les faire croire en lui, ne revinrent jamais entièrement à la raison, et le confessèrent toujours pour le Christ, déclarant que Marie participait aussi à sa divinité. Il s'en éleva plusieurs dans toutes les Gaules; par leurs prestiges, ils s'attachaient quelques pauvres femmes qui, entrant dans une sorte de fureur, les déclaraient des saints, et de cette manière ils obtinrent un grand crédit parmi les peuples. Nous en avons vu plusieurs que nous nous sommes efforcés par nos réprimandes de faire revenir de leur erreur.

Ragnemode, évêque de Paris, mourut, et son frère, le prêtre Pharamode, concourut pour l'épiscopat. Mais un certain marchand, nommé Eusèbe, Syrien de naissance, donna beaucoup de présens, et obtint sa place. Arrivé à l'épiscopat, il renvoya tous ceux qui avaient tenu le parti de son prédécesseur, et fit faire tout le service de la maison épiscopale par des hommes de sa nation. Sulpice, évêque de la ville de Bourges, mourut aussi, et Eustace, diacre d'Autun, fut élevé à son siége.

Il s'éleva entre les habitans de Tournai et les Francs une grande discorde, parce que le fils de l'un d'entre eux reprenait souvent avec colère le fils d'un autre, qui avait pris sa sœur en mariage, de ce qu'il laissait sa femme pour des prostituées. Ces emportemens ne réussissant pas à faire revenir l'autre de sa mauvaise conduite, ils allèrent à ce point que le jeune homme se jeta sur son beau-frère, et le tua avec l'aide des siens; il fut tué lui-même par les gens avec lesquels était venu son ennemi, et des deux troupes il n'en resta qu'un seul qui avait manqué d'ennemi pour le frapper. Les parens des deux côtés s'élevèrent alors les uns contre les autres. Plusieurs fois la reine Frédégonde les pressa de renoncer à leur inimitié et de faire la paix, de peur que, de l'obstination de leurs querelles, il n'advînt de plus grands désordres. Mais ne pouvant les apaiser par des paroles de douceur, elle les réprima avec la hache. Ayant invité un grand nombre de gens à un festin, elle les fit asseoir tous trois sur un même banc. Lorsque le repas se fut prolongé un certain temps, comme la nuit obscurcissait la terre, les tables emportées selon la coutume des Francs, les convives demeuraient assis sur le banc où ils avaient été placés, et après avoir pris beaucoup de vin, tout le monde en était tellement appesanti que les serviteurs ivres s'endormirent dans tous les coins de la maison où ils étaient tombés; alors cette femme ordonna à trois hommes de venir avec des haches derrière les trois dont j'ai parlé, et, comme ils parlaient ensemble, en un même moment, pour ainsi dire, les serviteurs laissèrent tomber leurs coups, et ces trois hommes tués, on quitta le festin. Leurs noms étaient Charivald, Leudovald et Waldin. La chose ayant été rapportée à leurs parens, ils gardèrent étroitement Frédégonde, et envoyèrent des messagers au roi Childebert pour que, l'ayant prise, on la fît mourir; mais, pendant les délais de cette affaire, elle souleva le peuple de Champagne, et délivrée par son secours, passa dans un autre lieu.

Ensuite elle fit partir des envoyés pour aller trouver le roi Gontran, et lui dire : « que le roi, mon seigneur, « vienne jusqu'à Paris, et y faisant venir mon fils, son « neveu, qu'il le fasse sanctifier par la grâce du bap- « tême, et que le tenant lui-même sur les fonts sacrés, « il daigne le regarder comme son propre enfant. » Le roi, ayant entendu cette requête, fit partir Ætherius, évêque de Lyon, Syagrius, évêque d'Autun, Flavius, évêque de Châlons, et tous ceux qu'il voulut encore, et leur ordonna de se rendre à Paris, annonçant qu'il était prêt à les suivre. Il vint aussi à cette assemblée beaucoup d'hommes de son royaume, tant domestiques que comtes, pour faire les préparatifs nécessaires à la dépense de la maison royale. Le roi, au moment où il avait projeté de partir, fut arrêté par une douleur au pied; mais ensuite il guérit, et vint à Paris, d'où, se rendant à sa maison de Ruel, il y fit

venir l'enfant, et ordonna qu'on préparât son baptême dans le bourg de Nanterre. Tandis que cela se faisait, il arriva vers lui des envoyés du roi Childebert qui lui dirent : « Ce n'est pas là ce que tu avais
« promis dernièrement au roi Childebert, de te lier
« d'amitié avec ses ennemis; autant que nous pou-
« vons l'apercevoir, tu ne gardes nullement ta pa-
« role, mais plutôt tu transgresses ce que tu avais
« promis, et tu places cet enfant sur le siége royal
« dans la ville de Paris. Dieu te jugera, parce que tu
« oublies ce que tu avais promis. » Lorsqu'ils eurent ainsi parlé, le roi leur dit : « Je ne manque point à la
« promesse que j'ai faite à mon neveu le roi Childe-
« bert, et il ne doit point se formaliser, si je tiens
« sur les fonts sacrés son cousin, fils de mon frère,
« car c'est une requête à laquelle aucun Chrétien ne
« doit se refuser. Je veux donc le faire, comme Dieu
« le sait très-certainement, sans aucune fraude et dans
« la simplicité d'un cœur pur, parce que je crains
« d'offenser le Seigneur; il n'est pas de l'humilité des
« hommes de notre race de m'en faire un reproche;
« car, lorsque les maîtres tiennent sur les fonts sacrés
« leurs serviteurs mêmes, comment ne me serait-il
« pas permis de tenir un proche parent, et d'en faire
« mon fils spirituel par la grâce du baptême? Allez
« donc, et rapportez ceci à votre maître : Je veux
« observer sans tache le traité que j'ai fait avec toi,
« et s'il n'est pas rompu par ta faute, il ne le sera point
« par la mienne. » Lorsqu'il eut ainsi parlé, les envoyés s'en allèrent, et le roi s'étant rendu aux fonts sacrés, présenta l'enfant au baptême; il voulut le nommer Clotaire, et dit : « Que cet enfant croisse, et

« qu'il accomplisse les promesses de ce nom, et qu'il
« parvienne à la même puissance que celui qui l'a au-
« trefois porté. » Le mystère célébré, il invita l'enfant
à un festin, et le combla de beaucoup de présens. Le
roi en fut invité à son tour, et le quitta après en avoir
aussi reçu plusieurs dons, puis retourna à la ville de
Châlons.

Arédius, rappelé de Dieu, quitta la terre cette année,
et passa dans le ciel. Il était natif de la ville de Limoges, et sorti de parens qui n'étaient pas des moin-
dres du pays, et y avaient tout-à-fait le rang d'hommes
libres. Envoyé au roi Théodebert, il fut attaché au
palais. En ce temps, la ville de Trèves avait pour
évêque Nicet, homme d'une grande sainteté, non seulement d'une admirable éloquence dans la prédication,
mais très-célèbre aussi parmi le peuple par ses bonnes
œuvres et ses œuvres merveilleuses. Rencontrant
le jeune homme au palais du roi, et remarquant dans
sa figure je ne sais quoi de divin, il lui ordonna de
le suivre. Celui-ci quitta le palais du roi, et le suivit.
Lorsqu'ils furent arrivés dans sa cellule, et eurent
parlé des choses de Dieu, l'adolescent demanda au
bienheureux évêque de le corriger, de l'instruire, de
l'éclairer, et de l'exercer dans la connaissance des
livres divins. Tandis qu'il demeurait avec l'évêque,
se livrant avec ardeur à cette étude, et déjà tonsuré,
il arriva qu'un jour que les élèves chantaient des
psaumes dans la cathédrale, une colombe descendit
de la voûte, et, voltigeant légèrement autour de lui,
s'alla placer sur sa tête, indiquant par-là, selon moi,
qu'il était déjà rempli de la grâce du Saint-Esprit.
Lui s'efforçant de l'écarter, non sans une honte mo-

deste, elle voltigea encore un peu, puis revint se placer de nouveau sur sa tête ou son épaule; et non seulement dans l'église, mais lorsqu'il rentra dans la cellule de l'évêque; elle voulut continuer de demeurer avec lui. Cela dura pendant plusieurs jours, ce que l'évêque ne voyait pas sans admiration. L'homme de Dieu, rempli, comme nous l'avons dit, du Saint-Esprit, ayant perdu son père et son frère, retourna dans son pays pour consoler sa mère Pélagie, qui n'avait plus de parent que ce fils-là. Il la pria, tandis qu'il vaquerait au jeûne et à l'oraison, de veiller à tous les soins de la maison, savoir, à la conduite des domestiques, au travail des champs, à la culture des vignes, afin qu'aucun embarras ne vînt l'empêcher de se livrer sans relâche à l'oraison. Il ne revendiqua pour lui que le privilége de présider à la construction des églises. Que dirai-je de plus? Il construisit des temples de Dieu en l'honneur des Saints, fit chercher leurs reliques, tonsura ses propres serviteurs, et en fit des moines, fonda un couvent, dans lequel ils suivirent la règle non seulement de Cassien, mais aussi de Basile, et des autres abbés qui avaient institué des ordres monastiques. La sainte femme se chargeait de leur fournir à chacun la nourriture et le vêtement. Chargée de tous ces embarras, elle n'en faisait pas moins résonner les louanges du Seigneur, et assidûment, quelque chose qu'elle fît, elle offrait à Dieu ses prières, comme l'odeur d'un agréable encens. Cependant les malades commencèrent à affluer vers saint Arédius, et il guérissait chacun d'eux en leur imposant les mains avec le signe de la croix. Je ne pourrais ni raconter le nombre, ni rapporter les noms de ceux qu'il guérit, pour les insérer ici l'un après l'autre. Je sais seulement une chose : c'est que quiconque arrivait à lui malade, s'en revenait bien portant; et parmi les grands miracles qu'il a faits, j'en raconterai quelques petits.

Un jour qu'il était en route avec sa mère et qu'il se rendait à la basilique de Saint-Julien martyr, ils arrivèrent le soir dans un lieu aride, et que l'absence d'eaux courantes avait rendu stérile. Sa mère lui dit : « Mon fils, nous n'avons pas d'eau, comment pourrons-« nous passer ici la nuit? » Lui se prosterna en oraison, et offrit long-temps ses prières au Seigneur, puis se levant, il enfonça en terre une baguette qu'il tenait à la main, et l'y ayant tournée deux ou trois fois, la retira joyeux. Elle fut incontinent suivie d'une si grande abondance d'eau que non seulement elle fournit pour le moment à leur boisson, mais par la suite aussi à celle des troupeaux. Dernièrement aussi comme il voyageait, un nuage de pluie commença à venir sur lui; le voyant arriver, il abaissa un peu sa tête sur son cheval, et éleva sa main vers le Seigneur. Son oraison finie, les nuages se divisèrent en deux parts, et il tomba autour de lui une grande pluie, tandis qu'il n'en reçut pas, s'il est permis de le dire, une seule goutte. Un citoyen de Tours, Wistrimond, surnommé Tatton, souffrait d'un violent mal de dents, qui avait fait enfler sa mâchoire. Il s'adressa au bienheureux; et celui-ci ayant imposé sa main sur l'endroit où il souffrait, la douleur disparut aussitôt, et jamais depuis ne s'est réveillée à son dommage. C'est celui à qui cela est arrivé qui me l'a raconté. J'ai écrit dans les livres des Miracles, comme il me les a rapportés lui-même, plusieurs de ceux que Dieu a opérés, entre ses mains, par les mérites de saint Julien martyr et de saint Martin confesseur.

Après cela et plusieurs autres prodiges qu'il accomplit avec l'aide du Christ, Arédius vint à Tours après la fête de saint Martin, et y étant demeuré quelque temps, il nous dit qu'il n'avait plus de longs jours à demeurer dans ce monde, et que certainement il mourrait bientôt. Il nous dit adieu, et s'en allant, rendit grâces à Dieu de ce qu'avant de mourir, il avait obtenu de baiser le tombeau du bienheureux évêque. En arrivant à sa cellule, il fit son testament, mit ordre à toutes ses affaires, et ayant institué pour ses héritiers les évêques saint Martin et saint Hilaire, il commença à tomber malade, et à souffrir de la dysenterie. Le sixième jour de sa maladie, une femme, souvent tourmentée de l'esprit immonde, que le saint n'avait pu guérir, s'étant fait lier les mains derrière le dos, commença à crier et à dire : « Courez, citoyens, sor-
« tez promptement, peuple de la ville, allez au-devant
« des martyrs et des confesseurs qui viennent se réunir
« pour les obsèques du bienheureux Arédius. Voilà
« Julien qui arrive de Brioude, Privat de Mende,
« Martin de Tours, Martial de sa propre ville [1]. Sa-
« turnin arrive de Toulouse, Denis de la ville de Paris,
« et en voilà beaucoup d'autres de ceux qui habitent
« le ciel, et que vous adorez comme martyrs et con-
« fesseurs de Dieu. » Et comme elle commençait à crier ainsi dans les premières heures de la nuit, elle fut attachée par son maître. Mais rien ne put la contenir, elle rompit ses liens, et commença à marcher

[1] Limoges dont il avait été le premier évêque.

vers le monastère en répétant les mêmes paroles. En même temps le bienheureux rendit l'esprit, non sans un témoignage de cette vérité qu'il avait été reçu par les anges. Lors de ses funérailles, cette femme avec une autre que tourmentait aussi le malin esprit, dès que le sépulcre fut fermé, se trouva délivrée de la malice des démons qui la persécutaient, et je crois que ce fut par l'ordre de Dieu qu'il ne put la guérir pendant sa vie mortelle, afin que par ce miracle ses funérailles fussent glorifiées. Après ses obsèques une femme qui demeurait la bouche ouverte, mais sans voix, vint à son tombeau, et après l'avoir baisé, obtint de recouvrer l'usage de la parole.

Dans le second mois de cette année, les peuples de Tours et de Nantes furent accablés d'une cruelle contagion. A peine atteint d'une médiocre douleur de tête, le malade rendait l'ame; on fit des rogations avec de grandes abstinences et beaucoup de jeûnes; on y ajouta aussi des aumônes, la colère divine adoucit à notre égard son impétuosité dans la ville de Limoges; plusieurs furent consumés du feu céleste, en réparation de l'injure faite au jour du Seigneur pendant lequel ils se livraient à un travail public; car c'est un jour saint que celui-là qui, au commencement, vit le premier la lumière créée, et dont la clarté rendit témoignage de la résurrection du Seigneur. Tout chrétien doit donc l'observer avec foi, et aucune œuvre publique n'est permise pendant sa durée. Il y eut à Tours plusieurs personnes brûlées de ce feu, mais non pas le jour du Seigneur; et il y eut une très-grande sécheresse qui dépouilla d'herbes tous les pâturages, en sorte qu'il s'éleva une fâcheuse maladie sur les brebis et les chevaux, et qu'il en resta bien peu pour en renouveler la race, ainsi que l'avait annoncé le prophète Habacuc. « Les bergeries seront sans brebis, et il « n'y aura plus de bœufs ni de vaches dans les étables¹. » Cette contagion s'étendit non seulement sur les animaux domestiques, mais aussi sur la race sauvage des bêtes fauves. On rencontrait sur son chemin par les forêts une multitude de cerfs et d'autres animaux couchés morts. Le foin périt par les grandes pluies et les débordemens des fleuves. Les moissons furent maigres, les vendanges très-abondantes, le fruit du chêne se montra, mais ne parvint pas à la maturité.

Quoique dans les livres précédens j'aie écrit quelque chose des évêques de Tours, cependant je crois devoir les placer ici de nouveau, pour en indiquer l'ordre, ainsi que le temps qui s'est écoulé depuis celui où arriva à la ville de Tours le premier prédicateur des Gaules.

1°. Gatien, le premier évêque, fut envoyé, la première année de l'empire de Dèce, par le pape du siége de Rome. Dans la ville de Tours était une grande multitude de païens adonnés à l'idolâtrie ; il en convertit plusieurs au Seigneur, par ses prédications ; mais cependant il se dérobait, en se cachant, aux attaques des puissans, qui souvent, lorsqu'ils le trouvaient, l'accablaient de maux et d'outrages ; et il célébrait en secret les saints mystères du jour du Seigneur, dans des souterrains et des lieux cachés, avec un petit nombre de Chrétiens convertis par lui, ainsi que nous l'avons dit. C'était un homme très-religieux et craignant Dieu ; et, s'il n'eût été tel que je

¹ Habacuc, chap. 3, v. 17.

le dis, il n'eût pas quitté, pour l'affection de l'amour de Dieu, sa maison, ses parens et sa patrie. Il mena cette même vie, dans la même ville, cinquante années, à ce que l'on rapporte, et mourut en paix et fut enterré dans un bourg voisin, au cimetière des Chrétiens. L'épiscopat fut interrompu pendant trente-sept ans.

2°. Litoire, le second évêque, fut sacré la première année de l'empire de Constans. C'était un citoyen de Tours et d'une haute religion. Il bâtit la première église en la ville de Tours, où il y avait déjà beaucoup de Chrétiens. Il fit aussi, d'une certaine maison de sénateur, la première basilique. De son temps, saint Martin s'éleva pour prêcher dans les Gaules. Litoire fut trente-trois ans en possession de son siége, mourut en paix, et fut enseveli dans la basilique dont je viens de parler, et qui porte aujourd'hui son nom.

3°. Le troisième, saint Martin, fut sacré évêque la huitième année de Valens et de Valentinien; il était natif de Pannonie, dans la cité de Sabarie [1]. Il construisit, pour l'amour de Dieu, le premier monastère de la ville de Milan, en Italie. Mais, comme il prêchait courageusement la sainte Trinité, il fut battu de verges par les hérétiques, et expulsé d'Italie. Il vint dans les Gaules. Il y convertit beaucoup de païens, renversa leurs temples et leurs idoles, fit beaucoup de miracles parmi le peuple, tellement qu'avant d'être évêque, il ressuscita deux morts. Il n'en ressuscita qu'un seul depuis qu'il fut en possession de l'épiscopat. Il transporta le corps du bienheureux Gatien, l'ensevelit près du tombeau de saint Litoire,

[1] Aujourd'hui Sarvar sur le Raab, en Hongrie.

dans la basilique construite sous son nom, comme je l'ai dit. Il empêcha Maxime d'envoyer en Espagne faire périr les hérétiques par le glaive [1], établissant qu'il suffisait de les séparer de la communion des églises catholiques. Après avoir consommé le cours de sa vie mortelle, il mourut à Candes, bourg de sa ville, dans la quatre-vingt-unième année de son âge. Transporté à Tours par eau, il y fut enseveli dans le lieu où l'on adore maintenant son tombeau. Sulpice Sévère a écrit trois livres de sa vie. Il se manifeste de notre temps par beaucoup de miracles. Il éleva dans le monastère appelé maintenant le Grand Monastère, une basilique en l'honneur des saints apôtres Pierre et Paul, et dans les bourgs de Langey, de Sonnay, d'Amboise, de Chamisay, de Tournon et de Candes; il détruisit les temples païens, baptisa les Gentils et éleva des églises. Il siégea vingt-six ans quatre mois et vingt-neuf jours. L'épiscopat fut interrompu pendant vingt jours.

4°. Brice, quatrième évêque, fut sacré la quatrième année d'Arcadius et d'Honorius, alors gouvernant ensemble. C'était un citoyen de Tours; et, la trente-troisième année de son épiscopat, il fut accusé, par les citoyens de Tours, du crime d'adultère. Ils le chassèrent et sacrèrent évêque Justinien. L'évêque Brice alla trouver le pape de la ville de Rome. Justinien, s'y rendant après lui, mourut dans la ville de Verceil. Les habitans de Tours, de nouveau poussés de malveillance contre lui, établirent pour évêque

---

[1] Les Priscillianistes, objet de l'une des plus iniques persécutions dont l'histoire des hérésies offre l'exemple; saint Ambroise de Milan et saint Martin de Tours s'y opposèrent tous deux et prêchèrent la tolérance.

Armance. Mais Brice, après avoir habité sept ans près du pape de Rome, trouvé innocent du crime dont on l'accusait, reçut ordre de retourner à sa ville. Il bâtit, sur le corps du bienheureux Martin, une petite basilique dans laquelle lui-même a été enseveli. Comme il entrait par une porte, Armance était emporté mort par une autre. Celui-ci enseveli, Brice reprit son siége. On rapporte qu'il a bâti des églises dans les bourgs de Clion, de Bray, de Laroue, d'Autrèche et de Chinon. Il eut en tout quarante-sept ans d'épiscopat. Il mourut ensuite, et fut enseveli dans la basilique qu'il avait élevée sur le tombeau de saint Martin.

5º. Le cinquième fut Eustoche, homme saint et craignant Dieu, de naissance sénatoriale. On dit qu'il institua des églises dans les bourgs de Brisay, d'Iseure, de Loches et de Dol. Il bâtit aussi, dans les murs de la cité, une église dans laquelle il plaça les reliques des martyrs saints Gervais et Protais, apportées d'Italie par saint Martin, comme le raconte saint Paulin dans son épître. Il tint dix-sept ans le siége épiscopal, et fut enterré dans la basilique qu'avait élevée l'évêque Brice sur le tombeau de saint Martin.

6º. Le sixième évêque fut Perpétuus, aussi, dit-on, de naissance sénatoriale et parent de son prédécesseur, homme très-riche et possédant des propriétés dans beaucoup de cités. Il abattit la basilique que l'évêque Brice avait élevée sur le tombeau de saint Martin, et en fit construire une autre plus grande et d'un travail merveilleux, sous la voûte de laquelle il transporta le corps bienheureux du vénérable saint. Il y institua des jeûnes et des vigiles à observer pour tout le long de l'année. Nous les avons conservés par écrit et en voici l'ordre.

### *Des Jeûnes.*

Après la Pentecôte, la quatrième et la cinquième férie, jusqu'à la Nativité de saint Jean.

Des calendes de septembre jusqu'aux calendes d'octobre, deux jeûnes par semaine.

Des calendes d'octobre jusqu'à la mort de monseigneur Martin, deux jeûnes par semaine.

De la mort de monseigneur Martin jusqu'à la Nativité de Notre Seigneur, trois jeûnes par semaine.

De la Nativité de saint Hilaire jusqu'au milieu de février, deux jeûnes par semaine.

### *Vigiles.*

A la Nativité du Seigneur, dans la cathédrale.

A l'Epiphanie, dans la cathédrale.

A la Nativité de saint Jean, dans la basilique de monseigneur Martin.

A la fête anniversaire de la chaire de saint Pierre, dans la basilique.

Le 27 mars, jour de la résurrection de Notre-Seigneur Jésus-Christ, dans la basilique de saint Martin.

A Pâques, dans la cathédrale.

Le jour de l'Ascension, dans la basilique de monseigneur Martin.

Le jour de la Pentecôte, dans la cathédrale.

A la passion de saint Jean, dans la basilique, au baptistère.

A la Nativité des saints apôtres Pierre et Paul, dans leur basilique.

A la Nativité de saint Martin, dans sa basilique.

A la Nativité de saint Symphorien, dans la basilique de saint Martin.

A la Nativité de saint Litoire, dans sa basilique.

Item à la Nativité de saint Martin, dans sa basilique.

A la Nativité de saint Brice, dans la basilique de monseigneur Martin.

A la Nativité de saint Hilaire dans la basilique de monseigneur Martin.

Il bâtit la basilique de saint Pierre, et y fit faire la voûte qui subsiste encore aujourd'hui. Il construisit aussi la basilique de saint Laurent à Mont-Louis. De son temps furent bâties des églises dans les bourgs d'Avoine, de Monnes, de Barou, de Bala et de Vannes. Il fit un testament et donna ce qu'il possédait dans les différentes cités, aux églises de ces cités, laissant aussi des propriétés considérables à celles de Tours. Il tint le siége épiscopal durant trente ans et fut enseveli dans la basilique de saint Martin.

Le septième évêque sacré fut Volusien, de naissance sénatoriale, homme saint, très-riche et parent de son prédécesseur Perpétuus. De son temps Clovis régnait déjà sur quelques villes des Gaules. D'où il arriva que cet évêque, soupçonné par les Goths de vouloir se soumettre à la puissance des Francs, fut envoyé en exil dans la ville de Toulouse, et y mourut. De son temps fut bâti le bourg de Mantelan et la basilique de saint Jean dans le grand monastère. Il fut évêque sept ans et deux mois.

Le huitième évêque sacré fut Vérus qui, soupçonné

par les Goths de zèle pour la même cause, fut envoyé en exil et y finit ses jours. Il laissa ses biens aux églises et à ses serviteurs. Il fut évêque onze ans et huit jours.

Le neuvième fut Licinius, citoyen d'Angers, qui, pour l'amour de Dieu, alla en Orient visiter les saints lieux. Lorsqu'il en fut revenu il institua, sous sa direction, un monastère dans le territoire d'Angers, remplit ensuite la place d'abbé dans le monastère où fut enseveli l'abbé saint Venance, et fut élu à l'épiscopat. De son temps, le roi Clovis, vainqueur des Goths dans le combat, revint à Tours. Il tint le siége épiscopal douze ans, deux mois et vingt-cinq jours, et fut enseveli dans la basilique de Saint-Martin.

Les dixièmes furent Théodore et Procule, nommés par l'ordre de la bienheureuse reine Clotilde [1], parce qu'auparavant sacrés évêques en Bourgogne, ils l'avaient suivie et avaient été expulsés par la guerre de leurs villes épiscopales. Ils étaient tous deux vieux et riches; ils gouvernèrent ensemble pendant deux ans la ville de Tours, et furent ensevelis dans la basilique de Saint-Martin.

Le onzième évêque fut Denis, venu aussi de Bourgogne et élevé à l'épiscopat par le choix du roi dont j'ai parlé, qui lui fit quelques largesses de son fisc, et lui donna le pouvoir d'en faire ce qu'il voudrait. Ce qu'il avait de mieux il le laissa en grande partie à son

---

[1] Comme les canons ne permettaient pas que la même église eût à la fois deux évêques, il y a lieu de croire qu'ils furent simplement administrateurs de l'église de Tours pendant une longue vacance. Du reste la série des évêques de Tours que donne ici l'historien ne s'accorde pas toujours, ni pour l'ordre, ni pour la durée, avec les faits épars dans son récit.

église ; il donna aussi quelque chose à ses serviteurs. Il siégea dix mois, et fut enseveli dans la basilique de Saint-Martin.

Le douzième fut Ommat, de race sénatoriale, et citoyen d'Auvergne, très-riche en terres. Il fit un testament, et laissa ses propriétés aux églises des villes où elles étaient situées. Il construisit dans les murs de la ville de Tours¹ une église consacrée par les reliques de saint Gervais et saint Protais. Il commença à élever la basilique de Sainte-Marie dans les murs de la ville, mais ne put l'achever. Il siégea quatre ans et cinq mois, puis il mourut et fut enseveli dans la basilique Saint-Martin.

Le treizième fut Léon, abbé de la basilique de Saint-Martin, et de là élevé à l'épiscopat. Il était habile en charpente, et faisait des tours à toit doré dont il existe encore quelques-unes. Il montra son habileté dans beaucoup d'autres ouvrages. Il siégea six mois et fut enseveli dans la basilique Saint-Martin.

Le quatorzième évêque sacré fut Francille, sénateur, citoyen de Poitiers. Il avait une femme, nommée Claire, mais point d'enfans ; tous deux étaient fort riches en biens de campagne, qu'ils donnèrent en grande partie à la basilique de Saint-Martin ; ils en laissèrent quelques-uns à leurs parens. Il siégea deux ans et six mois, puis mourut et fut enseveli dans la basilique Saint-Martin.

Le quinzième fut Injuriosus, citoyen de Tours, d'une naissance inférieure, mais libre. De son temps la reine Clotilde passa de ce monde à l'autre. Il acheva l'église de Sainte-Marie dans les murs de la ville de

¹ Adossée à la muraille.

Tours. De son temps fut bâtie la basilique de Saint-Germain et furent fondés les bourgs de Neuilly et de Luzillé. Il institua dans l'église des prières à dire à Tierce et à Sexte, et qui, par la grâce de Dieu, y sont encore conservées. Il siégea seize ans, onze mois et vingt-sept jours, puis mourut et fut enseveli dans la basilique Saint-Martin.

Le seizième fut Bodin, référendaire du roi Clotaire. Il avait un fils et était fort adonné à l'aumône; il partagea aux pauvres plus de vingt mille sous d'or laissés par son prédécesseur. De son temps fut construit un autre bourg de Neuilly. Il fonda la mense canonicale. Il siégea cinq ans et dix mois, puis mourut et fut enseveli dans la basilique Saint-Martin.

Le dix-septième fut Gonthaire qui passa à l'évêché des fonctions d'abbé du monastère de Saint-Venance; homme très-sage tandis qu'il remplissait son office d'abbé, et souvent chargé d'ambassades entre les rois Francs; mais, après avoir été sacré évêque, il s'adonna au vin, et parut presque stupide. Il en avait tellement perdu le sens qu'il ne pouvait reconnaître des convives dont la vue lui était très-familière. Souvent même il les accablait d'injures et de propos désagréables. Il siégea deux ans, dix mois et vingt-deux jours. Il mourut et fut enseveli dans la basilique de Saint-Martin. L'épiscopat fut interrompu pendant une année.

Le dix-huitième évêque sacré fut le prêtre Euphronius, homme d'une naissance que nous avons nommée sénatoriale, éminent en sainteté, et clerc dès son plus jeune âge. De son temps la ville de Tours et toutes ses églises furent consumées par un grand incendie. Il en répara deux, et laissa sans la réparer la troisième qui était extrêmement vieille. Ensuite la basilique de Saint-Martin fut elle-même brûlée par Wiliachaire, qui y avait cherché un refuge contre les artifices de Chramne. Par la suite, avec le secours du roi Clotaire, ce même pontife la recouvrit en étain. De son temps fut édifiée la basilique de Saint-Vincent, et les églises des bourgs de Turé, Serré et Orbigny. Il siégea dix-sept ans, mourut septuagénaire, et fut enseveli dans la basilique de Saint-Martin. L'épiscopat fut interrompu pendant dix-neuf jours.

Le dix-neuvième fut moi, Grégoire, indigne. Je trouvai la cathédrale de la ville de Tours, dans laquelle le bienheureux Martin et plusieurs autres prêtres du Seigneur avaient été sacrés évêques, brûlée par l'incendie et toute détruite. Je la rebâtis, plus grande et plus belle, et la dédiai la dix-septième année de ma consécration. Comme je l'avais appris d'un vieux prêtre, les reliques de saint Maurice et de ses compagnons y avaient été anciennement apportées. J'en retrouvai la châsse dans le trésor de la basilique de Saint-Martin; elle contenait une relique apportée par dévotion pour lui, et que la corruption avait dissoute. Célébrant des vigiles en leur honneur, il me vint le desir de les visiter de nouveau, précédé d'un flambeau de cire; et tandis que je les examinais avec attention, le gardien de la basilique me dit : « Il y a ici une pierre fer« mée par un couvercle, j'ignore ce qu'elle renferme, « et n'ai pu le savoir de ceux de mes prédéces« seurs commis à la garde de ce trésor. Je l'appor« terai, et vous examinerez avec soin ce qu'elle ren« ferme. » Lorsqu'il me l'eut apportée, je l'ouvris, je le déclare, et y trouvai une capsule d'argent dans laquelle non seulement étaient renfermées les reliques des bienheureux martyrs de la légion sacrée, mais celles de beaucoup d'autres saints, tant martyrs que confesseurs. Nous trouvâmes aussi d'autres pierres concaves comme celle-là, et dans lesquelles étaient des reliques des saints Apôtres, et de plusieurs autres martyrs. Plein d'admiration de ce présent que m'accordait la volonté divine, et rendant des actions de grâces, je le plaçai dans la cathédrale, célébrant des vigiles et disant des messes. Je mis dans une cellule de l'église Saint-Martin, contiguë à la cathédrale, les reliques de saint Côme et de saint Damien, martyrs. Je trouvai les basiliques de saint Perpétuus consumées par les flammes, et j'ordonnai que mes ouvriers les repeignissent et les ornassent dans tout l'éclat qu'elles avaient eu d'abord. Je fis construire un baptistère dans la basilique, où je mis les reliques de saint Jean et de saint Serge, martyrs, et je plaçai dans l'ancien baptistère les reliques de saint Bénigne, martyr. Je dédiai dans un grand nombre d'endroits au territoire de Tours, des églises et des oratoires, et les honorai des reliques des Saints, dont j'ai cru devoir rappeler au long la mémoire.

J'ai écrit dix livres d'Histoire, sept de Miracles, et un de la vie des Pères; j'ai commenté, dans un traité, un livre des Psaumes; j'ai écrit un livre des Heures ecclésiastiques. Quoique ces livres aient été écrits dans un style sans art, cependant, prêtres du Seigneur, qui après moi, humble que je suis, gouvernerez l'église de Tours, je vous conjure tous, par la venue de Notre Seigneur Jésus-Christ et le jour du jugement, terrible à tous les coupables, si vous ne voulez, au jour de ce jugement, aller remplis de confusion et condamnés avec le diable, ne faites jamais détruire ces livres et ne les faites point récrire, choisissant certaines parties et en omettant d'autres; mais qu'ils demeurent sans altération et en entier, tels que nous les avons laissés. Que si, par hasard, évêque de Dieu, qui que tu sois, notre Martin[1] t'a instruit dans les sept sciences; s'il t'a appris à lire selon les règles grammaticales; à rétorquer dans la dispute les argumens de la dialectique; à connaître, par la rhétorique, la nature des mètres; à distinguer, par la géométrie, la longueur des lignes et les mesures de la terre; par l'astrologie, à contempler le cours des astres; par l'arithmétique, à rassembler les diverses parties des nombres; et, par l'harmonie, à faire résonner, sur les modulations de la musique, le doux accent des vers; fusses-tu exercé dans tous ces arts, quelque grossier que te paraisse notre style, je t'en supplie, n'efface point ce que j'ai écrit. Mais si tu y trouves quelque chose qui te plaise, je ne refuse point, en conservant notre ouvrage tel qu'il est, que tu l'écrives en vers.

---

[1] Martianus Mineus Felix Capella, né en Afrique, peut-être à Carthage, et qui écrivit, vers le milieu du v<sup>e</sup>. siècle, un ouvrage intitulé *Satyricon*, et divisé en neuf livres, espèce d'encyclopédie, moitié en prose, moitié en vers. Les deux premiers livres forment un ouvrage distinct; c'est l'apothéose de la philologie et son mariage avec Mercure, sous la forme d'une allégorie. Dans les sept derniers Capella traite des sept sciences qu'énumère ici Grégoire de Tours, et qui embrassaient alors toutes les études. Cet ouvrage, écrit en style barbare, valut à son auteur une grande célébrité, et fut long-temps adopté dans les écoles du moyen âge.

Nous avons terminé ces livres dans la vingt-unième année de notre consécration. Mais, bien que dans ce que nous venons d'écrire des évêques de Tours, nous ayons noté le nombre de leurs années, cependant nous n'avons pas suivi ni calculé suivant l'ordre des chroniques, parce que nous n'avons pu facilement retrouver les intervalles qui se sont écoulés entre les différentes consécrations. Voici donc le total des années du monde :

Du commencement jusqu'au déluge, deux mille deux cent-quarante-deux ans; du déluge jusqu'au passage des enfans d'Israël à travers la mer Rouge, quatorze cent quatre ans.

Du passage de la mer Rouge jusqu'à la Résurrection du Seigneur, quinze cent trente-huit ans.

De la Résurrection du Seigneur jusqu'à la mort de saint Martin, quatre cent douze ans.

Depuis la mort de saint Martin jusqu'à l'année dont nous venons de rendre compte, savoir, la vingt-unième de notre consécration, la cinquième de Grégoire, pape de Rome, la trente-unième du roi Gontran, et la dix-neuvième de Childebert-le-Jeune, cent soixante-huit ans. Ce qui fait un total de cinq mille huit cent quatorze ans.

FIN DE L'HISTOIRE DES FRANCS.

# CHRONIQUE
# DE FRÉDÉGAIRE.

# NOTICE

## SUR FRÉDÉGAIRE.

Si Marquard Freher et Joseph Scaliger n'avaient appelé *Frédégaire* le continuateur de Grégoire de Tours dont nous publions ici la chronique, on ne saurait quel nom lui donner. Dom Ruinart a fort bien prouvé qu'il ne s'appelait point *Idatius* ou *Adatius*, comme l'avaient fait supposer quelques manuscrits; mais aucun de ceux qu'il a examinés ne porte le nom de Frédégaire. Freher et Scaliger l'avaient sans doute trouvé dans les leurs. Quoi qu'il en soit, ce nom est resté à l'historien, et personne ne songe maintenant à le lui contester.

Il vivait, à coup sûr, vers le milieu du septième siècle; car, en racontant l'histoire de cette époque, il répète plusieurs fois, dans sa préface et dans le cours de son ouvrage, qu'il rapporte des choses qu'il a vues et dont il peut attester lui-même la vérité. Sa chronique s'arrête à l'an 641; cependant quelques passages indiquent qu'il a vécu jusqu'en 658; il dit entre autres choses que le marchand Franc Samon qui était allé en 623 chez les Wénèdes, régna sur eux pendant trente-cinq ans. Enfin il parle de la mort de Chindasuinthe, roi d'Espagne, en 642, et de plusieurs événemens arrivés après la mort de Clovis II, en 656.

Presque tous les érudits s'accordent à penser que Frédégaire était Bourguignon. L'histoire du royaume de Bourgogne est en effet celle dont il est le mieux instruit et à laquelle il semble rapporter toutes les autres. Ainsi sa chronologie est celle des rois Bourguignons et il ne parle guère des rois d'Austrasie ou de Neustrie que dans leurs rapports avec la Bourgogne, ou lorsque ce royaume se trouve incorporé dans le leur, comme il arriva sous Clotaire II. Adrien Valois s'est même flatté de découvrir la patrie de Frédégaire et l'a fait natif d'Avenches; la complaisance avec laquelle le chroniqueur parle de cette ville et donne, sur son histoire, quelques détails qu'on ne trouve point ailleurs, est le seul fondement de cette conjecture.

Il ne faut point médire du zèle passionné qu'apportent souvent les érudits dans l'étude de telles questions; que feraient les hommes s'ils mesuraient toujours l'ardeur du travail à l'importance du résultat? C'est parce qu'il ne pouvait se résoudre à ignorer où était né Frédégaire qu'Adrien Valois a débrouillé le chaos des premiers siècles de notre histoire.

Quoi qu'il en soit de la patrie du chroniqueur, il était lui-même laborieux et possédé du besoin de la science. Il entreprit de recueillir et d'extraire toutes les chroniques, à lui connues, depuis l'origine du monde jusqu'au septième siècle. Jules l'Africain, Eusèbe, Saint-Jérôme, Idace, Saint-Isidore de Séville, et Grégoire de Tours lui fournirent les matériaux du grand ouvrage historique et chronologique qu'il termina par le récit des événemens de son temps. Cet ouvrage est divisé en cinq livres, et le cinquième est la chronique dont nous donnons ici la traduction. Les quatre premiers ne contiennent rien qui ne se trouve dans les prédécesseurs de Frédégaire, si ce n'est des fables absurdes dont on ignore la source primitive, et que plus tard les moines Aimoin et Roricon ont transportées dans leurs écrits.

On rencontre cependant dans l'abrégé des six premiers livres de Grégoire de Tours, qui a souvent été attribué à Grégoire de Tours lui-même, quelques faits ajoutés par l'abréviateur.

Le cinquième livre conserve donc seul une véritable importance; elle est grande, non par le

mérite de Frédégaire, mais parce qu'il est à peu près le seul historien contemporain que nous ait légué le septième siècle : « On demanderait vo-
« lontiers, dit l'abbé de Vertot, à ceux qui mé-
« prisent Frédégaire, dans quelle autre source
« ils ont puisé l'histoire de Théodebert II, roi
« d'Austrasie, et de Thierri (Théodoric II), roi de
« Bourgogne? qui les a instruits de la plupart
« des événemens arrivés sous les règnes de Clo-
« taire II, de Dagobert I$^{er}$, et du jeune Clovis
« (Clovis II)? A qui en sommes-nous redevables,
« et que serait devenue cette partie de l'histoire
« de la première race si nous avions perdu Fré-
« dégaire ou s'il n'avait jamais écrit [1]? » Il est vrai que, sans Frédégaire, cette époque nous serait à peu près inconnue ; mais quelque précieuse qu'elle soit, sa chronique, comparée à l'histoire ecclésiastique des Francs, n'en prouve pas moins les rapides progrès de la Barbarie. On entrevoit encore, dans l'ouvrage de Grégoire de Tours, le crépuscule de la civilisation romaine ; l'ignorance de l'écrivain est grande, sa crédulité extrême, son récit mutilé et confus, son style inculte ; et pourtant çà et là se rencontrent quelques souve-

[1] *Apologie de Frédégaire*, par l'abbé de Vertot, dans les *Mémoires de l'académie des inscriptions*, t. 1, p. 302—308.

nirs d'un temps meilleur; on reconnaît çà et là que l'évêque de Tours avait entendu parler d'autres études, d'autres mœurs, d'un autre état social; il a lu Salluste et Virgile, regrette l'ancienne splendeur des cités, rappelle avec complaisance ces familles sénatoriales dont la sienne est descendue, et s'émeut quelquefois en peignant les calamités du pays, comme s'il parlait de choses étranges et naguères inconnues. Dans Frédégaire la crédulité, la confusion, l'ignorance sont encore plus grandes, et en même temps rien ne décèle aucun débris d'une société plus régulière et plus polie; l'imagination de l'écrivain est froide et morne; aucun regret ne lui échappe; aucune dévastation, aucune souffrance publique n'arrête un moment sa pensée; il est clair que les barbares ont tout dispersé, tout envahi, qu'ils occupent même un grand nombre d'évêchés, et qu'au milieu de ce grossier désordre, quelques moines s'appliquent presque seuls à étudier les sciences sacrées et à conserver le souvenir de ce qui se passe autour d'eux.

Du reste, cela même est un fait d'une haute importance et le plus curieux de tous ceux que la chronique de Frédégaire nous laisse entrevoir. C'est bien moins par le récit des événemens que comme tableau de l'état d'une société progressivement conquise par la Barbarie, qu'elle mérite toute l'attention du lecteur; et la querelle de S. Colomban avec Théodoric II, ou la guerre du maire du palais Flaochat contre le Franc Willebad, offrent, à mon avis, bien plus d'instruction et d'intérêt que cette série de faits insignifians minutieusement rapportés par le chroniqueur, et souvent à faux, sous la rubrique de chaque année.

On a quelquefois confondu avec la chronique de Frédégaire et regardé comme son ouvrage les quatre fragmens où elle est continuée jusqu'en 768. Dans l'embarras de concilier alors l'étendue de sa narration avec l'époque de sa vie, on le plaçait lui-même au commencement du neuvième siècle, supposition évidemment repoussée par ses propres paroles. Il est reconnu maintenant que sa chronique s'arrête en 641, et qu'elle a été successivement continuée par d'autres écrivains. Le premier fragment, qui s'étend de l'an 642 à l'an 680, n'a été, à ce qu'il paraît, ajouté qu'après coup et pour combler le vide qui se trouvait entre Frédégaire et son premier continuateur. C'est un récit confus et absurde, écrit probablement par quelque moine dépourvu de toute connaissance des faits. La seconde partie, qui va de l'an 680 à l'an 736, fait assez bien connaître ce qui se passait, à cette époque, en Austrasie. La troisième, qui s'étend jusqu'au commencement du règne de Pepin-le-Bref, en 752, a été écrite on ne sait par qui, mais d'après l'ordre de Childebrand, oncle paternel de Pepin. La quatrième enfin, qui conduit l'histoire jusqu'à l'avénement de Charlemagne, en 768, fut également ajoutée par l'ordre du comte Nibelung, fils de Childebrand. Ces deux derniers fragmens, et probablement aussi celui du second continuateur, ont ainsi l'autorité d'ouvrages contemporains et en portent, en effet, le caractère. Ils méritaient donc d'être joints, dans cette collection, à la chronique même à la suite de laquelle on les rencontre dans la plupart des éditions.

F. G.

# PRÉFACE

## DE FRÉDÉGAIRE.

—

Je ne sais comment exprimer exactement et par un seul mot le travail auquel je me livre; et en cherchant à y réussir, je perds en longs efforts le temps déjà si court de la vie. Le mot d'*interprète*, en effet, qui est celui de notre langue, semble absurde et ne convient nullement; car si, par nécessité, je change quelque chose à l'ordre des récits, je paraîtrai m'écarter tout-à-fait de l'office d'un interprète. J'ai lu avec grand soin les chroniques de Saint-Jérôme, d'Idace, d'un certain sage, d'Isidore et de Grégoire, depuis l'origine du monde jusque vers la fin du règne de Gontran; et j'ai reproduit successivement dans ce petit livre, sans omettre beaucoup de choses, ce que ces savans hommes ont habilement raconté dans leurs cinq chroniques. Dans ce dessein, et pour me bien instruire de la vérité, j'ai commencé par établir exactement la série des temps et des règnes, comme pour servir d'introduction à un autre ouvrage. J'ai mis ensuite dans le style d'à présent le récit des actions des diverses nations que ces hommes habiles avaient si bien racontées dans leurs chroniques, mot grec qui signifie les actions des temps; ils ont écrit aisément et comme une source pure qui coule avec abondance. J'aurais souhaité avoir le même talent de langage, ou quelque chose d'approchant. Mais on ne puise qu'avec peine dans une source qui ne coule pas toujours. Maintenant le monde vieillit, et le tranchant de l'esprit s'émousse en nous; nul homme de ce temps n'est égal aux orateurs des temps passés et n'ose même y prétendre. Je me suis efforcé pourtant, aussi bien que me l'ont permis la rusticité et la faiblesse de mon savoir, de reproduire, aussi brièvement que je l'ai pu, ce que j'ai appris dans les livres dont j'ai parlé. Que si quelque lecteur doute de moi, qu'il ait recours à l'auteur même, il trouvera que je n'ai rien dit qui ne soit vrai. Arrivé à la fin du volume de Grégoire, j'ai continué à écrire dans ce livre les faits et gestes des temps postérieurs, les recherchant partout où j'en ai pu trouver le récit, et racontant, sur les actions des rois et les guerres des peuples, tout ce que j'ai lu ou entendu dire, ou vu moi-même, et ce que je puis attester. J'ai tâché d'insérer ici tout ce que j'ai pu savoir depuis le temps où Grégoire s'est arrêté et a cessé d'écrire, c'est-à-dire, depuis la mort du roi Chilpéric.

# CHRONIQUE DE FRÉDÉGAIRE.

Gontran, roi des Francs, gouvernait depuis vingt-trois ans [1] avec bonheur le royaume de Bourgogne; il était plein de bonté, se montrant partout avec les évêques comme un évêque, en très-bonne intelligence avec ses Leudes, faisant aux pauvres de larges aumônes, régnant enfin avec tant de sagesse et de prospérité que toutes les nations voisines mêmes chantaient ses louanges.

La vingt-quatrième année de son règne, plein d'amour de Dieu, il fit bâtir avec soin et magnificence, dans le faubourg de Châlons et cependant sur le territoire Séquanien, l'église de Saint-Marcel, où en récompense repose aujourd'hui son corps. Il y fonda un monastère et dota l'église de beaucoup de biens. Il fit assembler un synode de quarante évêques, et fit confirmer par la réunion de ce synode l'institution de ce monastère de Saint-Marcel, à l'exemple de ce qui avait été fait pour le monastère de Saint-Maurice, établi ainsi d'après les ordres du prince, par Avite et d'autres évêques du temps du roi Sigismond.

Dans cette année, Gondovald, avec le secours de

[1] En 583.

Mummole et de Didier, osa envahir au mois de novembre une partie du royaume de Gontran, et détruire ses cités[1]. Gontran envoya contre eux avec une armée le connétable Leudégésile et le patrice Ægilan. Gondovald ayant pris la fuite, se réfugia dans la ville de Comminges, et mourut ensuite précipité du haut d'une roche par le duc Boson[2].

Lorsque Gontran apprit le meurtre de son frère Chilpéric, il se hâta de se rendre à Paris où il fit venir auprès de lui Frédégonde et Clotaire, fils de Chilpéric, qu'il fit baptiser à Ruel, et qu'il établit sur le trône de son père, après l'avoir tenu sur les fonts sacrés[3].

La vingt-cinquième année du règne de Gontran, Mummole fut tué à Sénuvie, par l'ordre de Gontran. Son domestique Domnole, et son camérier Wandalmar, remirent à Gontran Sidonie sa femme, ainsi que tous ses trésors.

La vingt-sixième année du règne de Gontran son armée entra en Espagne; mais, accablée de maladies par l'insalubrité du pays, elle revint aussitôt dans sa patrie.

L'an vingt-septième du même règne, Leudégésile fut nommé par Gontran patrice de la Provence. On annonça que le roi Childebert avait eu un fils nommé Théodebert.

Cette même année il y eut en Bourgogne une grande inondation de fleuves, de sorte que les eaux dépas-

---

[1] Voir Grégoire de Tours, liv. VII.

[2] Par Ollon, selon Grégoire de Tours (l. VII, page 147.) Gontran-Boson le tua après sa chute.

[3] Le baptême de Clotaire n'eut lieu que six ans plus tard, dans un second voyage de Gontran à Paris.

saient de beaucoup leur lit. Le comte Syagrius alla par l'ordre de Gontran en ambassade à Constantinople, et là, contre sa foi, il se fit nommer patrice. Mais cette trahison ainsi commencée ne put arriver à un plein succès. Dans cette année un phénomène parut dans le ciel : c'était un globe de feu qui tomba sur la terre en étincelant et en rugissant. Dans la même année aussi mourut Leuvigild, roi d'Espagne, qui fut remplacé par son fils Reccared.

Dans la vingt-huitième année du règne de Gontran, on annonça la naissance d'un autre fils de Childebert, nommé Théodoric.

Gontran, faisant alliance avec Childebert, eut une entrevue avec lui à Andelot. La mère, la sœur et la femme du roi Childebert y assistèrent toutes. On convint, par un traité particulier, qu'après la mort de Gontran, Childebert hériterait de son royaume.

Dans ce temps Rauchingue et Gontran-Boson, Ursion et Bertfried, seigneurs attachés au roi Childebert, furent tués par son ordre pour avoir projeté de l'assassiner. Leudefried, duc des Allemands, avait encouru aussi la haine de Childebert; mais il s'échappa. Uncilène fut créé duc à sa place. Dans cette année Reccared, roi des Goths, embrassa avec un cœur plein d'amour la vraie religion chrétienne, et fut d'abord baptisé. Ensuite il fit assembler à Tolède tous les Goths attachés à la secte Arienne, et se fit livrer tous les livres ariens; les ayant placés dans une seule maison, il y fit mettre le feu, et fit ensuite baptiser tous les Goths, selon la loi chrétienne.

Cette année, Cæsara, femme d'Anaulf, empereur des Persans, abandonnant son mari, vint avec quatre garçons et autant de filles vers saint Jean évêque de Constantinople, dit qu'elle était une femme du peuple, et demanda au bienheureux Jean la grâce du baptême.

Elle fut baptisée par le pontife lui-même, et la femme de l'empereur Maurice la tint sur les fonts sacrés. Comme l'empereur de Perse envoyait souvent des députés pour redemander sa femme, et que l'empereur Maurice ne savait pas que ce fût cette Cæsara, l'impératrice, voyant qu'elle était très-belle, soupçonna qu'elle pourrait bien être celle que demandaient les députés et elle leur dit : « Une certaine « femme est venue ici de la Perse, disant qu'elle était « une femme du peuple : voyez-la, c'est peut-être « celle que vous cherchez. » Les députés l'ayant vue se prosternèrent à terre pour l'adorer, disant que c'était la maîtresse qu'ils cherchaient. L'impératrice dit à Cæsara : « Rendez-leur une réponse. » Alors elle répondit : « Je ne parlerai pas à ces hommes, leur vie « est comme celle des chiens; s'ils se convertissent et « deviennent chrétiens comme moi, alors je leur ré- « pondrai. » Les députés reçurent volontiers la grâce du baptême. Alors Cæsara leur dit : « Si mon mari « veut se faire chrétien et recevoir la grâce du bap- « tême, je retournerai volontiers vers lui; autre- « ment je n'y retournerai pas du tout. » Les députés ayant annoncé ces choses à l'empereur de Perse, il envoya aussitôt une ambassade à l'empereur Maurice, pour faire venir saint Jean à Antioche, parce qu'il voulait recevoir le baptême de lui. Alors l'empereur Maurice fit faire à Antioche des préparatifs immenses; l'empereur de Perse y fut baptisé avec soixante-mille

Persans, et cette cérémonie accomplie par Jean et les autres évêques dura deux semaines. Grégoire, évêque d'Antioche, tint l'empereur sur les fonts baptismaux. L'empereur Anaulf pria l'empereur Maurice de lui donner des évêques avec un clergé pour les établir dans la Perse, afin que tous les Persans reçussent la grâce du baptême. Maurice les lui donna volontiers, et tous les Persans furent convertis avec une grande promptitude.

L'an vingt-huitième du règne de Gontran, une armée marcha en Espagne par son ordre; mais, par la négligence de Boson qui la commandait, elle fut taillée en pièces par les Goths.

La trentième année du règne du même prince, la tunique de Notre Seigneur Jésus-Christ, qui lui avait été enlevée dans la passion, et tirée au sort par les soldats qui le gardaient, et de laquelle le prophète David dit : « et ils ont tiré mes vêtemens au sort [1]; » fut découverte par les aveux de Simon, fils de Jacob; qui, après avoir été pendant deux semaines tourmenté de divers supplices, déclara enfin que la tunique était déposée dans la ville de Joppé, loin de Jérusalem, dans un coffre de marbre : Grégoire, évêque d'Antioche, Thomas, évêque de Jérusalem, Jean, évêque de Constantinople, et beaucoup d'autres évêques, après un jeûne de trois jours, portèrent à pied à Jérusalem, avec une sainte dévotion, la tunique enfermée dans le coffre de marbre, qui devint aussi léger que s'il eût été de bois, et ils la placèrent en triomphe dans le lieu où on adore la croix du Seigneur. Cette année, la lune fut obscurcie.

[1] Psaum. 21, v. 19.

Une guerre s'engagea entre les Francs et les Bretons sur les bords du fleuve de la Vienne. Beppolène, duc des Francs, fut tué par les Bretons de la faction du duc Ébrachaire ; ensuite Ébrachaire, dépouillé de tous ses biens, tomba dans la plus grande pauvreté.

La trente-unième année du règne de Gontran, Theutfried, duc du pays situé au-delà du mont Jura, mourut, et Wandalmar lui succéda dans son duché. La même année, le duc Agon[1] fut élevé sur le trône des Lombards en Italie. La trente-deuxième année du règne de Gontran, le soleil fut tellement diminué depuis le matin jusqu'à midi, qu'à peine en apercevait-on la troisième partie.

La trente-troisième année de son règne, Gontran mourut le 28 mars, et fut enseveli dans l'église de Saint-Marcel, dans le monastère qu'il avait lui-même fondé. Childebert entra en possession de son royaume. Cette année, Wintrion, duc de Champagne, entra avec une armée dans le royaume de Clotaire. Clotaire étant allé au devant de lui avec ses guerriers, mit Wintrion en fuite ; des deux côtés le massacre des troupes fut grand.

Deux ans après que Childebert eut reçu le royaume de Bourgogne, une guerre s'étant engagée entre les Francs et les Bretons, il y eut un grand carnage des deux peuples.

La troisième année du règne de Childebert en Bourgogne, un grand nombre de phénomènes parurent dans le ciel ; on aperçut une comète. Cette même année, l'armée de Childebert combattit courageuse-

---

[1] Agilulf.

ment contre les Warnes [1] qui s'efforçaient de secouer le joug ; et le massacre des Warnes fut si grand qu'il en resta peu.

La quatrième année du règne de Childebert en Bourgogne [2], il mourut, et ses fils Théodebert et Théodoric lui succédèrent. Théodebert eut l'Austrasie en partage, et résida à Metz ; et Théodoric reçut le royaume de Gontran en Bourgogne, et résida à Orléans.

Cette année, Frédégonde, avec son fils le roi Clotaire, s'empara de Paris et des autres cités, à la manière des Barbares et sans déclaration de guerre. Une armée partit d'un lieu nommé Latofa [2] pour marcher contre les fils de Childebert, Théodebert et Théodoric. Les deux armées en étant venues aux mains, Clotaire, se précipitant avec ses guerriers sur Théodebert et Théodoric, fit un grand carnage de leurs soldats. Frédégonde mourut la deuxième année du règne de Théodoric [3].

La troisième année du règne de Théodebert, le duc Wintrion fut tué à l'instigation de Brunehault.

La quatrième année du règne de Théodoric, Quolène, Franc d'origine, fut nommé patrice. Dans cette année, la peste dévasta Marseille et les autres cités de la Provence. L'eau du lac de Châteaudun, dans lequel se décharge la rivière de l'Aigre, fut si chaude

---

[1] Les Warnes (*Verini*, *Varini*) étaient une des peuplades de l'ancienne Thuringe; ils habitaient une portion du Mecklenbourg et touchaient aux Angles avec qui ils se sont souvent confondus.

[2] En 596.

[3] On ignore le nom actuel et la position de ce lieu, qui devait être situé, à ce qu'on croit, non loin de Sens.

[4] En 597.

et bouillonna tellement, qu'elle fit cuire tous les poissons. Cette même année, mourut Warnachaire, maire du palais de Théodoric, qui distribua tous ses biens en aumône aux pauvres.

Cette année, Brunehault fut chassée d'Austrasie, et trouvée seule par un pauvre homme dans la Champagne, près d'Arcis; à sa demande, il la conduisit à Théodoric. Théodoric, accueillant bien son aïeule Brunehault, la traita avec honneur. En récompense du service qu'elle en avait reçu, Brunehault fit avoir au pauvre homme l'évêché d'Auxerre.

La cinquième année du règne de Théodoric, on vit à l'occident les mêmes phénomènes qui avaient apparu l'année précédente, des globes de feu parcourant le ciel, et comme un grand nombre de lances de feu. Cette année aussi, les rois Théodebert et Théodoric levèrent une armée contre le roi Clotaire, et en étant venus aux mains au-dessus de l'Ouaine, non loin du bourg de Dormelle, l'armée de Clotaire fut taillée en pièces. Clotaire lui-même ayant pris la fuite avec le reste de son armée, les ennemis pillèrent et ravagèrent les bourgs et les cités situés le long de la Seine, qui s'étaient placés sous l'empire de Clotaire. Les villes ayant été forcées, l'armée de Théodebert et de Théodoric emmena un grand nombre de captifs. Clotaire vaincu conclut, bon gré mal gré, un traité par lequel on convint que Théodoric aurait tout le pays situé entre la Seine, la Loire et l'Océan, et que Théodebert aurait le duché entier de Dentelin entre la Seine et l'Oise, jusqu'à l'Océan. Il ne resta à Clotaire que douze cantons situés entre la Seine et l'Océan.

La sixième année du règne de Théodoric, Cautin, duc au service de Théodebert, fut tué.

La septième année de son règne, Théodoric eut d'une concubine un fils nommé Sigebert. Le patrice Ægilan fut enchaîné et tué à l'instigation de Brunehault, sans autre motif que celui de la cupidité, afin que ses biens tombassent au pouvoir du fisc. Cette année, Théodebert et Théodoric firent marcher une armée contre les Gascons, et les ayant vaincus par le secours de Dieu, les soumirent à leur domination, et les rendirent tributaires; ils leur imposèrent un duc nommé Génial, qui les gouverna avec bonheur.

Cette année, saint Éconius, évêque de Saint-Jean-de-Maurienne, découvrit le corps de saint Victor, qui avait été martyrisé à Soleure avec saint Ours. Une certaine nuit, comme il était dans la ville, un songe l'avertit de se lever aussitôt, d'aller à l'église construite par la reine Sédéleube dans le faubourg de Genève, et que, dans un endroit qui lui fut désigné, il trouverait le corps du Saint. S'étant hâté d'aller à Genève avec les saints évêques Rusticius et Patricius, ils firent un jeûne de trois jours, et pendant la nuit, ils virent une lumière à l'endroit où était le glorieux et illustre corps. Les trois pontifes ayant soulevé la pierre en silence, en pleurant et priant, le trouvèrent enseveli dans un coffre d'argent, et son visage était frais et rouge comme celui d'un homme vivant. Le prince Théodoric était là, et faisant un grand nombre de présens à cette église, il la confirma dans la possession de la plus grande partie des biens de Warnachaire. D'étonnans miracles éclatent incessamment par la volonté de Dieu sur le sépulcre du Saint depuis le jour où il a été trouvé. Cette année, mourut Æthérius, évêque de Lyon. Secondin fut ordonné évêque à sa place.

Cette année, Phocas, duc et patrice de la république romaine, revenant victorieux de la Perse, tua l'empereur Maurice, et s'empara de l'empire à sa place.

Dans la huitième année de son règne, Théodoric eut d'une concubine un fils qu'on nomma Childebert. On assembla un synode à Châlons, on ôta à Didier l'évêché de Vienne qui, à l'instigation d'Aridius, évêque de Lyon, et de Brunehault, fut donné à Domnole. Didier fut envoyé en exil dans une certaine île. Cette année, le soleil fut voilé. Dans le même temps, Bertoald, Franc d'origine, était maire du palais de Théodoric. C'était un homme de mœurs réglées, sage, prudent, brave dans les combats, et gardant sa foi envers tout le monde.

La neuvième année de son règne, Théodoric eut d'une concubine un fils nommé Corbus. Comme Protadius, Romain d'origine, était fort considéré de tous dans le palais, et que Brunehault dont il partageait le lit, voulait le combler de dignités, il fut nommé à la mort du duc Wandalmar, patrice de la contrée au-delà du Jura et du pays de Salins. Pour faire périr Bertoald, on l'envoya réclamer les droits du fisc, dans les bourgs et les cités situés sur les bords de la Seine jusqu'à l'Océan.

Bertoald partit seulement avec trois cents hommes pour les pays où il était envoyé par Théodoric; arrivé à la terre d'Arèles [1] il s'y livrait à la chasse; ce que

---

[1] Domaine royal situé, à ce qu'il paraît, dans le diocèse de Rouen, non loin du monastère de Saint-Vandrilles.

sachant, Clotaire envoya son fils Mérovée et Landri, maire du palais, avec une armée, pour tuer Bertoald. Cette armée se permit, contre les termes du traité, d'envahir la plupart des bourgs et des cités situés entre la Seine et la Loire et qui appartenaient à Théodoric.

Bertoald, en ayant reçu la nouvelle et n'étant pas en force pour résister, s'enfuit à Orléans, où il fut reçu par le saint évêque Austrin; Landri ayant entouré Orléans avec son armée, appela Bertoald pour qu'il en vînt aux mains. Bertoald lui répondit du haut du rempart : « Si tu veux m'attendre, pen-
« dant que les troupes resteront immobiles, nous
« engagerons un combat singulier, et Dieu nous ju-
« gera. » Mais Landri fut loin d'y consentir. Bertoald ajouta : « Puisque tu n'oses souscrire à cela,
« bientôt nos maîtres en viendront aux mains par
« suite de tout ce que vous faites. Couvrons-nous
« alors de vêtemens vermeils [1] ; précédons les autres
« au lieu où sera le combat, c'est là qu'on verra
« ma bravoure et la tienne; jurons l'un et l'autre de-
« vant Dieu que nous tiendrons cette promesse. »

Cela fait, le jour de la fête de saint Martin, Théodoric, ayant appris que, contre le traité, Clotaire avait envahi une partie de son royaume, traversa le Loet [2], se dirigea avec une armée, le jour de Noël, à Etampes, où Mérovée, fils du roi Clotaire, vint audevant de lui avec Landri et une grande armée. Comme l'endroit ou l'on passe le Loet était fort res-

---

[1] *Vestibus vermiclis*; costume des riches Francs dans les occasions solennelles, et surtout dans les combats singuliers.

[2] Petite rivière qui se jette dans la Juine un peu au-dessous d'Étampes.

serré, à peine le tiers de l'armée de Théodoric avait passé que le combat commença; Bertoald s'avança selon leur convention appelant Landri. Mais Landri n'osa pas, comme il l'avait promis, affronter le péril d'un tel combat. Bertoald s'étant trop avancé, fut tué avec les siens par l'armée de Clotaire; sachant que Protadius voulait le dégrader de sa dignité, il ne voulut pas s'échapper. Mérovée, fils de Clotaire, fut pris; Landri fut mis en fuite, et un grand nombre des soldats de Clotaire furent taillés en pièces. Théodoric entra en triomphe dans Paris, Théodebert conclut la paix avec Clotaire à Compiègne; et les deux armées retournèrent dans leur pays sans plus de carnage.

La dixième année du règne de Théodoric, Protadius, à l'instigation de Brunehault et par l'ordre de Théodoric, fut créé maire du palais. Il était d'une extrême finesse et d'une grande habileté en toutes choses, mais il exerça contre certains hommes de cruelles iniquités, accordant trop aux droits du fisc, et s'efforçant, par toute sorte d'artifices, de le remplir et de s'enrichir lui-même des dépouilles des biens d'autrui. Il s'appliquait à abaisser autant de nobles qu'il en pouvait trouver, pour qu'il n'en restât aucun en état de s'emparer du rang auquel il s'était élevé. Par ces persécutions acharnées, il se fit des ennemis de tous les sujets du royaume de Bourgogne.

Brunehault engageait continuellement son petit-fils Théodoric à faire marcher une armée contre Théodebert, lui disant : « Qu'il était fils, non de Childe-« bert, mais d'un certain jardinier. » Protadius le lui conseillait aussi. Théodoric ordonna enfin de lever une armée. Ayant campé, avec son armée, dans un endroit nommé Cerisy, Théodoric fut exhorté, par ses Leudes, à faire la paix avec Théodebert; Protadius seul l'excitait à engager le combat. Théodebert, avec les siens, n'était pas éloigné. Alors tous les guerriers de Théodoric en ayant trouvé l'occasion, se jetèrent sur Protadius, disant que la mort d'un seul homme était préférable au massacre de toute une armée. Protadius était assis dans la tente du roi Théodoric, jouant aux dés avec Pierre, premier médecin. Comme l'armée environnait déjà la tente, et les Leudes de Théodoric l'empêchant de sortir pour parler aux soldats, il envoya Uncilène pour leur ordonner, de sa part, qu'ils eussent à cesser de menacer Protadius. Uncilène, au contraire, alla dire sur-le-champ aux troupes : « Ainsi l'ordonne le roi Théodoric, que « Protadius soit tué. » S'étant jetés alors sur lui, et déchirant la tente du roi avec leurs épées, ils tuèrent Protadius. Théodoric, déconcerté, fut forcé de faire la paix avec son frère Théodebert, et, après la mort de Protadius, les deux armées retournèrent chez elles sans combat.

La onzième année du règne de Théodoric, Claude fut nommé maire du palais. Il était romain d'origine, homme prudent, enjoué dans ses récits, ferme en toutes choses, patient, sage dans le conseil, versé dans l'étude des lettres, rempli de fidélité, et faisant amitié avec tout le monde. Averti par l'exemple de ses prédécesseurs, il se montra, dans ce rang, doux et patient. Il n'avait que l'embarras d'un excessif embonpoint.

La douzième année du règne de Théodoric, Uncilène, qui avait insidieusement ordonné la mort de Protadius, eut, à l'instigation de Brunehault, les pieds coupés, et, dépouillé de ses biens, fut réduit à la condition la plus misérable.

Le patrice Wolf, qui avait trempé dans la mort de Protadius, fut, à l'instigation de Brunehault et par l'ordre de Théodoric, tué dans la métairie de Favernay; Richomer, romain, fut nommé patrice à sa place. La même année, Théodoric eut, d'une concubine, un fils nommé Mérovée, que Clotaire tint sur les fonts de baptême.

La même année, Théodoric envoya vers Witterich, roi d'Espagne, Aridius, évêque de Lyon, Roccon et Æpporin connétable, pour lui demander en mariage sa fille Ermenberge. Les envoyés ayant juré à Witterich que jamais Théodoric ne dégraderait sa fille du trône, elle leur fut remise, et ils la présentèrent dans Châlons à Théodoric qui la reçut avec joie et empressement. Par les intrigues de son aïeule Brunehault, Ermenberge ne partagea jamais le lit de son époux, à qui les discours de Brunehault et de sa sœur Theudilane la rendirent enfin odieuse. Au bout d'un an, Théodoric renvoya en Espagne Ermenberge dépouillée de ses trésors.

Witterich, indigné, envoya une députation à Clotaire; le député de Clotaire et celui de Witterich se rendirent auprès de Théodebert; les députés de Théodebert, de Clotaire et de Witterich allèrent trouver Agon [1], roi d'Italie. Ces quatre rois formèrent le projet de se coaliser pour attaquer de tous côtés Théodoric, lui enlever ses États et le condamner à

---

[1] Agilulf.

mort, tant ils avaient de crainte de lui. L'envoyé des Goths s'embarqua en Italie pour retourner par mer en Espagne. Mais, par la volonté divine, le projet de ces rois ne fut pas accompli. Théodoric, en ayant été informé, ne considéra ces desseins qu'avec un grand mépris.

Cette année Théodoric, suivant les conseils perfides d'Aridius, évêque de Lyon, et de son aïeule Brunehault, fit lapider saint Didier, revenu de son exil. Depuis le jour de sa mort, le Seigneur daigna constamment faire éclater à son tombeau d'étonnans miracles : ce qui doit faire croire que c'est à cause de ce crime que fut détruit le royaume de Théodoric et de ses fils.

Cette année, Witterich étant mort, fut remplacé sur le trône d'Espagne par Sisebod, homme sage, plein de piété, et célèbre par toute l'Espagne; car il combattit avec courage contre la république romaine, et soumit au royaume des Goths la Biscaye, qui avait autrefois appartenu aux Francs. Un duc nommé Francion, qui avait soumis la Biscaye dans le temps des Francs, avait long-temps payé des tributs au roi des Francs; mais cette province étant revenue à l'empire, les Goths s'en emparèrent, et Sisebod ayant pris plusieurs cités de l'empire romain situées sur le rivage de la mer, les détruisit de fond en comble. Comme l'armée de Sisebod taillait en pièces les Romains, Sisebod, rempli de piété, disait : « Malheur à moi, sous « le règne duquel il se fait une si grande effusion de « sang humain! » Il délivrait de la mort tous ceux qu'il rencontrait. L'empire des Goths en Espagne fut établi depuis le rivage de la mer jusques aux Pyrénées.

Agon[1], roi des Lombards, prit pour femme une sœur de Grimoald et de Gondoald, nommée Théodelinde, de la race des Francs, et autrefois promise à Childebert. Ce roi l'ayant méprisée par le conseil de Brunehault, Gondoald passa en Italie avec sa sœur Théodelinde et tous ses biens, et la donna en mariage à Agon[2]. Gondoald prit une femme de la noble nation des Lombards. Il en eut deux fils, nommés Gondebert et Charibert. Le roi Agon, fils du roi Autharis[3], eut de Théodelinde un fils, nommé Adoald, et une fille, nommée Gondoberge. Comme Gondoald était trop aimé des Lombards, le roi Agon et la reine Théodelinde, à qui il était déjà suspect, le firent percer d'une flèche pendant qu'il était assis sur un fauteuil pour satisfaire ses besoins, et il en mourut.

La treizième année du règne de Théodoric, Théodebert avait pour femme Bilichilde, que Brunehault avait achetée à des marchands. Comme Bilichilde était aimable et chérie de tous les Austrasiens, qu'elle dédommageait du pauvre esprit de Théodebert, elle ne se croyait en rien inférieure à Brunehault, et souvent elle l'insultait par ses messagers, pendant que de son côté cette reine lui reprochait d'avoir été sa servante; enfin, après qu'elles se furent réciproquement irritées par des ambassades et des paroles de ce genre, on convint d'une entrevue sur la frontière du Sundgau, afin que ces deux reines se réunissent et réta-

---

[1] Ou Agilulf.
[2] Toute l'histoire est ici bouleversée; Théodelinde, à cette époque, était déjà veuve d'Autharis, prédécesseur d'Agon sur le trône des Lombards. Voir, à ce sujet, Grégoire de Tours, liv. x, pag. 86, not. 2.
[3] Il n'était pas fils, mais simplement parent d'Autharis.

blissent la paix entre Théodoric et Théodebert ; mais Bilichilde, par le conseil des Austrasiens, refusa d'y venir.

La quatorzième année du règne de Théodoric, la réputation de saint Colomban s'était accrue dans les cités et dans toutes les provinces de la Gaule et de la Germanie. Il était tellement célébré et vénéré de tous que le roi Théodoric se rendait souvent auprès de lui à Luxeuil pour lui demander avec humilité la faveur de ses prières. Comme il y allait très-souvent, l'homme de Dieu commença à le tancer, lui demandant pourquoi il se livrait à l'adultère avec des concubines plutôt que de jouir des douceurs d'un mariage légitime ; de telle sorte que la race royale sortît d'une honorable reine et non pas d'un mauvais lieu. Comme déjà le roi obéissait à la parole de l'homme de Dieu et promettait de s'abstenir de toutes choses illicites, le vieux serpent se glissa dans l'ame de son aïeule Brunehault qui était une seconde Jézabel, et l'excita contre le saint de Dieu par l'aiguillon de l'orgueil. Voyant Théodoric obéir à l'homme de Dieu, elle craignit que, si son fils, méprisant les concubines, mettait une reine à la tête de la cour, elle ne se vît retrancher par là une partie de sa dignité et de ses honneurs. Il arriva qu'un certain jour saint Colomban se rendit auprès de Brunehault qui était alors dans le domaine de Bourcheresse[1]. La reine l'ayant vu venir dans la cour amena au saint de Dieu les fils que Théodoric avait eus de ses adultères. Les ayant vus, le saint demanda ce qu'ils lui voulaient. Brunehault lui dit : « Ce sont les fils du

[1] Entre Châlons et Autun.

« roi, donne-leur la faveur de ta bénédiction. » Colomban lui dit : « Sachez qu'ils ne porteront jamais le « sceptre royal, car ils sont sortis de mauvais lieux. » Elle, furieuse, ordonna aux enfans de se retirer. L'homme de Dieu étant sorti de la cour de la reine, au moment où il passait le seuil un bruit terrible se fit entendre, mais ne put réprimer la fureur de cette misérable femme qui se prépara à lui tendre des embûches. Elle fit ordonner par des messagers aux voisins du monastère de ne permettre à aucun des moines d'en dépasser les limites, et de ne leur accorder ni retraite, ni quelque secours que ce fût. Saint Colomban, voyant la colère royale soulevée contre lui, se rendit promptement à la cour, pour réprimer par ses avertissemens cet indigne acharnement. Le roi était alors à Espoisse, sa maison de campagne. Colomban y étant arrivé au soleil couchant, on annonça au roi que l'homme de Dieu était là et qu'il ne voulait pas entrer dans la maison du roi. Alors Théodoric dit qu'il valait mieux honorer à propos l'homme de Dieu que de provoquer la colère du Seigneur en offensant un de ses serviteurs. Il ordonna donc de préparer toutes choses avec une pompe royale, et d'aller au-devant du serviteur de Dieu. Ils vinrent donc, et, selon l'ordre du roi, offrirent leurs présens. Colomban, voyant qu'on lui présentait des mets et des coupes avec la pompe royale, demanda ce qu'ils voulaient. On lui dit : « C'est « ce que t'envoie le roi. » Mais, les repoussant avec malédiction, il répondit : « Il est écrit : le Très-Haut « réprouve les dons des impies; il n'est pas digne que « les lèvres des serviteurs de Dieu soient souillées de « ses mets, celui qui leur interdit l'entrée, non seule-

« ment de sa demeure, mais de celle des autres. » A ces mots, les vases furent mis en pièces, le vin et la bière répandus sur la terre, et toutes les autres choses jetées çà et là. Les serviteurs épouvantés allèrent annoncer au roi ce qui arrivait. Celui-ci, saisi de frayeur, se rendit, au point du jour, avec son aïeule auprès de l'homme de Dieu. Ils le supplièrent de leur pardonner ce qui avait été fait, promettant de se corriger par la suite. Colomban, apaisé par ces promesses, retourna au monastère : mais ils n'observèrent pas longtemps leurs promesses ; leurs misérables péchés recommencèrent, et le roi se livra à ses adultères accoutumés. A cette nouvelle, saint Colomban lui envoya une lettre pleine de reproches, le menaçant de l'excommunication s'il ne voulait pas se corriger. Brunehault, de nouveau irritée, excita l'esprit du roi contre saint Colomban, et s'efforça à le perdre de tout son pouvoir ; elle pria tous les seigneurs et tous les grands de la cour d'animer le roi contre l'homme de Dieu : elle osa solliciter aussi les évêques, afin qu'élevant des soupçons sur sa religion, ils accusassent la règle qu'il avait imposée à ses moines. Les courtisans, obéissant aux discours de cette misérable reine, excitèrent l'esprit du roi contre le saint de Dieu, l'engageant à le faire venir pour prouver sa religion. Le roi, entraîné, alla trouver l'homme de Dieu à Luxeuil, et lui demanda pourquoi il s'écartait des coutumes des autres évêques, et aussi pourquoi l'entrée de l'intérieur du monastère n'était pas ouverte à tous les chrétiens. Saint Colomban, d'un esprit fier et plein de courage, répondit au roi qu'il n'avait pas coutume d'ouvrir l'entrée de l'habitation des serviteurs de Dieu à des hommes séculiers et étrangers à la religion ; mais qu'il avait des endroits préparés et destinés à recevoir tous les hôtes. Le roi lui dit : « Si tu desires « t'acquérir les dons de notre largesse et le secours de « notre protection, tu permettras à tout le monde « l'entrée de tous les lieux du monastère. » L'homme de Dieu répondit : « Si tu veux violer ce qui a été « jusqu'à présent soumis à la rigueur de nos règles, « sache que je me refuserai à tes dons et à tous tes « secours ; et si tu es venu ici pour détruire les re- « traites des serviteurs de Dieu et renverser les règles « de la discipline, sache que ton empire s'écroulera « de fond en comble, et que tu périras avec toute la « race royale ; » ce que l'événement prouva dans la suite. Déjà d'un pas téméraire le roi avait pénétré dans le réfectoire ; épouvanté de ces paroles, il retourna promptement dehors. Il fut ensuite assailli des vifs reproches de l'homme de Dieu, à qui Théodoric dit : « Tu espères que je te donnerai la couronne du « martyre ; sache que je ne suis pas assez fou pour « faire un si grand crime ; mais reviens à des conseils « plus prudens qui te vaudront beaucoup d'avantages, « et que celui qui a renoncé aux mœurs de tous les « hommes séculiers rentre dans la voie qu'il a quit- « tée. » Les courtisans s'écrièrent tous d'une même voix qu'ils ne voulaient pas souffrir dans ces lieux un homme qui ne faisait pas société avec tous. Mais Colomban dit qu'il ne sortirait pas de l'enceinte du monastère, à moins d'en être arraché par force. Le roi s'éloigna donc laissant un certain seigneur, nommé Baudulf, qui chassa aussitôt le saint de Dieu du monastère et le conduisit en exil à la ville de Besançon jusqu'à ce que le roi décidât, par une sentence, ce qui lui plairait.

Le saint de Dieu s'aperçut qu'il n'était gardé ni outragé par personne ; car tout le monde voyait briller en lui la vertu de Dieu, ce qui empêchait qu'on ne lui fît aucune injure, de peur de participer au crime commis contre lui. Il monta un dimanche sur une cime escarpée, car telle est la position de la ville que les maisons sont bâties sur le penchant rapide de la montagne, franchissant des lieux d'un difficile accès et entourés de tous côtés par le fleuve du Doubs ; le saint attendit là jusqu'au milieu du jour, regardant au loin si quelqu'un était posté pour l'empêcher de retourner au monastère. Comme personne ne paraissait, il traversa la ville avec les siens et rentra dans sa retraite. A la nouvelle qu'il avait quitté le lieu de son exil, Brunehault et Théodoric, animés d'une plus violente colère, envoyèrent pour le chercher, sans retard, le comte Berthaire et Baudulf, dont nous avons parlé plus haut, avec une troupe de guerriers. Ils trouvèrent saint Colomban dans l'église, chantant des psaumes et des oraisons avec toute la communauté des frères, et ils parlèrent ainsi à l'homme de Dieu : « Nous te prions d'obéir aux ordres du roi « et aux nôtres, et de retourner à l'endroit d'où tu « es revenu ici. » Mais il répondit : « Je ne crois point « qu'il plaise au Créateur que je retourne dans un « lieu d'où je me suis éloigné pour obéir à la voix ter- « rible du Christ. » Voyant que l'homme de Dieu n'obéissait pas, Berthaire se retira, laissant quelques hommes d'un esprit plus hardi. Ceux-ci prièrent l'homme de Dieu d'avoir pitié d'eux, qui avaient été malheureusement laissés pour accomplir un si cruel dessein, et d'avoir égard à leur danger, car ils couraient risque de la mort s'ils ne l'enlevaient par force. Mais il leur dit qu'il avait déjà assez souvent répété que la violence seule pourrait le faire sortir. Les soldats, au milieu d'un double péril et en proie à plus d'une peur, saisirent le manteau dont le saint était enveloppé; d'autres s'étant jetés à ses genoux le supplièrent, en pleurant, de leur pardonner un si grand crime, car ils obéissaient non à leur volonté, mais aux ordres du roi. L'homme de Dieu voyant qu'il pourrait y avoir du danger s'il n'écoutait que la fierté de son cœur, sortit en pleurant et se désolant, accompagné de gardes qui ne devaient pas le quitter avant de l'avoir mis hors de toutes les terres soumises au pouvoir du roi. Le chef de ces soldats était Ragamond, qui le conduisit jusqu'à Nantes. Ainsi chassé du royaume de Théodoric le saint se disposa à retourner une seconde fois en Irlande. Mais comme nul prêtre ne doit prendre une route ou une autre qu'avec la permission du Seigneur [1], saint Colomban alla en Italie, et contruisit, dans un endroit nommé Bobbio, un monastère consacré à une sainte vie, et plein de jours, il monta vers le Christ.

La quinzième année du règne de Théodoric [2], l'Alsace où ce prince avait été élevé, et qu'il possédait par l'ordre de son père Childebert, fut ravagée, à la

---

[1] Ceci fait allusion à la tempête qui repoussa sur les côtes de Bretagne le vaisseau sur lequel saint Colomban s'était embarqué pour retourner en Irlande; tempête qui fut regardée comme un signe de la volonté de Dieu.

[2] En 610.

manière des Barbares, par Théodebert. C'est pourquoi les deux rois tinrent à Seltz un plaid où le jugement des Francs devait assigner les limites des deux royaumes. Théodoric s'y rendit avec dix mille soldats, Théodebert s'avança avec une grande armée d'Austrasiens, dans l'intention de lui livrer bataille : Théodoric entouré de toutes parts, contraint et saisi de frayeur, assura l'Alsace à Théodebert par un traité. Il perdit aussi le pays de Sundgau, la Thurgovie et la Champagne qu'il réclamait souvent. Chacun retourna ensuite chez soi.

Dans ce temps les Allemands entrèrent en ennemis dans le pays d'Avenches, situé au-delà du Jura et le ravagèrent. Les comtes Abbelin et Herpin, avec d'autres comtes du pays, marchèrent à la tête d'une armée au devant des Allemands. Les deux armées en vinrent aux mains ; les Allemands vainquirent les gens du pays Transjuran, dont ils massacrèrent et taillèrent en pièces un grand nombre ; ils mirent à feu et à sang la plus grande partie du territoire d'Avenches, et emmenèrent captifs beaucoup d'habitans, après quoi ils retournèrent chez eux chargés de butin.

Théodoric méditait continuellement sur la manière dont il pourrait détruire Théodebert pour se venger de tant d'injures. Cette année Bilichilde fut tuée par Théodebert, qui prit pour femme une jeune fille nommé Theudichilde.

La seizième année de son règne, Théodoric envoya une députation à Clotaire, déclarant qu'il marcherait contre Théodebert, parce qu'il n'était pas son frère, si Clotaire ne prêtait pas à celui-ci son secours, et disant que s'il remportait la victoire sur Théodebert, il remettrait au pouvoir de Clotaire le duché de Dentelin, dont nous avons parlé ci-dessus. Des députés ayant réglé ces conventions entre Théodoric et Clotaire, Théodoric leva une armée.

La dix-septième année de son règne, et au mois de mai, l'armée de Théodoric, venant de toutes les provinces du royaume, se rendit à Langres. Marchant par Andelot, après avoir pris Naz, elle s'avança vers la ville de Toul. Théodebert s'étant mis en marche avec une armée d'Austrasiens, ils en vinrent aux mains dans la campagne de Toul. Théodoric vainquit Théodebert, et tailla en pièces son armée; un grand nombre de braves guerriers furent massacrés. Théodebert ayant pris la fuite, traversa le territoire de Metz, les montagnes des Vosges, et parvint à Cologne. Comme Théodoric le poursuivait avec son armée, le saint apôtre Léonise, évêque de Mayence, qui aimait la vaillance de Théodoric et détestait l'imbécillité de Théodebert, vint vers Théodoric et lui dit : « Achève ce que tu as commencé; il faut que tu « en considères bien la nécessité. Une fable rustique « dit qu'un loup étant monté sur une montagne, et « ses fils ayant commencé à chasser, il les appela vers « lui sur la montagne, leur disant : Aussi loin que « votre vue peut s'étendre de chaque côté, vous n'a- « vez point d'amis si ce n'est quelques-uns de votre « race. Achevez donc ce que vous avez commencé. » Théodoric ayant traversé avec son armée la forêt des Ardennes, arriva à Tolbiac. Là, Théodebert s'avança contre Théodoric avec des Saxons, des Thuringiens ou d'autres peuples des pays au-delà du Rhin,

En 612.

et tout ce qu'il avait pu rassembler, et le combat s'engagea une seconde fois. On rapporte que jamais une pareille bataille ne fut livrée par les Francs et les autres nations. Il se fit un si grand carnage des deux armées que, là où les phalanges combattaient, les cadavres des hommes tués n'avaient pas de place pour tomber, et qu'ils demeuraient debout et serrés, les cadavres soutenant les cadavres, comme s'ils eussent été vivans. Par le secours du Seigneur, Théodoric vainquit encore Théodebert, dont l'armée fut taillée en pièces depuis Tolbiac jusqu'à Cologne. Théodoric couvrit le pays de ses soldats, et s'avança le jour même jusqu'à Cologne, où il s'empara des trésors de Théodebert. Il envoya à la poursuite de Théodebert, au-delà du Rhin, son camérier Berthaire, qui, l'ayant vivement poursuivi pendant qu'il fuyait avec un petit nombre de ses soldats, l'amena captif à Cologne auprès de Théodoric, qui le fit dépouiller de ses vêtemens royaux, et donna à Berthaire son cheval avec la housse du roi. Théodebert fut conduit enchaîné à Châlons; son jeune fils, nommé Mérovée, fut saisi, par l'ordre de Théodoric; un soldat le prit par les pieds, le frappa contre une pierre, et, ayant eu la cervelle brisée, il rendit l'ame. Clotaire, selon son traité avec Théodoric, prit en son pouvoir tout le duché de Dentelin. A cause de cela Théodoric, enflammé d'une trop grande colère, car il était déjà maître de toute l'Austrasie, fit marcher son armée contre Clotaire.

La dix-huitième année de son règne [1], Théodoric fit faire des levées dans l'Austrasie et la Bourgogne,

[1] En 613.

envoyant auparavant une ambassade à Clotaire, pour qu'il renonçât entièrement au duché de Dentelin, et lui disant qu'autrement Théodoric lui viendrait avec une armée inonder son royaume de toutes parts. L'événement prouva ce que les députés avaient annoncé.

Mais, au moment où Théodoric marchait avec une armée contre Clotaire, il mourut à Metz d'un flux de ventre. Ses troupes s'en retournèrent aussitôt dans leur pays. Brunehault, demeurant à Metz avec les quatre fils de Théodoric, Sigebert, Childebert, Corbus et Mérovée, s'efforça d'établir Sigebert dans le royaume de son père.

Clotaire, à l'instigation de la faction d'Arnoul, de Pepin et des autres grands, entra en Austrasie. Lorsqu'il fut près d'Andernach, Brunehault, qui demeurait à Worms avec les fils de Théodoric, envoya en leur nom à Clotaire les députés Chadoin et Herpon, lui demandant de s'éloigner du royaume que Théodoric avait laissé à ses fils. Clotaire répondit à Brunehault qu'il promettait de se conformer à ce que jugeraient entre eux, et avec l'aide de Dieu, les principaux d'entre les Francs. Brunehault envoya alors, dans la Thuringe, Sigebert, l'aîné des fils de Théodoric, avec Warnachaire, maire du palais, Alboin et d'autres grands, pour qu'ils engageassent dans son parti les peuples d'outre Rhin, afin qu'on pût résister à Clotaire. Elle envoya ensuite à Alboin une lettre pour l'avertir, ainsi que les autres grands, de tuer Warnachaire, parce qu'il voulait passer dans le parti de Clotaire. Alboin, après avoir lu cette lettre, la déchira et la jeta à terre. Un serviteur de Warnachaire l'ayant trouvée, en rassembla les morceaux sur une tablette enduite de cire. Warnachaire ayant lu la lettre, vit qu'il courait risque de la vie, et commença à rechercher comment il pourrait se défaire des fils de Théodoric et faire élire Clotaire à leur royaume. Il détacha, par des avis secrets, du parti de Brunehault et des fils de Théodoric, les peuples qui s'y étaient engagés. Revenus ensuite auprès de Brunehault et des fils de Théodoric, ils rentrèrent tous en Bourgogne, s'efforçant, par des messages, de lever une armée dans toute l'Austrasie.

Les seigneurs de la Bourgogne, tant les évêques que les autres Leudes, craignant et haïssant Brunehault, tinrent conseil, avec Warnachaire, pour qu'aucun des fils de Théodoric n'échappât, qu'on les tuât tous avec Brunehault, et qu'on donnât leur royaume à Clotaire; ce qui en effet arriva. Par l'ordre de Brunehault et de Sigebert, fils de Théodoric, une armée de Bourguignons et d'Austrasiens marcha contre Clotaire. Sigebert s'étant avancé dans la Champagne, sur le territoire de Châlons-sur-Marne, et vers les bords de l'Aisne, Clotaire vint à sa rencontre avec une armée, ayant déjà avec lui un grand nombre d'Austrasiens du parti de Warnachaire, maire du palais, avec qui il avait déjà traité, ainsi qu'avec le patrice et les ducs Aléthée, Roccon, Sigoald et Eudelan. Au moment où on allait en venir aux mains, et à un certain signal, l'armée de Sigebert prit la fuite pour retourner dans son pays. Clotaire, comme il en était convenu, la poursuivit avec peu d'ardeur, et arriva à la Saône. Il prit trois des fils de Théodoric, Sigebert, Corbus et Mérovée, qu'il avait tenu sur les fonts de baptême; Childebert échappa par la fuite et ne reparut jamais. L'armée des Austrasiens retourna toute entière dans son pays. Trahie par Warnachaire, maire du palais, et par la plupart des grands du royaume de Bourgogne, Brunehault fut arrêtée par le connétable Herpon, à Orbe, bourg au-delà du Jura, et conduite à Clotaire avec Theudelane, sœur de Théodoric, à Ryonne, village situé sur la Vigenne. Clotaire fit tuer Sigebert et Corbus, fils de Théodoric. Touché de compassion pour Mérovée, qu'il avait tenu sur les fonts de baptême, il le fit emmener secrètement en Neustrie, et le recommanda au comte Ingobad. Mérovée vécut plusieurs années dans ce pays.

Brunehault ayant été amenée en la présence de Clotaire, enflammé de haine contre elle, il lui imputa la mort de dix rois francs, c'est-à-dire, Sigebert, Mérovée, son père Chilpéric, Théodebert et son fils Clotaire, Mérovée, fils de Clotaire, Théodoric et ses trois fils, qui venaient de périr. L'ayant ensuite tourmentée pendant trois jours par divers supplices, il la fit conduire à travers toute l'armée, assise sur un chameau, et attacher ensuite par les cheveux, par un pied et par un bras, à la queue d'un cheval extrêmement fougueux; et ses membres furent disloqués par les coups de pied et la promptitude de la course du cheval.

Warnachaire fut créé maire du palais de la Bourgogne, après avoir reçu de Clotaire le serment de n'être jamais écarté durant sa vie. Radon obtint la même dignité en Austrasie. Tout le royaume des Francs, comme il était arrivé sous le premier Clotaire, tomba au pouvoir de Clotaire avec tous les trésors, et il le gouverna avec bonheur pendant seize ans, demeurant en paix avec toutes les nations voisines. Clotaire était rempli de douceur, savant dans les belles-lettres, craignant Dieu, magnifique protecteur des églises et des prêtres, faisant l'aumône aux pauvres, se montrant bon envers tout le monde et plein de piété, se livrant seulement avec trop d'ardeur à la chasse, et accordant trop aux suggestions des femmes et des jeunes filles ; à cause de quoi il fut blâmé par ses Leudes.

Après s'être ainsi emparé, dans la trentième année de son règne[1], des royaumes de Bourgogne et d'Austrasie, Clotaire créa Herpon, Franc d'origine, duc du pays situé au-delà du Jura, à la place d'Eudelan. Herpon ayant commencé à établir la paix dans ce pays, en réprimant les méchans, fut tué dans une rébellion par les habitans du pays eux-mêmes, excités par le patrice Aléthée, l'évêque Leudemond et le comte Herpon. Clotaire étant venu à Marlheim en Alsace avec la reine Bertrude, rétablit la paix, et punit par le glaive un grand nombre de mauvaises gens.

Leudemond, évêque de Sion, étant venu secrètement auprès de la reine Bertrude, lui tint, par le conseil d'Aléthée, de coupables discours, lui disant que Clotaire mourrait cette année de manière ou d'autre, et l'engagea à transporter secrètement dans la ville de Sion autant de trésors qu'elle pourrait, parce que cette ville était très-sûre ; et qu'Aléthée était disposé à abandonner sa femme, pour épouser Bertrude, attendu qu'étant du sang royal des Bourguignons, il pourrait, après Clotaire, s'emparer du

[1] En 613.

royaume. A ces paroles, la reine, craignant que ce ne fût vrai, se retira dans sa chambre, fondant en larmes. Leudemond, voyant que cette conversation le mettait en péril, s'enfuit pendant la nuit à Sion; il se cacha ensuite à Luxeuil, auprès de l'abbé Austase qui, plus tard, lui fit obtenir le pardon de Clotaire, et la permission de retourner dans sa ville.

Clotaire, alors avec ses grands dans sa maison de Maslay, fit venir vers lui Aléthée : son odieux dessein ayant été prouvé, il périt par le glaive.

La trente-troisième année de son règne [1], Clotaire fit venir vers lui à Bonneuil Warnachaire, maire du palais, tous les évêques et les barons de Bourgogne, et faisant droit à leurs justes demandes, il leur confirma par des lettres écrites tout ce qu'il leur avait accordé [2].

Je rapporterai de quelle manière les Lombards payaient aux Francs, tous les ans, un tribut de douze mille sous d'or, et comment ils leur cédèrent deux villes, Aost et Suze, avec leur territoire. Cleph, leur roi, étant mort, ils passèrent douze ans soumis à douze ducs, et sans rois. Dans ce temps, ils firent une irruption dans le royaume des Francs, et en compensation de tant d'audace, ils cédèrent au roi Gontran les villes d'Aost et de Suze, ainsi que leur territoire et leurs habitans. Ils envoyèrent ensuite une députation à l'empereur Maurice. Les douze ducs envoyèrent chacun un député pour demander à l'empereur paix

---

[1] En 616.

[2] Cette ordonnance de Clotaire, qu'on rapporte communément à l'an 615, nous est parvenue presque entière ; c'est un des monumens législatifs les plus curieux de cette époque.

et protection; ils envoyèrent aussi d'autres députés vers Gontran et Childebert pour acheter la protection et le secours des Francs, par un tribut de douze mille sous que ces douze ducs paieraient tous les ans; ils offraient aussi de céder au roi Gontran une vallée dite Ametége, et voulaient s'assurer par ces députés l'alliance qui leur conviendrait le mieux; ils se mirent ensuite, avec un entier dévouement, sous la protection des Francs.

Bientôt, avec la permission de Gontran et de Childebert, les Lombards élurent pour roi le duc Autharis. Un autre duc, nommé aussi Autharis, se soumit à la domination de l'empereur avec tout son duché, et lui demeura fidèle. Le roi Autharis paya tous les ans le tribut promis aux Francs par les Lombards. Après sa mort, son fils Agon[1], étant monté sur le trône, l'acquitta également.

La trente-quatrième année du règne de Clotaire, le roi Agon envoya vers ce prince trois nobles députés lombards, Agiulf, Pompège et Gauton, pour le prier de remettre à sa nation les douze mille sous d'or qu'elle payait tous les ans aux Francs; et avec adresse ces députés donnèrent secrètement trois mille sous d'or, dont mille à Warnachaire, mille à Gondeland, et mille à Chuc; ils offrirent en même temps à Clotaire trente-six mille sous d'or. Le roi remit le tribut aux Lombards, et s'unit avec eux par serment d'une amitié éternelle.

La trente-cinquième année du règne de Clotaire, mourut la reine Bertrude que Clotaire chérissait d'u-

[1] Ce n'était pas son fils.

nique amour, et fort aimée aussi par les Leudes qui voyaient sa bonté.

La trente-neuvième année de son règne [1], Clotaire associa à son royaume son fils Dagobert, et l'établit roi sur les Austrasiens, gardant pour lui ce qui s'étendait vers la Neustrie et la Bourgogne, au-delà des Ardennes et des Vosges.

La quarantième année du règne de Clotaire, un certain homme, nommé Samon, de la nation des Francs, s'associa plusieurs hommes du Sundgau qui faisaient le négoce avec lui, et se rendit chez les Esclavons, surnommés les Wénèdes, pour y commercer. Les Esclavons avaient déjà commencé à se soulever contre les Avares, surnommés les Huns, et contre leur roi Gagan [2]. Les Wénèdes, surnommés *Bifulci*, étaient depuis long-temps alliés des Huns : lorsque les Huns attaquaient quelque nation, ils se tenaient rangés en bataille devant leur camp, et les Wénèdes combattaient : s'ils remportaient la victoire, alors les Huns s'avançaient pour piller ; si les Wénèdes étaient vaincus, les Huns venaient à leur secours. Ils appelaient les Wénèdes Bifulces, parce qu'ils combattaient deux fois, attaquant toujours avant les Huns. Les Huns venaient tous les ans passer l'hiver chez les Esclavons ; ils prenaient pour leur lit les femmes et les filles des Esclavons, qui leur payaient des tributs, outre bien d'autres oppressions. Les fils des Huns qu'ils avaient eus des femmes et des filles esclavonnes, ne pouvant à la fin supporter cette honte et ce joug,

---

[1] En 622.

[2] Gagan n'est pas un nom propre, le roi des Avares s'appelait *le Chagan* ; de là la méprise de Frédégaire.

refusèrent, comme je l'ai dit, d'obéir aux Huns, et commencèrent à se soulever. Les Wénèdes s'étant avancés contre les Huns, le marchand Samon alla avec eux, et sa bravoure fut si grande qu'elle excita l'admiration; aussi les Wénèdes taillèrent en pièces un nombre étonnant de Huns. Les Wénèdes voyant la bravoure de Samon, le créèrent leur roi, et il les gouverna pendant trente-cinq ans avec bonheur. Sous son règne, les Wénèdes soutinrent contre les Huns plusieurs combats, et par sa prudence et son courage, ils furent toujours vainqueurs. Samon avait douze femmes de la nation des Wénèdes, et il en eut vingt-deux fils et quinze filles.

Cette même année, Adaloald, roi des Lombards et fils du roi Agon, ayant succédé à son père, reçut avec bienveillance un député de l'empereur Maurice, nommé Eusèbe, qui venait vers lui plein de ruse. Frotté dans le bain de je ne sais quel onguent, à la persuasion de cet Eusèbe, en sortant du bain, il ne pouvait faire autre chose que ce à quoi Eusèbe l'engageait. Il se laissa persuader par lui de tuer tous les grands et tous les seigneurs du royaume des Lombards, et, après leur mort, de se livrer lui et toute la nation des Lombards entre les mains de l'empereur Maurice. Lorsqu'il en eut fait mettre douze à mort sans aucun motif, les autres s'aperçurent qu'ils étaient en danger de la vie. Alors tous les grands et les seigneurs lombards, d'un avis unanime, élurent pour roi Charoald[1], duc de Turin, qui avait épousé Gondeberge, sœur du roi Adaloald; celui-ci mourut empoisonné. Charoald prit aussitôt le royaume. Tason,

[1] En 626.

un des ducs lombards, qui gouvernait la province de la Toscane, enflé d'orgueil, se souleva contre le roi Charoald.

La reine Gondeberge, belle à voir, bienveillante envers tout le monde, remplie de piété et de religion, généreuse en aumônes, était chérie de tous à cause de sa bonté. Comme un certain homme de la nation des Lombards nommé Adalulf, et qui venait assidûment au palais pour rendre ses devoirs au roi, se trouvait une fois en sa présence, la reine, qui l'aimait de même que les autres, dit qu'il était d'une belle taille. Adalulf l'ayant entendu, dit tout bas à la reine : « Vous avez daigné louer ma taille; permettez-« moi d'entrer dans votre lit. » La reine le refusant avec force et le méprisant, lui cracha au visage. Adalulf voyant qu'il courait risque de la vie, se rendit en toute hâte vers le roi Charoald, demandant à lui expliquer en secret ce qu'il avait à lui dire. Ayant donc choisi un endroit, il dit au roi : « Ma maîtresse, « ta reine Gondeberge, a parlé en secret pendant trois « jours avec le duc Tason; elle veut t'empoisonner, « et, épousant Tason, l'élever sur le trône. » Le roi Charoald ajoutant foi à ces mensonges, envoya la reine en exil à Lumello, la faisant renfermer dans une tour. Clotaire ayant envoyé des députés au roi Charoald, pour s'informer du motif pour lequel il humiliait la reine Gondeberge, parente des Francs, et pourquoi il la tenait en exil, Charoald répondit par les mensonges ci-dessus rapportés, comme s'ils eussent été véritables. Alors un des députés nommé Ansoald, sans que cela lui eût été enjoint, mais de lui-même, dit à Charoald : « Tu pourrais arranger

« cette affaire sans blâme : ordonne à l'homme qui
« t'a rapporté ces choses de s'armer, et qu'un autre
« homme, pour le compte de la reine, s'avance vers
« lui, afin qu'ils se battent en combat singulier ; on
« verra par le jugement de Dieu si la reine Gonde-
« berge est coupable ou innocente de cette faute. » Ce
conseil ayant plu au roi Charoald et à tous les grands
de la cour, il ordonna à Adalulf de s'armer pour le
combat, et un cousin de Gondeberge, nommé Pitton,
s'avança contre Adalulf. Ayant donc combattu ensemble, Adalulf fut tué par Pitton. Aussitôt Gondeberge
fut tirée d'exil après trois ans, et rétablie sur le trône.

La quarante-unième année du règne de Clotaire[1],
comme Dagobert régnait heureusement en Austrasie,
un certain seigneur de la race des Agilolfinges[2],
nommé Chrodoald, encourut le courroux de Dagobert, d'après le conseil du saint évêque Arnoul, de
Pepin maire du palais, ainsi que d'autres grands d'Austrasie ; car cet homme, très-riche lui-même, était un
continuel ravisseur du bien des autres, plein d'orgueil, d'insolence, et qui n'avait rien de bon. Dagobert voulant le tuer à cause de ses crimes, Chrodoald s'enfuit auprès de Clotaire, le priant de vouloir bien obtenir sa grâce de son fils. Clotaire ayant
vu Dagobert, entre autres paroles, lui demanda la
vie de Chrodoald ; Dagobert promit que si Chrodoald se corrigeait de ses mauvaises pratiques, il ne
courrait pas risque de la vie ; mais aussitôt après,
Chrodoald étant venu vers Dagobert, à Trèves, il
fut tué sur-le-champ par son ordre. Un homme de

---

[1] En 624.
[2] Nom de la famille qui donnait aux Bavarois des ducs héréditaires.

Scharpeigne[1], nommé Berthaire, lui trancha la tête avec son épée à la porte de la chambre du roi.

La quarante-deuxième année du règne de Clotaire[2], Dagobert vint par l'ordre de son père avec ses Leudes, dans un appareil royal, à Clichy près de Paris, et reçut en mariage la sœur de la reine Sichilde, nommée Gomatrude. Le troisième jour après les noces, il s'éleva entre Clotaire et Dagobert son fils, une sérieuse querelle. Dagobert demandait tout ce qui appartenait au royaume d'Austrasie, pour le soumettre à sa domination, et Clotaire refusait avec force de le lui céder. Ces deux rois choisirent douze seigneurs d'entre les Francs, pour que leur jugement terminât cette contestation ; parmi ces seigneurs était Arnoul, évêque de Metz, ainsi que d'autres évêques ; et selon sa sainteté, il parlait toujours de paix au père et au fils. Enfin, les évêques et les plus sages seigneurs accordèrent le fils avec le père, qui lui céda ce qui appartenait au royaume des Austrasiens, ne gardant que ce qui était situé en deçà de la Loire et du côté de la Provence.

La quarante-troisième année du règne de Clotaire, mourut Warnachaire, maire du palais. Son fils Godin, d'un esprit léger, épousa cette année même sa belle-mère Berthe. Clotaire, enflammé contre lui d'une extrême colère, ordonna au duc Arnebert, qui était marié à une sœur de Godin, de l'attaquer avec une armée et de le tuer. Godin voyant son danger s'enfuit avec sa femme en Austrasie, auprès du roi Dagobert, et saisi d'une grande crainte du roi se réfugia

---

[1] *Scarpona*; bourg à peu de distance de Pont-à-Mousson.
[2] En 625.

dans l'église de Saint-Evre. Dagobert envoyait souvent des députés au roi Clotaire, pour lui demander la grâce de Godin; Clotaire promit enfin de la lui accorder, à condition qu'il abandonnerait Berthe qu'il avait épousée contre les ordonnances des canons. Godin abandonna Berthe et retourna dans le royaume de Bourgogne; mais Berthe se rendit aussitôt auprès de Clotaire, et lui dit: « que si Godin se présentait de« vant Clotaire, il voudrait tuer le roi lui-même.» Godin fut alors, par l'ordre de Clotaire, conduit dans les principaux lieux saints, à l'église de Saint-Médard de Soissons, et de Saint-Denis, à Paris, pour qu'il y jurât d'être toujours fidèle à Clotaire: c'était afin de trouver un lieu propice pour le tuer, lorsqu'il serait séparé des siens. Chramnulf, un des grands, et Waldebert, domestique du roi, dirent à Godin qu'il fallait qu'il allât encor à Orléans dans l'église de Saint-Anien, et à Tours dans celle de Saint-Martin, pour y renouveler ses sermens. Lorsqu'il fut arrivé dans le faubourg de Chartres, à l'heure du repas, dans une petite métairie indiquée par Chramnulf lui-même, Chramnulf et Waldebert se jetèrent sur lui avec une troupe et le tuèrent; ils massacrèrent quelques-uns de ceux qui étaient restés avec lui, et laissèrent fuir les autres après les avoir dépouillés.

Cette année, Pallade et son fils Sidoc, évêque d'Eause, accusés par le duc Æginan d'avoir trempé dans la rébellion des Gascons, furent envoyés en exil. Boson, fils d'Audolène, du pays d'Étampes, fut tué par le duc Arnebert d'après l'ordre de Clotaire, qui l'accusait d'adultère avec la reine Sichilde. Cette année Clotaire assembla à Troyes les grands et les Leudes de Bourgogne, et leur demanda s'ils voulaient créer un autre maire du palais à la place de Warnachaire qui était mort. Mais ils le refusèrent unanimement, disant qu'ils ne voulaient jamais élire de maire du palais, et demandant au roi avec instance la faveur de traiter avec lui.

La quarante-quatrième année de son règne les évêques et tous les grands de son royaume, tant de Neustrie que de Bourgogne, s'étant réunis à Clichy pour le service du roi et de la patrie, un homme, nommé Herménaire, qui était gouverneur du palais de Charibert, fils de Clotaire, fut tué par les serviteurs d'Æginan, seigneur saxon d'origine. Il s'en serait suivi un grand carnage, si la sagesse de Clotaire ne fût intervenue et n'eût mis ses soins à tout réprimer. Æginan se retira par l'ordre de Clotaire sur le Mont-Martre, ayant avec lui un grand nombre de guerriers. Brodulf, oncle de Charibert, ayant rassemblé une troupe, voulait se jeter sur lui avec Charibert. Clotaire ordonna expressément aux barons de la Bourgogne d'écraser avec leurs troupes le parti qui voudrait se soustraire à son jugement : cet ordre du roi pacifia les deux partis.

Clotaire mourut dans la quarante-cinquième année de son règne[1] et fut enseveli dans l'église de Saint-Vincent, dans un faubourg de Paris. Dagobert, apprenant la mort de son père, ordonna à tous les Leudes qui lui étaient soumis en Austrasie de s'assembler en armée ; il envoya des députés en Bourgogne et en Neustrie pour se faire élire roi. Étant venu à Rheims et s'étant approché de Soissons, tous les évêques et

[1] En 628.

tous les Leudes du royaume de Bourgogne se soumirent à lui. Un grand nombre d'évêques et de seigneurs de Neustrie parurent aussi desirer de lui obéir. Charibert, son frère, s'efforça de s'emparer du royaume; mais, à cause de son imbécillité, sa volonté eut peu d'effet. Brodulf, son oncle, voulant l'établir sur le trône, commença à se soulever contre Dagobert ; mais l'événement en décida autrement.

Dagobert, ayant pris possession de tout le royaume de Clotaire, tant de la Neustrie que de la Bourgogne, et s'étant emparé des trésors, touché enfin de compassion, céda à son frère Charibert, pour transiger et par de sages conseils, le pays situé entre la Loire et l'Espagne, du côté de la Gascogne, et les cantons et cités des Pyrénées, les cantons de Toulouse, Cahors, Agen, Périgueux, Saintes, et tout ce qui est du côté des Pyrénées. Il confirma cette donation par des traités, pour que Charibert, dans aucun temps, ne pût réclamer de Dagobert rien du royaume de son père. Charibert établit sa résidence à Toulouse, et la troisième année de son règne, avec une armée, il soumit à son pouvoir toute la Gascogne, et par là étendit un peu plus son royaume.

Dagobert régnant déjà depuis sept ans, et en possession, comme nous l'avons dit, de la plus grande partie du royaume de son père, alla en Bourgogne[1]. L'arrivée de Dagobert frappa d'une si grande crainte les évêques, les grands et tous les Leudes du royaume de Bourgogne, que c'était une chose étonnante ; mais il procura une grande joie aux pauvres en leur rendant justice. Lorsqu'il vint à Langres, il jugea avec

[1] En 629.

tant d'équité tous les Leudes, les pauvres comme les riches, que partout on le regarda comme tout-à-fait agréable à Dieu ; aucun présent, aucune acception de personnes ne pouvaient réussir auprès de lui ; le très-haut Seigneur gouvernait par la seule justice. Étant ensuite allé à Dijon, et ayant passé quelques jours dans Saint-Jean-de-Losne, il établit avec un grand soin la justice sur tout le peuple de son royaume ; animé de ce bon desir, il ne mangeait ni ne dormait, voulant que tout le monde s'en retournât de sa présence après avoir obtenu justice. Le même jour qu'il voulait partir de Saint-Jean-de-Losne pour Châlons, étant entré dans le bain avant le jour, il fit tuer Brodulf, oncle de son frère Charibert, par les ducs Amalgaire et Arnebert et par le patrice Willibade.

Étant allé ensuite à Auxerre par Autun, il vint à Paris par la ville de Sens, et, abandonnant la reine Gomatrude à Reuilly, où il l'avait épousée, il se maria à une jeune fille, nommée Nantéchilde, et la fit reine. Depuis le commencement de son règne, suivant les conseils de saint Arnoul, évêque de Metz, et de Pepin, maire du palais, il gouvernait l'Austrasie avec tant de bonheur qu'il était loué par toutes les nations. Son courage avait tellement semé l'épouvante que tous les peuples se soumettaient à lui avec empressement, à tel point que les nations qui habitent sur la frontière des Avares et des Esclavons desiraient fort qu'il marchât contre ceux-ci, promettant hardiment qu'il les subjuguerait et tout le pays jusqu'aux terres de la république romaine. Après la mort de saint Arnoul, aidé des conseils de Pepin, maire du palais, et de Chunibert, évêque de Cologne, il gouverna tous ses sujets avec tant de bonheur et d'amour pour la justice qu'aucun des rois Francs ses prédécesseurs ne fut loué plus que lui. Il en fut ainsi jusqu'à son arrivée à Paris.

La huitième année de son règne, comme il parcourait l'Austrasie avec une pompe royale, il admit dans son lit une jeune fille, nommée Ragnetrude, dont il eut cette année un fils, nommé Sigebert.

De retour en Neustrie, il se plut dans la résidence de son père Clotaire, et résolut d'y demeurer continuellement. Oubliant alors la justice qu'il avait autrefois aimée, enflammé de cupidité pour les biens des églises et des Leudes, il voulut, avec les dépouilles qu'il amassait de toutes parts, remplir de nouveaux trésors. Adonné outre mesure à la débauche, il avait, comme Salomon, trois reines et une multitude de concubines. Ses reines étaient Nantéchilde, Vulfégonde et Berchilde. Je m'ennuierais d'insérer dans cette chronique les noms de ses concubines, tant elles étaient en grand nombre. Son cœur devint corrompu, et sa pensée s'éloigna de Dieu; cependant en la suite (et plût à Dieu qu'il eût pu mériter par là les récompenses éternelles!) il distribua des aumônes aux pauvres avec une grande largesse, et, s'il n'eût pas détruit le mérite de ces œuvres par son excessive cupidité, il aurait mérité le royaume des cieux.

Les Leudes gémissaient de la méchanceté de Dagobert; ce que voyant, Pepin, le plus habile de tous, très-sage dans le conseil, rempli de fidélité et chéri de tous, à cause de cet amour pour la justice qu'il avait inspiré à Dagobert tant que celui-ci l'avait écouté, continua de se montrer équitable, ne s'éécarta point de la voie du bien, et lorsqu'il s'approchait de Dagobert, il se conduisait prudemment envers tout le monde, et adroitement en toutes choses. La jalousie des Austrasiens s'éleva contre lui, et ils s'efforcèrent de le rendre odieux à Dagobert afin de le tuer. Mais l'amour de Pepin pour la justice et sa crainte de Dieu le préservèrent de tout mal. Cette année il alla trouver le roi Charibert avec Sigebert fils de Dagobert.

Charibert étant venu à Orléans, tint Sigebert sur les fonts de baptême. Parmi les Neustriens, Æga était en crédit auprès de Dagobert.

Cette année, les députés Servat et Paterne, que Dagobert avait envoyés vers l'empereur Héraclius, revinrent auprès de lui, annonçant qu'ils avaient conclu une paix éternelle avec Héraclius. Je ne passerai pas sous silence les miracles opérés par Héraclius.

Pendant qu'Héraclius était patrice de toutes les provinces d'Afrique, le tyran Phocas, qui avait tué l'empereur Maurice et s'était emparé de l'empire, régnait avec cruauté, et jetait comme un fou les trésors dans la mer, disant qu'il faisait des présens à Neptune : les sénateurs voyant que par sa folie il allait détruire l'empire, formèrent un parti pour Héraclius, firent saisir Phocas, et après lui avoir coupé les pieds et les mains, et attaché une pierre au cou, on le jeta dans la mer. Héraclius du consentement du sénat fut élevé à l'empire. Un grand nombre de provinces avaient été, sous les empereurs Maurice et Phocas, dévastées par les invasions des Perses [1].

[1] L'histoire d'Héraclius et de ses guerres contre les Perses est trop connue pour qu'il soit nécessaire de relever successivement toutes les

Selon sa coutume l'empereur des Perses ayant fait marcher une armée contre Héraclius, les Perses ravageant les provinces de la république, arrivèrent à Chalcédoine non loin de Constantinople, et emportant d'assaut cette ville ils y mirent le feu. S'étant ensuite approchés de Constantinople, siége de l'empire, ils s'efforcèrent de la détruire. Héraclius étant sorti à leur rencontre avec une armée, envoya des députés à l'empereur des Perses, nommé Cosdroé[1], pour lui demander d'en venir avec lui à un combat singulier tandis que les deux armées resteraient immobiles, convenant que celui à qui le Très-Haut accorderait la victoire, recevrait en sa possession l'empire et le peuple du vaincu. L'empereur des Perses accepta cet accord, et promit qu'il se rendrait à ce combat. L'empereur Héraclius, s'étant armé et laissant derrière lui son armée rangée en ordre, s'avança comme un nouveau David. L'empereur des Perses Cosdroé envoya un patrice de ses sujets qu'il savait très-brave dans les combats, pour se battre à sa place contre Héraclius, selon ce qui avait été convenu. Comme, montés chacun sur un cheval, ils s'avançaient tous deux au combat, Héraclius dit au patrice qu'il croyait être

---

méprises et les fables qui se rencontrent dans le récit de Frédégaire. Les Occidentaux du VIIIe siècle ne connaissaient ce qui se passait en Orient, que par quelques bruits vagues et incomplets, dénaturés par l'ignorance grossière et l'imagination ardente des pèlerins ou des barbares. Le seul fait qu'il importe de remarquer dans Frédégaire, c'est l'éclat de la renommée d'Héraclius en Occident. Quant aux événemens même de son règne, ils sont racontés avec clarté et intérêt dans *l'Histoire de la décadence et de la chute de l'empire romain*, par Gibbon, t. 8, p. 459 et suiv. édit. de 1812.

[1] Chosroès.

l'empereur Cosdroé : « Nous étions convenus de com-
« battre en combat singulier, pourquoi d'autres
« guerriers te suivent-ils par derrière ? » Le patrice
ayant tourné la tête pour voir qui venait derrière lui,
Héraclius presse vivement son cheval de l'éperon et
tirant son épée tranche la tête au patrice des Perses.
L'empereur Cosdroé vaincu avec les Perses et couvert de confusion, ayant pris la fuite, fut séditieusement tué par ses propres soldats. Les Perses s'enfuirent dans leur pays. Héraclius s'étant embarqué avec une armée alla dans la Perse, et la réduisit toute en son pouvoir ; il s'empara d'un grand nombre de trésors ; et ensuite les Perses choisirent de nouveau un empereur.

L'empereur Héraclius était d'un aspect agréable, d'un beau visage, d'une taille haute, le plus fort de tous et vaillant guerrier. Souvent seul et sans armes il tua des lions dans l'arène, et fit face à plusieurs hommes. Comme il était très-versé dans les lettres, il devint astrologue. Découvrant à l'aide de cet art que, par la volonté divine, l'empire serait détruit par les nations circoncises, il envoya vers Dagobert, roi des Francs, pour le prier d'ordonner que tous les Juifs de son royaume fussent baptisés ; ce qui fut aussitôt exécuté par Dagobert. Héraclius fit la même chose dans toutes les provinces de son empire, car il ignorait d'où partirait ce fléau de l'empire.

Les Agasins, aussi nommés Sarrasins, comme le dit Orose, nation circoncise et habitant du côté du mont Caucase, au-dessus de la mer Caspienne, dans le pays nommé *Ercolie*, étant devenus trop nombreux, prirent les armes et se jetèrent sur les provinces de l'empereur Héraclius. Héraclius envoya des troupes pour s'opposer à eux [1]. Le combat s'étant engagé, les Sarrasins furent vainqueurs, et taillèrent leurs ennemis en pièces. On rapporte que, dans cette bataille, les Sarrasins tuèrent cent cinquante mille soldats. Ils envoyèrent des députés à Héraclius pour lui offrir de rendre les dépouilles. L'empereur, desirant se venger des Sarrasins, ne voulut rien recevoir d'eux. Ayant levé dans toutes les provinces de l'Empire un grand nombre de troupes, il envoya une députation du côté des Portes Caspiennes, qu'Alexandre-le-Grand avait construites en airain au-dessus de la mer Caspienne, et qu'il avait fait fermer pour repousser l'invasion des peuples barbares, qui habitent au-delà du mont Caucase [2]. Héraclius fit ouvrir ces portes, et par-là vinrent, contre les Sarrasins, cent cinquante mille soldats qu'il loua à prix d'argent. Les Sarrasins, ayant deux chefs, étaient près de deux cent mille. Les deux armées ayant assis leur camp non loin l'une de l'autre, afin de commencer la bataille le lendemain matin, dans cette nuit même l'armée d'Héraclius fut frappée du glaive de Dieu. Cinquante-deux mille soldats moururent étendus dans leur camp; et, devant sortir le lendemain pour combattre, quand ils virent qu'une très-grande partie de leur armée avait péri par le jugement de Dieu, ils n'osèrent s'avancer pour com-

[1] Frédégaire confond ici et raconte pêle-mêle, de la façon la plus fabuleuse, les guerres d'Héraclius contre les Perses et celles qu'il eut aussi à soutenir contre les Arabes, alors dans la première ferveur des conquêtes et de la foi; on peut lire le récit de ces dernières guerres dans *l'Histoire de la décadence et de la chute de l'empire romain*, par Gibbon, t. 10, pag. 203 et suiv.

[2] Défilé du Caucase où est aujourd'hui la ville de Derbent.

battre les Sarrasins. L'armée d'Héraclius étant retournée dans ses foyers, les Sarrasins, selon leur coutume, s'avancèrent en ravageant sans relâche les provinces de l'Empire. Comme déjà ils s'approchaient de Jérusalem, Héraclius, voyant qu'il ne pouvait résister à leurs attaques, fut désolé et saisi d'une douleur excessive; et ce malheureux roi, qui, abandonnant la foi chrétienne, suivait l'hérésie d'Eutychès et avait pour femme la fille de sa sœur, tourmenté de la fièvre, finit sa vie dans les angoisses. Son fils Constantin lui succéda. Sous son règne, l'empire romain fut cruellement ravagé par les Sarrasins.

La neuvième année du règne de Dagobert, Charibert mourut[1], laissant un petit enfant nommé Chilpéric, qui mourut peu de temps après. On rapporte que ce fut Dagobert qui le fit tuer. Dagobert soumit aussitôt à sa domination tout le royaume de son frère, avec la Gascogne. Il ordonna aussi au duc Baronte de lui apporter et remettre les trésors de Charibert. Baronte fit, comme on sait, un long circuit, et, de concert avec les trésoriers, déroba frauduleusement une partie des trésors.

Cette année les Esclavons, surnommés les Wénèdes, et vivant sous le roi Samon, tuèrent un grand nombre de négocians Francs, et les dépouillèrent de leurs biens. Ce fut le commencement de la querelle entre Dagobert et Samon. Dagobert ayant envoyé Sichaire en députation auprès de Samon, lui demandait de faire justice de la mort des commerçans que ses gens avaient tués, et du pillage de leurs biens; Samon ne voulut point voir Sichaire, et ne lui permit pas de

[1] En 631.

venir vers lui. Sichaire ayant revêtu des habits d'Esclavon, parvint ainsi en présence de Samon, et lui dit tout ce qu'il avait reçu l'ordre de déclarer ; mais, comme il arrive parmi les païens et les méchans orgueilleux, Samon ne répara rien du mal qui avait été commis, disant seulement qu'il avait intention de tenir un plaid pour que la justice fût réciproquement rendue sur ces contestations et d'autres qui s'étaient élevées en même temps. Sichaire, envoyé insensé, adressa alors à Samon des paroles et des menaces qu'on ne lui avait point ordonné de faire, disant que lui et son peuple devaient soumission à Dagobert. Samon offensé lui répondit : « La terre que nous « habitons est à Dagobert, et nous sommes ses hom- « mes, mais à condition qu'il voudra conserver amitié « avec nous. » Sichaire dit : « Il n'est pas possible que « des Chrétiens, serviteurs de Dieu, fassent amitié « avec des chiens. » Samon lui répliqua alors : « Si « vous êtes les serviteurs de Dieu, nous sommes les « chiens de Dieu ; et puisque vous agissez continuel- « lement contre lui, nous avons reçu la permission « de vous déchirer à coups de dents. » Et Sichaire fut chassé hors de la présence de Samon.

Lorsqu'il vint annoncer ces choses à Dagobert, celui-ci ordonna avec orgueil de lever, dans tout le royaume d'Austrasie, une armée contre Samon et les Wénèdes ; trois troupes marchèrent alors contre eux. Les Lombards, à l'appui de Dagobert, s'avancèrent de leur côté. Les Esclavons de tous les pays se préparèrent à résister. Une armée d'Allemands, commandée par le duc Chrodobert, remporta une victoire dans les lieux où elle entra. Les Lombards remportèrent aussi une victoire, et emmenèrent, ainsi que les Allemands, un grand nombre de captifs Esclavons. Mais les Austrasiens ayant entouré Wogastiburg, où s'étaient renfermés la plupart des plus braves Wénèdes, après avoir combattu pendant trois jours, ils furent taillés en pièces, et abandonnant, pour fuir, leurs tentes et tous leurs équipages, s'en retournèrent dans leur pays. A la suite de cela, les Wénèdes, ravageant à plusieurs reprises la Thuringe et les lieux voisins, se jetèrent sur le royaume des Francs. Dervan, duc des Sorabes, peuple d'origine esclavonne, et qui avait autrefois été soumis aux Francs, se rendit, avec ses sujets, sous le pouvoir de Samon. Ce ne fut pas tant le courage des Wénèdes qui leur fit remporter cette victoire sur les Austrasiens, que l'abattement de ceux-ci qui se voyaient haïs de Dagobert et continuellement dépouillés par lui.

Cette année Charoald, roi des Lombards, envoya secrètement des messagers au patrice Hisace, pour le prier de tuer, comme il pourrait, Tason, duc de la province de Toscane. Pour ce bienfait, le roi Charoald promit de remettre à l'Empire cent livres d'or d'un tribut annuel de trois cents livres qu'il en recevait. A cette proposition, le patrice Hisace réfléchit sur la manière dont il pourrait exécuter cette action. Il manda artificieusement à Tason que, puisqu'il avait encouru la haine de Charoald, il n'avait qu'à lier amitié avec lui, et que lui le secourrait contre le roi. Séduit par cette ruse, le duc Tason vint à Ravenne. Hisace ayant envoyé au-devant de lui, lui fit dire qu'il n'osait, par crainte de l'empereur, le recevoir armé avec sa suite dans les murs de Ravenne.

Tason, plein de confiance, fit quitter aux siens leurs armes hors de la ville, et entra dans Ravenne. Aussitôt des hommes apostés à cet effet se jetèrent sur lui et le tuèrent ainsi que tous les siens. Le roi Charoald remit, comme il l'avait promis, à Hisace et à l'Empire cent livres d'or. Tous les ans le patrice romain ne paya plus aux Lombards que deux centeniers d'or. Un centenier vaut cent livres d'or. Le roi Charoald mourut aussitôt après.

La reine Gondeberge, à qui les Lombards avaient prêté serment de fidélité, fit venir vers elle un certain Chrotaire [1], un des ducs du territoire de Brescia, et l'engagea à abandonner une femme qu'il avait pour l'épouser elle-même, promettant qu'avec son aide il serait élevé au trône par tous les Lombards. Chrotaire y ayant consenti volontiers, jura, dans les saintes églises, qu'il ne mépriserait jamais Gondeberge, n'abaisserait en rien la dignité de son rang, et que, la chérissant uniquement, il lui rendrait en tout de justes honneurs. Séduits par Gondeberge, tous les Grands lombards élevèrent Chrotaire au trône. Lorsqu'il eut commencé à régner, il fit périr un grand nombre de nobles lombards qu'il savait lui être ennemis. Recherchant la paix, il établit dans tout le royaume de Lombardie une discipline très-forte, et inspira une grande crainte. Oubliant les sermens qu'il avait jurés à Gondeberge, il la relégua dans une seule chambre à la cour de Pavie, et lui fit mener une vie obscure. Il la retint dans cette retraite pendant cinq ans. Chrotaire se livrait sans cesse au concubinage. Gondeberge étant chrétienne, bénissait le Dieu tout-

[1] Rotharis.

puissant dans cette affliction, et s'adonnait assidûment aux jeûnes et à l'oraison.

Quand il plut à Dieu de mettre à ceci la main, Aubedon, envoyé par le roi Clotaire en ambassade auprès de Chrotaire, roi des Lombards, vint à Pavie, ville d'Italie. Voyant enfermée la reine qu'il avait souvent vue dans ses ambassades, et par qui il avait toujours été bien reçu, il insinua au roi Chrotaire, comme s'il en eût reçu l'ordre, qu'il ne devait pas maltraiter cette reine, parente des Francs, et qui l'avait fait monter sur le trône; car les rois Francs et leurs sujets en seraient très-mécontens. Chrotaire, craignant les Francs, ordonna sur-le-champ que la reine fût tirée de sa retraite, et Gondeberge, après environ cinq ans, parcourut la ville dans un appareil royal, pour aller prier dans les lieux saints. Chrotaire lui fit rendre tous ses domaines et les trésors qu'elle avait possédés, et jusqu'à sa mort elle conserva heureusement son rang, riche en biens, et servie avec pompe. Aubedon fut généreusement récompensé par la reine Gondeberge.

Chrotaire, à la tête d'une armée, enleva à l'Empire Gênes, Varicotte, Albenga, Savone, Oderzo et Sarzane, villes maritimes; il les ravagea, les détruisit en y mettant le feu, pilla et dépouilla le peuple qu'il condamna à la captivité; et détruisant de fond en comble les murs de ces villes, il voulut qu'on les appelât des bourgs.

Cette année, s'éleva une violente querelle en Pannonie, dans le royaume des Avares, surnommés les Huns : il s'agissait de savoir qui succéderait au trône, et si ce serait un des Avares ou un des Bulgares ; et des deux parts ayant rassemblé des troupes, ils en vinrent aux mains. Les Avares vainquirent les Bulgares. Les Bulgares, vaincus et chassés de la Pannonie, au nombre de neuf mille, avec leurs femmes et leurs enfans, se réfugièrent auprès de Dagobert, le priant de les recevoir pour qu'ils habitassent dans la terre des Francs. Dagobert ordonna qu'on les reçût pour passer l'hiver chez les Bavarois, en attendant qu'il pût délibérer avec les Francs sur ce qu'il ferait ensuite. Lorsqu'ils furent dispersés dans les maisons des Bavarois pour y passer l'hiver, par le conseil des Francs, Dagobert ordonna aux Bavarois de tuer de nuit, et dans leurs maisons, les Bulgares avec leurs femmes et leurs enfans; ce qui fut aussitôt exécuté. Il ne resta des Bulgares qu'Altiæus, avec sept cents hommes, leurs femmes et leurs enfans, qui se sauvèrent sur la frontière des Wénèdes. Altiæus vécut plusieurs années avec les siens chez Walluc, duc des Wénèdes.

Je rapporterai ce qui arriva cette année aux Espagnols et à leurs rois. Sisebod, roi très-clément, étant mort, Suintila lui avait succédé l'année précédente. Comme Suintila était très-sévère, et haï de tous les grands de son royaume, Sisenand, l'un d'eux, et de l'avis des autres, alla trouver Dagobert pour en obtenir une armée, afin de détrôner Suintila. En récompense de ce bienfait, il promit de donner à Dagobert un superbe missoire en or, des trésors des Goths, qui avait été donné au roi Thorismund par le patrice Aétius, et qui pesait cinq cents livres d'or. A cette proposition, Dagobert, qui était avide, fit lever une armée dans tout le royaume de Bourgogne, pour marcher à l'appui de Sisenand. Dès qu'on sut en Espagne l'approche des Francs au secours de Sisenand, toute l'armée des Goths se soumit à lui. Abundance et Vénérande, partis de Toulouse avec leurs troupes, ne s'avancèrent avec Sisenand que jusqu'à Saragosse, où tous les Goths du royaume d'Espagne proclamèrent Sisenand roi. Abundance et Vénérande, comblés de dons, s'en retournèrent à Toulouse avec leur armée. Dagobert envoya en ambassade à Sisenand le duc Amalgaire et Vénérande pour qu'il leur remît le missoire qu'il lui avait promis. Le missoire ayant été remis aux députés par le roi Sisenand, les Goths s'en emparèrent de force, et ne voulurent pas le rendre. Ensuite Dagobert reçut des députés de Sisenand deux cent mille sous d'or, prix de ce missoire qu'il fit peser.

Dans la dixième année de son règne [1], Dagobert ayant appris que l'armée des Wénèdes était entrée dans la Thuringe, fit lever des troupes en Austrasie, et se mettant à leur tête dans la ville de Metz, passa les Ardennes, et s'approcha de Mayence, se disposant à passer le Rhin. Il commandait un bataillon de braves guerriers d'élite de la Neustrie et de la Bourgogne, avec des ducs et des comtes. Les Saxons envoyèrent des messagers auprès de Dagobert, le priant de leur remettre les tributs qu'ils payaient au fisc, et promettant de s'opposer aux Wénèdes avec zèle et courage, et de garder de ce côté les frontières des Francs. Dagobert, par le conseil des Neustriens, souscrivit à ces propositions des Saxons. Leurs envoyés prêtèrent serment pour tous les Saxons

---

[1] En 632.

sur des armes, selon la coutume; mais cette promesse eut peu d'effet. Cependant Dagobert remit aux Saxons le tribut qu'ils devaient lui payer : ils donnaient tous les ans, depuis Clotaire, cinq cents vaches; ce qui cessa avec Dagobert.

La onzième année du règne de Dagobert, comme les Wénèdes, par l'ordre de Samon, faisaient de grands ravages, et passant souvent la frontière pour dévaster le royaume des Francs, se répandaient dans la Thuringe et les autres cantons, Dagobert, venant à Metz, par le conseil et du consentement des évêques, des seigneurs et de tous les grands de son royaume, établit sur le trône d'Austrasie son fils Sigebert, et lui permit de fixer sa résidence à Metz. Chunibert, évêque de Cologne, et le duc Adalgise furent choisis pour gouverner le palais et le royaume. Ayant donné à son fils un trésor suffisant, il l'éleva à ce rang avec la splendeur qui convenait, et confirma, par des ordres munis de son sceau, tous les dons qu'il lui avait faits. On dit qu'ensuite les Austrasiens défendirent courageusement contre les Wénèdes leur frontière et le royaume des Francs.

Dans la douzième année de son règne, Dagobert ayant eu de la reine Nantéchilde un fils nommé Clovis, on sait que, par le conseil des Neustriens, il s'unit avec son fils Sigebert par les liens d'un traité. Tous les grands d'Austrasie, les évêques et les autres Leudes de Sigebert, les mains levées en l'air, jurèrent qu'après la mort de Dagobert, la Neustrie et la Bourgogne appartiendraient à la domination de Clovis; que l'Austrasie, qui était égale pour le peuple et l'étendue du territoire, appartiendrait en entier à Sigebert, et que le roi Sigebert posséderait et garderait éternellement tout ce qui avait autrefois appartenu au royaume d'Austrasie, excepté le duché de Dentelin, jadis enlevé injustement par les Austrasiens, et qui serait de nouveau soumis aux Neustriens et à la domination de Clovis; mais les Austrasiens furent forcés par Dagobert de conclure bon gré mal gré ce traité. On verra comment il fut observé dans la suite par les rois Sigebert et Clovis.

Le duc Radulf fils de Chamer, et créé par Dagobert duc de Thuringe, combattit plusieurs fois les Wénèdes, les vainquit et les mit en déroute. Rempli d'orgueil par ces victoires, il tendit des embûches en diverses occasions au duc Adalgise, et bientôt commença à se soulever contre Sigebert. Il agissait ainsi parce que, comme on dit, celui qui aime les combats cherche les querelles.

La quatorzième année de son règne [1], comme les Gascons s'étaient révoltés, et faisaient de grands ravages dans le royaume des Francs qu'avait possédé Charibert, Dagobert fit lever une armée dans tout le royaume de Bourgogne, et mit à la tête un référendaire nommé Chadoinde, qui, sous le règne de Théodoric, avait dans un grand nombre de combats, montré beaucoup de bravoure. Étant passé en Gascogne avec dix ducs et leurs armées, savoir, Arimbert, Amalgaire, Leudebert, Wandalmar, Walderic, Hermenric, Baronte, Chairard, Franc d'origine, Chramnelène, Romain d'origine, Wisibad, patrice Bourguignon d'origine, Æginan, Saxon d'origine, et plusieurs comtes qui n'avaient pas de duc au-dessus d'eux, il

[1] En 636.

inonda tout ce pays de son armée. Les Gascons étant sortis des rochers de leurs montagnes, se préparèrent à la guerre. Le combat s'étant engagé, selon leur coutume lorsqu'ils virent qu'ils allaient être vaincus, ils prirent la fuite et, se réfugiant dans les gorges des Pyrénées, ils se cachèrent dans les rochers inaccessibles de ces montagnes. Les troupes de Chadoinde les ayant poursuivis en firent un grand nombre captifs, en tuèrent beaucoup, et incendiant toutes leurs maisons pillèrent leur argent et leurs biens. Enfin les Gascons vaincus ou soumis demandèrent grâce aux ducs ci-dessus nommés, promettant de se présenter par devant le glorieux roi Dagobert, de se remettre en son pouvoir, et de faire tout ce qu'il leur ordonnerait. Cette armée serait retournée dans son pays sans aucune perte si le duc Arimbert n'eût été, par sa négligence, tué par les Gascons dans la vallée de la Soule avec les seigneurs et les nobles de son armée. L'armée des Francs qui avait passé de Bourgogne en Gascogne, après avoir remporté la victoire, rentra dans son pays.

Dagobert, résidant à Clichy, envoya des députés en Bretagne pour que les Bretons réparassent promptement le mal qu'ils avaient commis et se soumissent à sa domination; disant qu'autrement l'armée bourguignonne qui avait été en Gascogne, se jetterait aussitôt sur la Bretagne. A cette nouvelle, Judicaël, roi des Bretons, se rendit promptement à Clichy, avec un grand nombre de présens, auprès du roi Dagobert à qui il demanda grâce, et promit de rendre tout ce que ses sujets avaient injustement enlevé aux Leudes des Francs, assurant que lui et son royaume de Bretagne seraient toujours soumis à la domination de Dagobert, et des rois Francs. Mais il ne voulut pas se mettre à table pour prendre son repas avec Dagobert, car il était religieux et rempli de la crainte de Dieu. Lorsque Dagobert se fut mis à table, Judicaël, sortant du palais, alla dîner chez le référendaire Dadon qu'il savait attaché à la sainte religion : le lendemain, ayant pris congé de Dagobert, Judicaël s'en retourna en Bretagne, chargé de présens de la part de Dagobert.

La quinzième année du règne de Dagobert, tous les seigneurs Gascons avec le duc Æginan, vinrent trouver Dagobert à Clichy, et saisis de crainte, se retirèrent d'abord dans l'église de Saint-Denis. La clémence de Dagobert leur accorda la vie, et ils jurèrent qu'en tous temps ils seraient fidèles à Dagobert, à ses fils et au royaume des Francs; ils tinrent ce serment selon leur coutume, comme le prouva l'événement. Par la permission de Dagobert les Gascons retournèrent dans leur pays.

La seizième année de son règne [1], Dagobert tomba malade d'un flux de ventre dans sa maison d'Épinay sur les bords de la Seine, et non loin de Paris : de là les siens le transportèrent dans la basilique de Saint-Denis. Quelques jours après, se voyant en danger de la vie, il fit venir en toute hâte Æga, et lui recommanda la reine Nantéchilde et son fils Clovis; il se sentait près de mourir, et estimant la sagesse d'Æga, pensait que, par lui, le royaume serait bien gouverné. Cela fait, peu de jours après Dagobert rendit l'ame, et fut enseveli dans l'église de Saint-Denis, qu'il avait magnifiquement ornée d'or, de pierreries et d'objets

[1] En 637.

précieux, et dont il avait fait construire l'enceinte, desirant la précieuse protection de ce saint. Il donna à l'église tant de richesses, de domaines et de possessions, situées en divers lieux, que beaucoup de gens s'en étonnèrent. Il y institua un chant perpétuel, à l'instar du monastère de Saint-Maurice, mais on sait que la faiblesse de l'abbé Ægulf laissa dépérir cette institution.

Après la mort de Dagobert, son fils Clovis, en bas âge, posséda le royaume de son père. Tous les Leudes de la Neustrie et de la Bourgogne le reconnurent pour roi dans la terre de Maslay. Æga gouvernait le palais avec la reine Nantéchilde qui survécut à Dagobert.

Dans la première, la seconde et au commencement de la troisième année du règne de Clovis, Æga gouverna avec justice le palais et le royaume. Agissant prudemment avec les autres grands de la Neustrie, et rempli de douceur, il l'emportait sur tous les autres. Il était d'une noble naissance, d'une grande richesse, observateur de la justice, habile à se servir de la parole, toujours prêt à répondre : beaucoup de personnes lui reprochaient seulement de se livrer à l'avarice. Par son conseil, on rendit aux propriétaires tous les biens qui, par l'ordre de Dagobert, avaient été injustement envahis dans les royaumes de Bourgogne et de Neustrie, et, contre la justice, mis au pouvoir du fisc.

Cette année mourut l'empereur Constantin. Par le conseil du sénat son fils Constance, encore en bas âge, fut élevé à l'Empire. Sous son règne, les Sarrasins commirent dans l'Empire d'effroyables ravages. Après avoir pris Jérusalem et renversé les autres cités ils envahirent l'Égypte supérieure et inférieure, dévastèrent toute l'Afrique et s'en emparèrent, et tuèrent le patrice Grégoire. Il ne resta plus au pouvoir de l'Empire que Constantinople, la Thrace, quelques îles et la province romaine[1]. La plus grande partie de l'Empire avait été envahie par les Sarrasins, et l'empereur Constance, réduit à cette extrémité, devint leur tributaire, de sorte qu'il n'eut plus en son pouvoir que Constantinople, quelques provinces et quelques îles. Pendant trois ans, dit-on, et même davantage, Constance paya chaque jour mille sous d'or aux Sarrasins. Ayant enfin repris des forces, et recouvrant peu à peu l'Empire, il refusa de payer le tribut. Je rapporterai, dans l'ordre convenable, de quelle manière et dans quelle année eut lieu cet événement, et ne cesserai pas d'écrire jusqu'à ce que j'aie, si Dieu le permet, inséré dans ce livre tout ce que je souhaite y raconter et tout ce dont la vérité me sera bien connue.

Cette année mourut Suintila second, roi d'Espagne, qui avait succédé à Sisenand. Son fils, nommé Tulga, encore en bas âge, fut, à sa demande, élevé sur le trône d'Espagne. La nation des Goths est remuante, quand elle n'est pas sous un rude joug. Pendant l'enfance de ce Tulga, toute l'Espagne, selon sa coutume, se livra aux vices et commit différens crimes. Enfin un des grands, nommé Chindasuinthe, ayant assemblé plusieurs sénateurs des Goths et le reste du peuple, fut élevé sur le trône d'Espagne. Après avoir détrôné Tulga, il le fit tondre pour le faire clerc. Lorsqu'il eut assuré son pouvoir dans tout le royaume d'Es-

---

[1] Quelques districts voisins de la Thrace.

pagne, sachant la coutume qu'avaient les Goths de détrôner leurs rois, ce qu'il avait souvent médité lui-même avec eux, il fit tuer l'un après l'autre tous ceux qu'il avait vus portés à ce vice sous les rois précédemment renversés ; il en condamna d'autres à l'exil, et donna à ses Leudes leurs femmes, leurs filles et leurs biens. On rapporte que, pour réprimer ce vice, il fit tuer deux cents Grands de l'Espagne, cinq cents de moyenne race, et jusqu'à ce qu'il fût assuré d'avoir dompté cette manie des Goths, Chindasuinthe ne cessa de faire périr ceux qu'il soupçonnait. Les Goths, soumis par Chindasuinthe, n'osèrent entreprendre contre lui aucune conspiration comme ils avaient fait contre leurs autres rois. Chindasuinthe, plein de jours, établit sur le trône d'Espagne son fils, nommé Récésuinthe. Alors, s'adonnant à la pénitence et faisant largement l'aumône de ses propres biens, Chindasuinthe mourut, dit-on, à l'âge de quatre-vingt-dix ans.

La troisième année du règne de Clovis[1], Æga, attaqué de la fièvre, mourut à Clichy. Peu de jours auparavant Hermanfried, qui avait pris pour femme la fille d'Æga, avait tué dans l'assemblée tenue à Riez le comte Ænulf ; à cause de cela il y eut un grand pillage de ses biens et un rude carnage fait par les parens d'Ænulf et le peuple, d'après l'ordre et la permission de la reine Nantéchilde. Hermanfried se réfugia en Austrasie dans la basilique de Saint-Remi à Rheims, et y demeura plusieurs jours pour échapper à ce carnage et à la colère du roi.

Après la mort d'Æga, Erchinoald, parent de la mère de Dagobert, fut créé maire du palais de Clovis. C'é-

[1] En 640.

tait un homme rempli de douceur et de bonté; patient et sage, plein d'humilité et de bienveillance envers les évêques, répondant doucement à tous, exempt d'orgueil et d'avidité; il aima tellement la paix qu'il devint agréable à Dieu. Il était sage, mais surtout d'une extrême bonté, ne s'enrichit que modérément, et fut chéri de tout le monde. Je n'oublierai pas de dire comment, après la mort de Dagobert, ses trésors furent partagés entre ses fils, et l'expliquerai ici.

Après la mort de Dagobert, Pepin, maire du palais, et les autres ducs d'Austrasie qui jusqu'alors avaient été retenus sous son autorité, demandèrent tous ensemble Sigebert pour roi. Pepin et Chunibert, liés auparavant d'une amitié mutuelle, s'unirent de nouveau, s'engageant à s'aimer et se soutenir toujours. Tous deux, attirant vers eux par une habile douceur tous les Leudes d'Austrasie, et les gouvernant avec bonté, gagnèrent leur attachement et surent le conserver. Sigebert envoya des messagers demander à la reine Nantéchilde et au roi Clovis sa part des trésors de Dagobert. On convint de tenir un plaid à cet effet. Chunibert, évêque de Cologne, et Pepin, maire du palais, ainsi que quelques grands d'Austrasie, furent envoyés par Sigebert à Compiègne, où par l'ordre de Nantéchilde et de Clovis et d'après l'avis d'Æga, maire du palais, on apporta le trésor de Dagobert qui fut partagé également : la reine Nantéchilde eut un tiers de tout ce qu'avait amassé Dagobert. Chunibert et Pepin firent conduire à Metz la part de Sigebert; on la lui présenta et on en dressa le compte. Un an après Pepin mourut, et sa mort fut un sujet de grande douleur pour tous les Austrasiens dont il était aimé, à cause de sa justice et de sa bonté. Grimoald, son fils, homme vaillant, fut chéri comme son père de la plupart des guerriers.

Mais un certain Othon, fils du domestique Uron, et qui avait été gouverneur de Sigebert dès son enfance, plein d'orgueil et d'envie contre Grimoald, s'efforçait de l'abaisser. Grimoald, de son côté, ayant lié amitié avec l'évêque Chunibert, médita comment il pourrait chasser Othon du palais et s'emparer du rang de son père.

La huitième année du règne de Sigebert[1], Radulf, duc de Thuringe, s'étant révolté contre lui, Sigebert fit convoquer pour la guerre tous les Leudes d'Austrasie. Ayant passé le Rhin avec une armée, il fut joint par tous les peuples de son royaume qui habitaient au-delà de ce fleuve. A la première rencontre les troupes de Sigebert défirent et tuèrent un fils de Chrodoald nommé Fare, qui s'était uni avec Radulf; on réduisit en captivité tous les soldats de Fare qui échappèrent à la mort. Tous les grands et les soldats se jurèrent réciproquement que personne n'accorderait la vie à Radulf; mais cet engagement n'eut aucun effet. Sigebert, ayant passé avec son armée la forêt de Buchonie, s'avança promptement dans la Thuringe. Ce que voyant, Radulf établit son camp sur une colline aux bords de l'Unstrut en Thuringe, et ayant rassemblé de toutes parts autant de troupes qu'il put, il se retrancha dans ce camp pour s'y défendre avec les femmes et les enfans. Sigebert arrivé avec son armée fit entourer le camp de toutes parts. Radulf, en dedans, se prépara à résister

[1] En 640.

avec vigueur; mais le combat s'engagea sans prudence. La jeunesse du roi Sigebert en fut la cause, les uns voulant combattre le même jour, les autres attendre au lendemain, et les avis demeurant ainsi fort divisés. Ce que voyant les ducs Grimoald et Adalgise, et pressentant du danger pour Sigebert, le gardèrent avec grand soin. Bobon duc d'Auvergne, avec une partie des troupes d'Adalgise, et Ænovale comte du Sundgau, avec les gens de son pays, et beaucoup d'autres corps de l'armée, s'avancèrent aussitôt à la porte du camp pour attaquer Radulf. Mais Radulf, en intelligence avec quelques ducs de l'armée de Sigebert, sachant qu'ils ne voulaient pas se jeter sur lui avec leurs troupes, sortit par la porte du camp, et se précipitant avec ses guerriers sur l'armée de Sigebert, en fit un carnage extraordinaire. Les gens de Mayence trahirent dans ce combat : on rapporte qu'il périt un grand nombre de milliers d'hommes. Radulf ayant remporté la victoire rentra dans son camp. Sigebert, saisi, ainsi que ses fidèles, d'une douleur extrême, restait assis sur son cheval, pleurant abondamment et regrettant ceux qu'il avait perdus. Le duc Bobon, le comte Ænovale, d'autres nobles et braves guerriers, et la plus grande partie de l'armée qui les avait suivis à ce combat, avaient été tués, à la vue de Sigebert. Frédulf, domestique qu'on disait ami de Radulf, périt également la nuit suivante. Sigebert demeura avec son armée sous ses tentes, non loin du camp ennemi. Le lendemain, voyant qu'il ne pouvait rien contre Radulf, il lui envoya des messagers, afin de pouvoir repasser le Rhin en paix : Sigebert s'étant accordé avec Radulf, retourna dans son pays avec ses troupes. Radulf, transporté d'orgueil, se croyait comme roi dans la Thuringe; il conclut des traités d'alliance avec les Wénèdes et les nations voisines. Dans ses paroles il ne méconnaissait pas la domination de Sigebert; mais de fait, il résistait fortement à son pouvoir.

La dixième année du règne de Sigebert[1], Othon qui était, par orgueil, enflammé de haine contre Grimoald, fut à l'instigation de ce dernier, tué par Leuthaire, duc des Allemands. La dignité de maire du palais de Sigebert et de gouverneur de tout le royaume d'Austrasie fut fermement assurée à Grimoald.

La quatrième année du règne de Clovis[2], après la mort d'Æga, la reine Nantéchilde étant venue, avec son fils le roi Clovis, à Orléans, dans le royaume de Bourgogne, manda auprès d'elle tous les seigneurs, les évêques, les ducs et les grands du royaume de Bourgogne : les ayant tous gagnés l'un après l'autre, la reine fit élever, par l'élection de tous les évêques et de tous les ducs, à la dignité de maire du palais, Flaochat, Franc d'origine, et lui donna en mariage sa nièce nommée Ragnoberte ; je ne sais qui arrangea ce mariage. Flaochat et la reine Nantéchilde méditèrent secrètement un autre projet qui, à ce qu'on croit, ne fut pas agréable à Dieu, et par cette raison demeura sans effet. Erchinoald et Flaochat, maires du palais, comme n'ayant entre eux qu'un même dessein, un même avis, et se soutenant par un mutuel secours, se préparèrent à exercer avec bonheur leur haute dignité. Flaochat promit, par une lettre et par des ser-

[1] En 642.
[2] En 641.

mens, à tous les ducs et évêques du royaume de Bourgogne, qu'il conserverait chacun dans ses biens et honneurs, ainsi qu'en son amitié. Revêtu d'un si haut emploi, Flaochat parcourut le royaume de Bourgogne, et, se rappelant une ancienne haine qu'il avait longtemps cachée dans son cœur, il médita de faire périr le patrice Willebad.

Willebad, opulent en richesses, les avait gagnées en enlevant par divers moyens les biens d'un grand nombre de gens. Gonflé d'orgueil à cause de son titre de patrice et de ses immenses possessions, il était insolent avec Flaochat et tâchait de l'abaisser. Flaochat, ayant convoqué à Châlons les évêques et les ducs du royaume de Bourgogne, fixa un plaid au mois de mai pour traiter des intérêts de la patrie : Willebad y vint avec une grande suite. Flaochat méditait de le faire périr, ce que voyant, Willebad refusa d'entrer dans le palais. Flaochat sortit pour le combattre ; mais Amalbert, frère de Flaochat, s'étant entremis pour les apaiser, au moment où ils allaient combattre, Willebad le retint, et échappa ainsi au danger : d'autres personnes vinrent aussi, et ils se séparèrent sans s'être fait aucun mal; mais ensuite Flaochat s'occupa avec ardeur des moyens de faire mourir Willebad. Cette année mourut la reine Nantéchilde. La même année, au mois de septembre, Flaochat avec le roi Clovis, Erchinoald aussi maire du palais et quelques grands de Neustrie, quittant Paris, ils vinrent à Autun, par Sens et Auxerre, et le roi Clovis ordonna au patrice Willebad de se rendre vers lui. Willebad voyant que Flaochat, son frère Amalbert, et les ducs Amalgaire et Chramnélène avaient formé le méchant dessein de le faire périr, rassembla avec lui un grand nombre d'habitans de son patriciat, ainsi que tous les évêques, les nobles et les braves guerriers qu'il put réunir, et prit le chemin d'Autun. Le roi Clovis, Erchinoald, maire du palais, et Flaochat envoyèrent vers lui Hermenric, domestique, afin que, comme Willebad effrayé était incertain de savoir s'il irait plus loin ou s'il éviterait le danger en s'en retournant, Hermenric par des promesses l'engageât à s'avancer jusqu'à Autun. Willebad, croyant ce domestique, le combla de présens, s'avança en le suivant jusqu'à Autun, et campa avec sa suite non loin de cette ville. Le jour même de son arrivée, il envoya à Autun pour voir ce qui s'y passait, Ægilulf, évêque de Valence, et le comte Gyson, qui furent retenus par Flaochat. Le lendemain Flaochat, Amalgaire et Chramnélène, qui avaient unanimement projeté la mort de Willebad, étant sortis de bonne heure de la ville d'Autun, furent joints par d'autres ducs du royaume de Bourgogne avec leurs troupes. Erchinoald, ayant aussi pris les armes avec les Neustriens, s'avança pour participer à ce combat. Willebad s'étant préparé avec tous ceux qu'il put rassembler, les deux armées en vinrent aux mains. Flaochat et les ducs Amalgaire, Chramnélène et Wandelbert attaquèrent Willebad. Les autres ducs, et les Neustriens qui les entouraient, demeurèrent spectateurs, attendant l'issue, et ne voulant pas se jeter sur Willebad; il fut tué, et un grand nombre des siens furent taillés en pièces avec lui. Berthaire, comte du palais, et Franc du pays situé au-delà du Jura, fut le premier qui attaqua Willebad. Frémissant de colère, le bourguignon Manaulf sortit des rangs, s'avança avec les siens pour combattre Berthaire, qui ayant été autrefois son ami, lui dit : « Viens sous mon bou-« clier, je te sauverai de ce danger, » et il éleva son bouclier pour mettre Manaulf à couvert ; mais celui-ci lui perça la poitrine avec sa lance, et ses gens ayant entouré Berthaire, qui s'était trop avancé, le blessèrent grièvement. Alors Aubedon, fils de Berthaire, voyant son père en danger de la vie, courut promptement à son secours. Il étendit sur la terre Manaulf percé de sa lance, et tua tous ceux qui avaient blessé son père. C'est ainsi que par le secours de Dieu, ce bon fils délivra de la mort son père Berthaire. Les ducs qui n'avaient pas voulu se jeter avec leur armée sur Willebad, pillèrent ses tentes, celles des évêques et de ceux qui étaient venus avec lui, et prirent beaucoup d'or et d'argent, ainsi que les autres objets et les chevaux.

Ces choses s'étant ainsi passées, Flaochat s'éloigna le lendemain d'Autun et s'avança vers Châlons. Étant entré dans la ville, le lendemain, je ne sais par quel accident, elle fut dévorée toute entière par un grand incendie. Flaochat frappé du jugement de Dieu fut attaqué de la fièvre. On l'embarqua dans un bateau sur le fleuve de la Saône[1], et naviguant vers Saint-Jean-de-Losne, il rendit l'ame dans le voyage, onze jours après la mort de Willebad. Il fut enseveli dans l'église de Saint-Benoît, dans le faubourg de Dijon. Beaucoup de gens crurent que, comme Flaochat et Willebad s'étaient juré une amitié réciproque dans les lieux

---

[1] *Arar qui cognominatur Saoconna.* C'est vers cette époque qu'on voit un grand nombre de fleuves et de lieux perdre leur nom latin pour prendre celui qui leur est resté.

saints, et qu'ils avaient tous deux par leur avidité opprimé et dépouillé les peuples, ce fut le jugement de Dieu qui délivra le pays de leur tyrannie, et que leurs perfidies et leurs mensonges furent la cause de leur mort [1].

Clovis, fils de Dagobert, ayant pris une reine d'origine étrangère, nommée Bathilde, sage et belle, en eut trois fils, Clotaire, Childéric et Théodoric; il avait pour maire du palais un homme courageux et sage nommé Erchinoald. Clovis gouverna tranquillement son royaume sans guerre. Dans les derniers temps il fut attaqué de la folie et mourut après un règne de dix-huit ans [2].

Les Francs élevèrent sur le trône Clotaire, son fils aîné [3], avec la reine-mère ci-dessus nommée. Dans le même temps mourut aussi Erchinoald maire du palais. Les Francs d'abord indécis, ayant délibéré, confièrent à Ebroin l'honneur de cette charge.

Dans ce temps, le roi Clotaire, attaqué d'une fièvre violente, mourut dans sa jeunesse après un règne de quatre ans [4]. Son frère Théodoric lui succéda [5]; son frère Childéric fut élevé au trône d'Austrasie, par le duc Wulfoald.

Dans ce temps, les Francs tendirent des embûches

---

[1] Ici s'arrête la *Chronique de Frédégaire*; ce qui suit est l'ouvrage de ses continuateurs. (Voir la *notice* sur Frédégaire.)

[2] En 656. Voir la vie de Dagobert I$^{er}$, à la fin.

[3] Clotaire III.

[4] C'est une erreur; Clotaire III régna quatorze ans et mourut en 670. Seulement de 656 à 660 le royaume resta indivis entre les trois fils de Clovis II, et en 660, Childéric II fut fait roi d'Austrasie.

[5] En 670; Théodoric III.

à Ebroin ¹ ; ils se soulevèrent contre Théodoric, le chassèrent du trône, lui coupèrent les cheveux, le tondirent, et en firent autant à Ebroin qu'ils reléguèrent malgré lui dans le monastère de Luxeuil en Bourgogne. Ils envoyèrent une députation en Austrasie à Childéric qui, étant venu avec le duc Wulfoald, fut créé roi de tout le royaume.

Childéric était emporté et léger, poussant la nation des Francs dans les séditions, les insultes et les troubles; tant qu'enfin il s'éleva contre lui une violente haine qui alla jusqu'à la révolte et au meurtre. Comme elle croissait de jour en jour, Childéric fit, contre la loi, attacher à un arbre et frapper de verges un Franc noble nommé Bodilon. A cette vue, saisis d'indignation, les Francs Ingolbert et Amalbert et les autres grands excitèrent une sédition contre Childéric. Bodilon s'arma avec un grand nombre de mécontens, et tua, crime douloureux à rapporter, le roi avec la reine Bilichilde, alors enceinte, dans la forêt de Bondi ². Wulfoald échappa par la fuite et retourna en Austrasie. Les Francs, par le conseil de saint Léger et de ses compagnons, élevèrent à la dignité de maire du palais Leudésius fils d'Erchinoald.

Ebroin, informé de ces dissensions, et ayant appris que les Francs étaient en grande discorde, rassembla ses amis et autant de gens qu'il put, et, étant sorti du monastère de Luxeuil, il rentra en France accompagné d'une nombreuse suite de guerriers; il s'avança

---

¹ Voir, sur toute l'histoire d'Ébroin, la *Vie de saint Léger*, évêque d'Autun. Dans le court récit de ce premier continuateur de Frédégaire, elle est pleine de confusion et d'erreurs.

² En 673.

jusqu'au fleuve de l'Oise et tua à pont Sainte-Maxence les gardes endormis. Ayant traversé l'Oise il fit périr tous ceux de ses ennemis qu'il put trouver. Leudésius maire du palais, prit la fuite avec les trésors du roi, s'échappa ensuite seul du château de Baisiu. Ebroin y étant arrivé s'empara des trésors. Étant ensuite allé à Crécy en Ponthieu, il promit artificieusement fidélité à Leudésius qu'il trompa, l'engageant à se rendre à un plaid où ils se mettraient d'accord et feraient la paix. Mais Ebroin, agissant avec fraude, comme c'était sa coutume, tendit des embûches à Leudésius, le tua, et ayant rétabli le roi Théodoric, il rentra lui-même très-adroitement dans son pouvoir. Ayant fait infliger à l'évêque saint Léger de cruels supplices, il le fit périr par le glaive; il fit aussi mourir, après divers tourmens, Guérin son frère. Les autres Francs de leur parti, ayant pris la fuite, passèrent la Loire et se réfugièrent en Gascogne; la plupart condamnés à l'exil ne reparurent jamais [1].

En Austrasie, le duc Wulfoald étant mort, le duc Martin et Pepin, fils d'Anségise noble Franc, étaient en possession du pouvoir [2]. Les rois étant morts [3] et les grands Ebroin, Martin et Pepin se brouillant entre eux, une guerre fut excitée contre Théodoric. Les troupes s'étant avancées à un lieu nommé Loixi, le combat s'engagea avec acharnement et il périt une grande partie des deux armées. Martin et Pepin

---

[1] Ici s'arrête le premier continuateur de Frédégaire. Le second mérite plus de confiance.

[2] En 680; Pépin dit de Herstall, ou Héristel.

[3] Dagobert II, et peut-être aussi son fils Sigebert.

vaincus, prirent la fuite avec leurs partisans : Ebroin les ayant poursuivis ravagea une grande partie de leur pays. Martin étant entré dans Laon se retrancha dans les murs de cette ville. Ebroin qui était à sa poursuite arriva à Acheri dans le pays de Laon ; il envoya à Laon en députation Ægilbert et Reule évêque de Rheims pour séduire Martin par de trompeuses promesses ; car ils prêtèrent, sur des châsses dont les reliques avaient été enlevées, des sermens de nulle valeur. Martin y ayant ajouté foi, sortit de Laon avec ses compagnons et ses partisans, et vint à Acheri où il fut tué avec toute sa suite.

98. Ebroin opprima les Francs avec une cruauté toujours croissante jusqu'à ce qu'enfin il tendit des embûches à un Franc, nommé Hermanfried, dont il voulait ravir les biens. Hermanfried ayant pris conseil des siens, rassembla pendant la nuit une troupe d'amis, et se jetant sur Ebroin il le tua [1]. Après cette action, il se réfugia avec ses richesses auprès du duc Pepin en Austrasie.

Ensuite les Francs ayant délibéré établirent à la place d'Ebroin, dans la dignité de maire du palais, Waradon, homme illustre. Waradon ayant reçu des otages du duc Pepin, ils conclurent la paix ensemble. Waradon avait un fils, nommé Gislemar, adroit et actif, habile dans le conseil, et qui gouvernait le palais à la place de son père ; par son extrême adresse et ses ruses, il parvint à supplanter son père dans sa propre charge. L'évêque saint Ouen lui faisait sur cette action de fréquens reproches, l'engageant à faire la paix et à réclamer le pardon de son père ; mais il n'y consentit pas et persista dans la dureté de son cœur.

[1] En 681.

Il s'éleva entre Pepin et Gislemar bien des contestations et des guerres civiles. Gislemar ayant marché à Namur contre l'armée du duc Pepin, prêta un faux serment, et tua un grand nombre de nobles de cette armée[1]. De là étant retourné chez lui, à cause de sa conduite envers son père et de ses autres méchancetés et fourberies, Gislemar, frappé du jugement de Dieu, comme il l'avait mérité, rendit son ame coupable[2]. A sa mort, son père Waradon rentra dans son ancienne dignité.

Dans ce temps l'évêque saint Ouen, plein de vertus, monta vers le Seigneur[3]. Alors aussi mourut Waradon, maire du palais[4]. Il avait une mère noble et sage, nommée Ansflède, dont le gendre Berthaire fut créé maire du palais; c'était un homme d'une petite taille, de peu d'intelligence, colère et léger, et méprisant souvent l'amitié et les conseils des Francs qui s'en indignèrent. Auderamne, Reule et beaucoup d'autres, abandonnant Berthaire, se lièrent à Pepin par des otages, firent amitié avec lui et soulevèrent le reste de la nation contre Berthaire.

Pepin ayant levé une armée s'avança en ennemi pour faire la guerre au roi Théodoric et à Berthaire. S'étant rencontrés près de la ville de Vermand dans un lieu nommé Testri, ils en vinrent aux mains[5]. Pepin et les Austrasiens l'ayant emporté, le roi Théodoric et Berthaire prirent la fuite. Pepin demeurant vainqueur, les poursuivit et soumit ce pays; ensuite

[1] En 683.
[2] En 684.
[3] En 685.
[4] En 686.
[5] En 687.

Berthaire fut tué par des flatteurs, faux amis, à l'instigation de la matrone Ansflède sa belle-mère. Pepin, ayant en sa possession le roi Théodoric avec ses trésors et chargé du gouvernement de tout le royaume, retourna en Austrasie. Il avait une femme noble et sage, nommée Plectrude, et en eut deux fils dont l'aîné se nommait Drogon et le plus jeune Grimoald.

Le roi Théodoric mourut après un règne de dix-sept ans [1]. Les Francs élurent roi son fils Clovis encore enfant [2]. Le roi Clovis, d'une mauvaise santé, mourut quelques années après; il avait régné quatre ans. Son frère Childebert fut établi sur le trône [3]. Drogon, instruit par son père Pepin, reçut le duché de Champagne; le jeune Grimoald fut élu maire du palais du roi Childebert; ce fut un homme d'une grande douceur, rempli de bonté et de bienveillance, faisant de larges aumônes, et adonné à l'oraison.

Pepin fit la guerre à Ratbod [4], duc de la nation des Frisons, et ils en vinrent aux mains à Duersteden. Pepin fut vainqueur, et ayant mis en fuite le duc Ratbod avec les Frisons échappés au combat, il s'en retourna chargé de butin et de dépouilles. Ensuite Drogon, fils de Pepin, fut attaqué d'une violente fièvre dont il mourut; il fut enseveli à Metz dans la basilique du saint confesseur Arnoul. Grimoald eut d'une concubine un fils nommé Théodoald.

Pepin prit une autre femme, noble et belle, nommée Alpaïde, dont il eut un fils [5] qu'il nomma dans

[1] En 691.
[2] Clovis III.
[3] En 695, Childebert III.
[4] En 689.
[5] Vers 688.

sa propre langue (Karl) Charles ; cet enfant grandit fort et bien fait, et devint illustre.

Alors mourut le roi Childebert[1], et il fut enterré à Choisy dans la basilique de Saint-Étienne, martyr. Il avait régné seize ans. Dagobert[2], son fils, monta sur le trône. Grimoald épousa une fille de Ratbod, duc des Frisons. Pepin, étant tombé malade dans sa terre de Jupil sur les bords de la Meuse, Grimoald vint pour le voir, et, comme il se rendait pour prier dans la basilique du saint martyr Lambert, il fut tué par un homme cruel et impie, nommé Rantgaire. Ensuite Théodoald son fils, en bas âge, fut en sa place créé maire du palais du roi Dagobert. Le duc Pepin étant donc tombé malade en mourut[3] : il gouverna le peuple Franc pendant vingt-sept ans ; il laissait en mourant son fils Charles. Après sa mort, Plectrude sa femme, dont nous avons parlé, gouverna tout par ses conseils et son pouvoir. Enfin les Francs, s'étant soulevés par l'effet de mauvais conseils, livrèrent bataille, dans la forêt de Guise, à Théodoald et aux anciens Leudes de Pepin et de Grimoald. Là périt une quantité innombrable de guerriers. Théodoald, séparé de ses compagnons, se sauva par la fuite. La nation des Francs fut en proie à de grands troubles et de cruelles persécutions.

Ils élevèrent à la dignité de maire du palais un certain Franc, nommé Raganfried, et ayant rassemblé une armée, ils s'avancèrent jusqu'à la Meuse ravageant tout sur leur chemin. Ils s'unirent d'alliance avec le duc Ratbod. Vers ce temps le duc Charles, retenu en

[1] En 711.
[2] Dagobert III.
[3] Le 16 décembre 714.

prison par Plectrude, s'échappa avec l'aide de Dieu.

Alors mourut le roi Dagobert après un règne de cinq ans[1]. Les Francs établirent sur le trône un certain clerc, nommé Daniel, qui avait laissé croître sa chevelure, et le nommèrent Chilpéric[2]. Ils levèrent et envoyèrent une armée contre Charles, et engagèrent le duc Ratbod à venir d'un autre côté avec une armée de Frisons. Charles marcha contre Ratbod avec son armée, et le combat s'engagea ; mais Charles y perdit un nombre considérable de nobles et braves guerriers, et voyant son armée rompue il prit la fuite[3]. Alors Chilpéric et Raganfried, avec une troupe nombreuse, traversèrent la forêt des Ardennes au-delà de laquelle Ratbod les attendait, et s'avancèrent jusqu'à la ville de Cologne sur les bords du Rhin, ravageant également tout ce pays ; ils s'en retournèrent après avoir reçu de Plectrude un grand nombre de présens et de trésors ; mais dans leur route, et au lieu dit Amblef, l'armée de Charles leur fit essuyer un grand échec. Peu après Charles ayant de nouveau rassemblé ses troupes marcha contre Chilpéric et Raganfried. Ils en vinrent aux mains, un dimanche du carême, le 21 mars, à un endroit appelé Vinci, dans le canton de Cambrai[4]. Il se fit des deux côtés un grand carnage ; Chilpéric et Raganfried vaincus prirent la fuite. Charles les poursuivant s'avança jusqu'à Paris.

Étant ensuite retourné à Cologne, il s'empara de cette ville, qui lui ouvrit ses portes ; Plectrude lui

[1] En 715.
[2] Chilpéric II.
[3] En 716.
[4] Le 21 mars 717.

rendit les trésors de son père et remit tout en son pouvoir; il se donna alors un roi nommé Clotaire [1]. Chilpéric et Raganfried envoyèrent des messagers vers le duc Eudes pour demander son secours, lui donnant le titre de roi et des présens. Celui-ci ayant levé une armée de Gascons vint à eux, et ils marchèrent ensemble contre Charles. Mais Charles, ferme et intrépide, s'avança promptement à leur rencontre. Eudes effrayé, car il ne pouvait lui résister, s'enfuit. Charles le poursuivit jusqu'à Paris, passa la Seine et s'avança jusqu'à Orléans. Eudes s'étant échappé à grand'peine, arriva aux frontières de son pays et emmena avec lui le roi Chilpéric et ses trésors. Le roi Clotaire mourut cette année [2]. L'année suivante Charles conclut, par ses envoyés, une alliance avec Eudes, qui lui remit le roi Chilpéric avec beaucoup de trésors. Venu à Noyon, Chilpéric termina la carrière de sa vie avec celle de son règne qui avait duré six ans. A sa mort ils établirent sur le trône Théodoric [3], qui l'occupe maintenant. Cela fait, le prince Charles se mit à la poursuite de Raganfried, assiégea Angers, et ayant ravagé le pays s'en retourna chargé d'un grand butin.

Dans le même temps, les Saxons s'étant soulevés, le prince Charles les attaqua brusquement, les battit et s'en retourna vainqueur. A la fin de l'année [4], ayant rassemblé un grand nombre de troupes, il passa le Rhin, parcourut le pays des Allemands et des Suèves, s'avança jusqu'au Danube, et l'ayant traversé occupa

[1] En 719; Clotaire IV.
[2] En 720.
[3] Théodoric IV, fils de Dagobert III.
[4] En 725.

le pays des Bavarois ; l'ayant soumis il rentra en France avec beaucoup de trésors et une certaine matrone nommée Bilitrude, ainsi que sa fille Sonnichilde.

Le duc Eudes s'étant écarté du traité qu'il avait conclu [1], le prince Charles en fut instruit par des messagers. Il leva une armée, passa la Loire, mit le duc Eudes en déroute, et enlevant un grand butin de ce pays, deux fois ravagé par les troupes dans la même année, il retourna dans le sien. Le duc Eudes, se voyant vaincu, et couvert de confusion, appela à son secours, contre le prince Charles et les Francs, la nation perfide des Sarrasins; ils vinrent avec leur roi nommé Abdérame, passèrent la Garonne, marchèrent vers Bordeaux, et incendiant les églises, massacrant les habitans, ils s'avancèrent jusqu'à Poitiers. Là, après avoir livré aux flammes la basilique de Saint-Hilaire, chose bien douloureuse à rapporter, ils se préparèrent à marcher pour détruire celle de Saint-Martin de Tours. Le prince Charles se disposa vaillamment à les combattre, accourut pour les attaquer, renversa leurs tentes par le secours du Christ [2], se précipita au milieu du carnage, tua leur roi Abdérame, et détruisit complétement l'armée de ses ennemis.

L'année suivante [3], le prince Charles, brave guerrier, parcourut la Bourgogne, et plaça sur les frontières du royaume, pour le défendre contre les nations rebelles et infidèles, ses Leudes les plus dévoués et des guerriers courageux. Ayant établi la paix, il donna la ville de Lyon à ses fidèles, conclut partout des traités ou des trèves, et s'en retourna vainqueur,

[1] En 731.
[2] En 732.
[3] En 733.

plein de joie et de confiance. Dans ce temps, le duc Eudes mourut. A la nouvelle de sa mort, le prince Charles, prenant conseil de ses grands, passa encore une fois la Loire [1], vint jusqu'à la Garonne, occupa la ville de Bordeaux et le fort de Blaye, s'empara de tout ce pays, et soumit les villes comme les campagnes et les lieux forts. Ainsi favorisé du Christ, roi des rois et seigneur des seigneurs, le prince Charles retourna victorieux et en paix.

Voici quel est jusqu'à présent le compte des années. Depuis Adam, ou le commencement du monde, jusqu'au déluge, 2242 ans.

Depuis le déluge jusqu'à Abraham, 942 ans.

Depuis Abraham jusqu'à Moïse, 505 ans.

Depuis Moïse jusqu'à Salomon, 489 ans.

Depuis Salomon jusqu'à la restauration du Temple, du temps de Darius, roi des Perses, 512 ans.

Depuis la restauration du Temple jusqu'à la venue de Notre-Seigneur Jésus-Christ, 548 ans.

Depuis le commencement du monde jusqu'à la passion de Notre-Seigneur Jésus-Christ, 5538 ans.

Depuis la passion de Notre-Seigneur jusqu'à l'année présente [2], au jour du dimanche 1er. janvier, 735 ans.

Pour compléter ce millénaire, il manque 265 ans.

J'ai omis de rapporter ce que voici. Le prince Charles s'embarqua hardiment sur une flotte pour aller contre la cruelle nation maritime des Frisons qui s'étaient révoltés. Il alla en mer, et ayant été joint par une quantité de vaisseaux, il pénétra dans les îles de

---

[1] En 735.

[2] Ceci ne permet pas de douter que le continuateur de Frédégaire ne fût contemporain; du reste, il est inutile d'avertir que toute cette chronologie est pleine d'erreurs.

Wistrachie et Austrachie qui appartenaient aux Frisons, et campa sur les bords du fleuve de Burde [1]. Il tua le duc Popon, perfide conseiller de ce peuple, et mit en déroute l'armée des Frisons ; il détruisit leurs temples idolâtres, les consuma par le feu, et retourna dans le royaume des Francs victorieux et chargé de grandes dépouilles [2].

L'habile duc Charles ayant levé une armée, marcha du côté de la Bourgogne [3], soumit en son pouvoir la ville de Lyon, les seigneurs et les préfets de cette province, établit ses juges jusqu'à Marseille et Arles, et revint, chargé de trésors et de butin, dans le royaume des Francs, au siége de son empire.

Les Saxons, peuples payens qui habitent au-delà du Rhin, s'étant révoltés, le vaillant duc Charles leva une armée de Francs [4], passa adroitement le Rhin à l'endroit où le fleuve de la Lippe y décharge ses eaux, ravagea la plus grande partie de ce pays sauvage, rendit tributaire cette cruelle nation, et après en avoir reçu beaucoup d'otages, retourna triomphant dans son pays par le secours du Seigneur.

La belliqueuse nation des Ismaélites qu'en langue corrompue on nomme Sarrasins, s'étant encore soulevée, ils passèrent soudain le Rhône. Ces rusés infidèles, à la faveur de la fraude et de la perfidie d'un certain Mauronte et de ses compagnons, entrèrent en armes dans Avignon [5], ville bien fortifiée, entourée

[1] En 734.
[2] Ici s'arrête le second continuateur de Frédégaire.
[3] En 736.
[4] En 738.
[5] En 737.

de montagnes, et ils ravagèrent tout le pays. Le vaillant duc Charles envoya contre eux, avec un grand appareil de guerre, son frère le duc Childebrand, guerrier courageux, avec d'autres ducs et comtes. Promptement arrivés devant la ville d'Avignon, ils dressent leurs tentes, entourent la ville et les faubourgs, assiègent cette cité très-bien fortifiée, et disposent leur armée. Bientôt le duc Charles, arrivant à leur suite, cerne les remparts, asseoit son camp, et presse le siége. Les guerriers se précipitent sur les remparts et les murs des maisons, comme jadis à Jéricho, au bruit des armes et au son des trompettes, bien munis de machines et de cordages, et emportant enfin la ville, ils y mettent le feu, pressent leurs ennemis, les renversent, les égorgent, et les réduisent heureusement en leur pouvoir.

Le brave Charles victorieux passa le Rhône avec son armée, pénétra dans le pays des Goths, s'avança jusque dans la Gaule narbonnaise, et assiégea la célèbre cité de Narbonne, métropole de ce peuple. Il fit construire sur les bords du fleuve de l'Aude un rempart en forme de bélier, et enferma le roi des Sarrasins, nommé Athima [1], avec ses compagnons, et campa tout autour de la ville. A la nouvelle de ce siége, les seigneurs et les princes Sarrasins qui habitaient alors en Espagne, rassemblèrent une armée, à la tête de laquelle se mit un autre roi, nommé Amor [2], et s'avançant armés de machines contre Charles, ils se préparèrent au combat. Le duc Charles alla à leur rencontre sur les bords de la rivière Berre et dans la

---

[1] Abderraman ou Abdérame, gouverneur de Narbonne.
[2] *L'Émir* de Cordoue.

vallée de Corbière; ils en vinrent aux mains. Les Sarrasins vaincus, renversés, et voyant leur roi tué, prirent la fuite. Ceux qui avaient échappé, voulant s'enfuir sur des vaisseaux, se jetèrent à la nage dans la mer, et ils sautaient les uns sur les autres pour se sauver. Mais les Francs, montés sur des vaisseaux, et armés de javelots, se précipitèrent sur eux, les tuèrent, et les firent périr dans les flots. Ainsi vainqueurs de leurs ennemis, les Francs s'emparèrent d'une grande quantité de butin, firent une multitude de captifs, et ravagèrent avec leur duc tout le pays des Goths. Charles détruisit de fond en comble les villes les plus célèbres, Nîmes, Agde, Béziers, y mit le feu, et ravagea les faubourgs et les châteaux de ce pays. Après ces victoires, toujours guidé et soutenu par le Christ qui décide des combats, Charles retourna sain et sauf dans le territoire des Francs, au siége de son empire.

Au bout de deux ans [1], Charles envoya dans la Provence son frère Childebrand, dont nous avons parlé, avec des comtes et une armée. Ils arrivèrent à la ville d'Avignon, où Charles se hâta de les rejoindre. Il ramena sous son pouvoir tout le pays, jusqu'au rivage de la grande mer. Le duc Mauronte s'enfuit dans des rochers inaccessibles. Le prince Charles, après avoir acquis tout ce royaume, revint victorieux, personne ne se révoltant contre lui. De retour dans le pays des Francs, il tomba malade à Verberie, sur les bords de l'Oise.

Dans ce temps [2], le saint pape Grégoire [3] envoya

---

[1] En 739.
[2] En 741.
[3] Grégoire III.

de Rome et de la basilique de l'apôtre saint Pierre, une députation au prince Charles pour lui offrir les clefs du saint Sépulcre, avec les liens de saint Pierre et des présens nombreux et considérables ; chose qu'on n'avait jamais vue ni entendue en aucun temps. Ils convinrent par un traité que le peuple romain abandonnerait le parti de l'empereur, et que le pape donnerait au prince Charles le consulat de Rome. Le prince fit aux députés des honneurs étonnans et magnifiques, ainsi que des présens d'un grand prix, et envoya à Rome, avec ses serviteurs chargés de riches dons, Grimon, abbé du monastère de Corbie, et Sigebert, moine de la basilique de Saint-Denis.

Le prince Charles ayant pris conseil de ses grands partagea ensuite ses États à ses fils. Il donna donc à son aîné, nommé Carloman, l'Austrasie, la Suavie, qu'on appelle à présent l'Allemagne, et la Thuringe. Il mit son second fils, nommé Pépin, à la tête de la Neustrie et de la Provence [1].

Cette année le duc Pepin ayant levé avec son oncle le duc Childebrand et beaucoup de grands une armée considérable, entra en Bourgogne et s'empara de ce pays. Alors, ce qui est triste et douloureux à rapporter, on vit de nouveaux signes dans le soleil, la lune et les étoiles, et l'ordre sacré de la Pâque fut troublé. Le prince Charles enrichit à Paris la basilique de Saint-Denis d'un grand nombre de présens ; et étant revenu à Quierzy, palais situé sur les bords de l'Oise, il fut attaqué de la fièvre et mourut en paix, après avoir conquis tous les royaumes d'alentour. Après un règne

---

[1] Griffon, troisième fils de Charles Martel, ne reçut de lui que quelques comtés détachés des royaumes de ses deux frères.

de vingt-cinq ans, il mourut le 21 octobre, et fut enseveli à Paris dans la basilique de Saint-Denis.

Chiltrude, fille de Charles, poussée par le coupable conseil de sa belle-mère, passa secrètement le Rhin [1], à l'aide de ses serviteurs, pour aller trouver Odilon duc de Bavière; et Odilon, contre la volonté et l'avis de ses frères, la prit en mariage.

Les Gascons s'étant révoltés en Aquitaine avec leur duc Chunoald, fils d'Eudes, les princes Carloman et Pepin rassemblèrent leur armée, passèrent la Loire à Orléans, battirent les Romains d'outre Loire, et s'avancèrent jusqu'à la ville de Bourges, dont ils incendièrent les faubourgs. Poursuivant le duc Chunoald ils le mirent en fuite, ravagèrent tout le pays, détruisirent de fond en comble le château de Loches, prirent la garnison et demeurèrent partout vainqueurs. Ayant partagé le butin, ils emmenèrent avec eux en captivité les habitans de cette ville. De retour à peu près vers l'automne, cette même année, ils firent marcher une armée au-delà du Rhin contre les Allemands, et dressèrent leurs tentes sur les bords du Danube. Les Allemands, se voyant vaincus, donnèrent des ôtages, promirent fidélité, offrirent des présens et se soumirent à leur domination en demandant la paix.

Après le retour des deux princes, et la deuxième année de leur règne [2], leur parent Odilon, duc des Bavarois, excita contre eux une révolte; ils furent forcés de faire marcher en Bavière une grande armée de Francs. Arrivés à un fleuve qu'on appelle le Leck,

[1] En 742.
[2] En 743.

les deux armées campèrent sur les bords, et passèrent ainsi quinze jours à se considérer. Pleins de courroux d'être sans cesse provoqués par les moqueries de cette nation, les Francs affrontèrent de cruels périls dans des lieux déserts et des marais par où on n'avait point coutume de passer, et ayant divisé leurs troupes ils se jetèrent sur les Bavarois pendant la nuit et les surprirent à l'improviste. Le combat s'étant engagé, le duc Odilon, voyant son armée taillée en pièces, eut de la peine à se sauver honteusement et avec peu de monde au-delà du fleuve de l'Inn. Après avoir ainsi remporté la victoire, non sans la perte de beaucoup de gens, les deux princes s'en retournèrent victorieux dans leurs pays.

Trois ans s'étant écoulés, les Saxons, peuples voisins de Carloman, se soulevèrent [1]; il se jeta sur eux avec une armée, et ayant pris ceux dont les habitations touchaient à ses États, il s'empara heureusement, et sans combattre, de leur contrée; par la protection du Christ un grand nombre d'eux furent baptisés. Dans le même temps, Théodebald, fils du duc Godefroi, s'étant révolté, Pepin, avec sa brave armée, le chassa honteusement des défilés des Vosges, et ayant repris possession de ce duché retourna vainqueur dans son pays.

Les deux frères étant rentrés chez eux, ils furent provoqués par l'esprit turbulent des Gascons, et marchèrent sur la Loire [2]; ce que voyant, les Gascons demandèrent la paix, et exécutant en toutes choses la volonté de Pepin, obtinrent par leurs prières que, comblé de présens, il s'éloignât de leurs frontières.

[1] En 744.
[2] En 745.

L'année suivante [1] les Allemands ayant manqué à leur foi envers Carloman, ce prince saisi d'une grande fureur entra avec une armée dans leur pays, et tua un grand nombre des rebelles.

Au bout d'un an [2], Carloman, enflammé d'un saint amour de piété, remit son royaume avec son fils Drogon entre les mains de son frère Pepin, et se rendit à Rome dans l'église des saints apôtres Pierre et Paul, pour entrer dans l'ordre des moines. Par cette succession s'affermit beaucoup le pouvoir de Pepin.

La même année, les Saxons, selon leur coutume, s'efforcèrent de rompre la foi qu'ils avaient jurée au frère de Pepin : celui-ci fut donc forcé de marcher contre eux avec une armée. Les rois des Wénèdes et des Frisons vinrent à son secours : ce que voyant les Saxons furent saisis d'épouvante à leur ordinaire, et, après qu'un grand nombre d'entre eux eurent été tués ou emmenés en captivité, et leur pays ravagé par les flammes, ils demandèrent la paix, se soumirent aux Francs comme par le passé, et promirent d'acquitter exactement à l'avenir les tributs qu'ils avaient autrefois payés à Clotaire. Un grand nombre d'entre eux voyant qu'ils ne pouvaient résister à la bravoure des Francs, et perdant courage, demandèrent les sacremens chrétiens.

A leur tour les Bavarois, par le conseil d'hommes méchans, manquèrent aussi à leur fidélité envers le prince Pepin : c'est pourquoi ayant levé une armée considérable, il s'avança dans leur pays [3]. Frappés de

[1] En 746.
[2] En 747.
[3] En 749.

terreur, ils s'enfuirent avec leurs femmes et leurs enfans au-delà du fleuve de l'Inn, sur les bords duquel Pepin établit son camp, se préparant à le traverser pour faire d'eux un grand carnage. Les Bavarois se voyant hors d'état de se sauver, envoyèrent au prince des députés chargés de beaucoup de présens, se soumirent à lui, prêtant des sermens et donnant des otages, comme gages qu'ils ne se révolteraient plus jamais. Ainsi avec l'aide du Christ, Pepin retourna heureusement et en grand triomphe dans le pays des Francs, qui pendant deux ans se reposa de combats.

Dans ce temps, de l'avis et du consentement de tous les Francs, et après avoir envoyé à Rome une ambassade, qui rapporta l'autorisation du Saint-Siége apostolique, Pepin fut élevé sur le trône [1] par le choix de toute la nation Franque; les grands se soumirent à lui, et il fut selon l'antique usage, ainsi que la reine Bertrade, consacré par les évêques.

C'est jusqu'ici que l'illustre comte Childebrand, oncle dudit roi Pepin, a fait écrire avec le plus grand soin cette histoire des actions des Francs; ce qui suit a été fait par l'ordre de l'illustre guerrier, Nibelung, fils de Childebrand.

Cela fait, les Saxons, selon leur coutume, manquèrent l'année suivante [2] à la foi qu'ils avaient promise au roi, et se soulevèrent. Pepin irrité convoqua toutes les troupes des Francs, passa le Rhin, marcha avec un grand appareil dans le pays des Saxons, le

[1] En 752.
[2] En 753.

dévasta, tua beaucoup de guerriers, emmena captifs beaucoup d'hommes et de femmes, et fit un butin considérable. Les Saxons émus de repentir, et saisis de leurs craintes accoutumées, invoquèrent la clémence du roi, lui demandant la paix, offrant des sermens et des tributs bien plus forts que ceux qui leur étaient naguère imposés, et s'engageant à ne plus se révolter désormais. Le roi Pepin, avec la faveur du Christ, revint en grand triomphe au fort de Bonn sur le Rhin. Là, un messager arrivant de Bourgogne lui annonça que son frère Griffon qui avait trouvé pendant long-temps un asile en Gascogne, chez le duc Waïfer, avait tenté de passer en Lombardie pour y tramer des intrigues contre le roi, et qu'il avait été tué à Saint-Jean-de-Maurienne sur la rivière de l'Arve, par Théodouin, comte de Vienne, et Frédéric, comte des districts au-delà du Jura. Ces deux comtes avaient aussi été tués dans le combat.

Le roi Pepin traversa la forêt des Ardennes, et se trouvait à Thionville sur la Moselle, lorsqu'un autre messager lui vint dire que le pape Etienne, parti de Rome avec beaucoup de pompe et chargé de présens, avait déjà passé le grand Saint-Bernard et se rendait vers lui. A cette nouvelle, le roi, plein de joie, ordonna que le pape fût reçu avec de grands honneurs, et envoya au devant de lui son fils Charles, lui enjoignant de lui amener le pape à sa maison de Ponthion. Le pape Etienne y étant arrivé [1] fit beaucoup de présens, tant au roi qu'aux autres Francs, et réclama leur secours contre la nation des Lombards et son roi Astolphe, les suppliant de le délivrer des oppres-

[1] En 754.

sions et des perfidies que ces gens-là lui faisaient subir, ainsi que des charges et tributs que, contre toute justice, ils imposaient aux Romains. Le roi Pepin voulut que le pape Etienne passât l'hiver à Paris, dans le monastère de Saint-Denis, et qu'il y fût traité avec toutes sortes de soins. Il envoya en même temps des députés à Astolphe, roi des Lombards, l'engageant, par respect pour les saints apôtres Pierre et Paul, à ne plus entrer en ennemi sur le territoire de Rome, et à faire cesser, par égard pour lui-même, les tributs impies ou illégitimes que les Romains ne payaient pas auparavant.

Astolphe ayant dédaigné de faire ce que le roi Pepin lui demandait par ses députés, l'année suivante ledit roi ordonna à tous les Francs de se rendre auprès de lui, selon la coutume, au commencement de mars, et à Braine. Là, après en avoir délibéré avec ses grands, et à l'époque où les rois sont dans l'usage de commencer la guerre, le roi Pepin, le pape Etienne, les guerriers Francs et tous les peuples du royaume formant une multitude immense, marchèrent vers la Lombardie, en traversant les cités de Lyon et de Vienne, et arrivèrent dans la Maurienne. A ces nouvelles, le roi Astolphe rassemblant toutes les troupes des Lombards, s'avança jusqu'aux Cluses d'Italie, défilé clos qui aboutit au Val-de-Suze, y dressa son camp, et, bien muni d'armes et de machines, se prépara à soutenir criminellement les iniquités qu'il avait commises contre la république et le saint Siége de Rome. Le roi Pepin s'était arrêté dans la Maurienne avec son armée. Les rochers et les montagnes ne lui permettaient pas d'avancer; cependant un petit nombre de guerriers pénétrant à travers ces défilés de rude accès, arrivèrent jusque dans la vallée de Suze. Le roi Astolphe fit aussitôt prendre les armes à tous les Lombards, et marcha avec toutes ses troupes contre ces guerriers. A cette vue, les Francs comprirent bien qu'ils ne devaient attendre leur salut ni de leurs propres forces ni du secours des leurs ; ils invoquèrent Dieu et le bienheureux apôtre Paul, et engagèrent bravement le combat. Le roi Astolphe, voyant son armée fort entamée, prit la fuite. La plupart des guerriers qu'il avait amenés, les ducs, les comtes, et presque tous les grands de la nation des Lombards périrent en cette affaire ; et lui-même se glissant à grand'peine du haut d'un rocher, arriva avec une très-petite suite dans sa ville de Pavie. Le grand roi Pepin ayant ainsi remporté la victoire avec l'aide de Dieu, s'avança jusqu'à Pavie avec tous les bataillons des Francs, y dressa son camp, dévasta les environs, incendia une partie de l'Italie, ravagea tout le pays, emporta tous les forts des Lombards, et prit beaucoup de trésors d'or et d'argent, ainsi que beaucoup d'ornemens précieux, de meubles et de tentes. Le roi Astolphe voyant qu'il ne pouvait échapper, demanda la paix par l'entremise des évêques et des seigneurs Francs, promit d'accomplir tout ce que lui avait demandé le roi Pepin, de réformer toutes les injustices qu'il avait commises contre l'Eglise et le saint Siége de Rome, s'engagea par serment à ne jamais se soustraire à la domination des Francs, à ne jamais entrer en ennemi sur le territoire de la république romaine, et donna des ôtages. Le roi Pepin, touché de pitié, lui accorda, avec sa clémence ordi-

naire, la vie et son royaume. Astolphe fit beaucoup
de présens aux seigneurs Francs. Cela fait, le roi Pepin ramena le pape Etienne à Rome, où il répandit
ses largesses, et le rétablit sur le saint Siége apostolique, comme il y était auparavant. Chargé de présens et de trésors, le roi Pepin, avec l'aide de Dieu,
retourna ensuite dans son pays.

L'année suivante [1], le roi Astolphe retombant dans
son péché, viola les promesses qu'il avait faites au
roi Pepin. Il marcha de nouveau contre Rome, parcourut et dévasta son territoire, et arrivé à l'église de
Saint-Pierre, incendia toutes les maisons voisines. Le
roi Pepin, informé de ces choses par des messagers,
fut saisi d'une violente colère, rassembla de nouveau
toute l'armée des Francs, et traversant la Bourgogne,
arriva à Saint-Jean-de-Maurienne par Châlons et Genève. Aussitôt le roi Astolphe envoya des troupes de
Lombards au même défilé que l'année précédente pour
qu'elles résistassent aux Francs et les empêchassent
d'entrer en Italie. Mais Pepin, ayant traversé avec son
armée le Mont-Cenis, arriva auprès du défilé où les
Lombards voulaient l'arrêter, et soudain les Francs
instruits par leur expérience pénétrèrent à travers
les rochers et les montagnes, se précipitèrent avec
fureur dans le royaume d'Astolphe et tuèrent tous les
Lombards qu'ils purent rencontrer. Ceux qui restaient
eurent grand'peine à s'échapper par la fuite. Le roi
Pepin avec son neveu Tassilon, duc des Bavarois, s'avança une seconde fois jusqu'à Pavie, dévasta tout le
pays, et dressa son camp tout autour de la ville, si

[1] En 755.

bien que personne n'en pouvait sortir. Le roi Astolphe, perdant tout espoir de salut, s'adressa de nouveau, en suppliant, aux évêques et aux seigneurs Francs; promettant de réformer tout-à-fait et d'après leur jugement toutes ses injustices envers le Saint-Siége de Rome, offrant de renouveler les sermens qu'il avait violés et demandant avec instance la paix. Le roi Pepin, de nouveau touché de pitié, selon sa coutume, lui accorda encore une fois, par l'entremise de ses grands, la vie et son royaume. Le roi Astolphe, d'après la décision des grands et des évêques, donna au roi Pepin le tiers des trésors qu'il avait dans Pavie et fit à tous ses guerriers des présens beaucoup plus considérables que les premiers. Enfin il s'engagea par serment et en livrant des ôtages, à ne plus se révolter jamais contre le roi Pepin et les seigneurs Francs, et à leur envoyer chaque année, par ses messagers, les tributs que très-anciennement les Lombards payaient aux rois des Francs. Pepin, ainsi vainqueur et presque sans combat, revint dans son royaume, chargé de trésors et ramenant tous ses guerriers, et le pays se reposa de guerres pendant deux ans.

Dans la suite le roi Astolphe se livrant à la chasse au milieu d'une forêt, et frappé du jugement de Dieu, fut renversé de son cheval contre un arbre, et par une mort cruelle, mais méritée, perdit son royaume et la vie [1]. Les Lombards, avec le consentement du roi Pepin, et d'après l'avis de ses grands, élevèrent Didier sur le trône de leur pays.

[1] En 756.

Pendant que cela se passait [1], le roi Pepin envoya une ambassade à Constantinople à l'empereur Constantin, pour s'assurer de son amitié, et régler les intérêts de son pays. L'empereur Constantin lui envoya également des députés porteurs de beaucoup de présens [2], et ils se promirent l'un à l'autre foi et amitié. Je ne sais par quelle cause les promesses qu'ils s'étaient faites ne s'accomplirent nullement.

Après que le pays se fut reposé de guerres pendant deux ans, le roi Pepin envoya des députés à Waïfer, prince d'Aquitaine, pour lui demander de rendre aux églises de son royaume les biens qu'elles possédaient en Aquitaine [3]. Il voulait que ces églises jouissent de leurs terres avec toutes les immunités qui leur étaient jadis assurées; que Waïfer cessât de faire entrer sur leurs domaines, et contre l'usage ancien, des juges et des percepteurs; que ce prince lui payât, selon la loi, le prix de la vie de certains Goths qu'il avait tués contre toute justice; enfin, qu'il remît en son pouvoir ceux des hommes de Pepin qui s'étaient enfuis du royaume des Francs dans celui d'Aquitaine. Waïfer repoussa avec dédain toutes ces demandes. Alors le roi Pepin, bien contre son gré, rassembla une armée, traversa le pays de Troyes, et arriva à la ville d'Auxerre, pour marcher de là sur l'Aquitaine. Arrivé avec les guerriers Francs au bord de la Loire, il traversa ce fleuve près du bourg de Mesve, dans le diocèse d'Auxerre, s'avança du Berry jusqu'en Auvergne, dévasta toute cette contrée, et incendia la plus grande

---

[1] En 757.
[2] Parmi ces présens était un orgue, le premier qu'on eût vu en France.
[3] En 760.

partie de l'Aquitaine. Le prince Waïfer demanda alors la paix par des députés, et s'engagea par serment, et en livrant des ôtages, à réparer, dans un plaid convoqué à cet effet, tous les torts dont s'était plaint le roi Pepin qui retourna avec toute son armée, et sans aucune perte, dans ses propres États.

L'année suivante, c'est-à-dire, la dixième de son règne[1], Pepin ordonna à tous les seigneurs Francs de se rendre au champ de mai, à Duren, dans le pays des Ripuaires, pour y traiter des intérêts de la patrie. Sur ces entrefaites, Waïfer forma le coupable projet de surprendre par ruse le roi des Francs : il s'entendit avec Chunibert, comte du Berry, et Blandin, comte d'Auvergne, qui, envoyé vers Pepin l'année précédente, ainsi que Bertellan, évêque de la cité du Berry, avait grandement excité par son langage la colère dudit roi. Accompagné de ces comtes, Waïfer fit passer en secret toute son armée jusqu'à la ville de Châlons, et là il dévasta tout le pays d'Autun, et incendia les faubourgs mêmes de Châlons, avec tout ce qui s'y trouvait; il mit le feu au domaine de Meillac, propriété du roi, et ne rencontrant aucune résistance, retourna dans ses États chargé de dépouilles et de butin. Lorsque Pepin fut informé que Waïfer, oubliant ses sermens, avait ravagé la plus grande partie de son royaume, il fut saisi d'un violent courroux, et ordonna à tous les Francs de se réunir en armes pour marcher vers la Loire. A la tête d'une nombreuse armée, il se rendit à Troyes, de là à Nevers par Auxerre, et passant la Loire, il arriva au fort de Bourbon-l'Archambaut dans le Berry. Ce fort, auprès duquel il dressa

[1] En 761.

son camp, fut aussitôt pris et brûlé par les Francs. Le roi emmena à sa suite les hommes de Waïfer qu'il y avait trouvés, dévasta une bonne part de l'Aquitaine, parvint avec ses troupes jusque dans la cité d'Auvergne, emporta le fort de Clermont, et y mit le feu. Un grand nombre d'hommes et de femmes et même d'enfans furent consumés dans cet incendie. Blandin, comte d'Auvergne, fut pris et conduit, chargé de liens, en présence du roi. Beaucoup de Gascons furent tués ou pris dans ce combat. Le roi Pepin, s'étant emparé de la ville, ravagea ensuite tout le pays, et, avec l'aide de Dieu, rentra dans ses États avec beaucoup de butin, sans avoir fait aucune perte.

L'année suivante, c'est-à-dire, la onzième de son règne [1], le roi Pepin revint attaquer la ville de Bourges avec une immense multitude de Francs; il y dressa son camp, dévasta les environs, et fit construire autour de la ville un rempart si fort que personne ne pouvait plus entrer ni sortir. A l'aide de machines et de toutes sortes d'inventions, et après plusieurs combats où périrent beaucoup de guerriers, il renversa les murs, prit la ville, et, en vertu des droits de la guerre, la réunit à ses États. Cependant, avec une pieuse clémence, il renvoya libres les guerriers que Waïfer avait chargés de la défense de Bourges, et ils retournèrent dans leur pays. Pepin emmena avec lui le comte Chunibert avec d'autres Gascons qu'il avait trouvés dans la ville, ordonna à leurs femmes et à leurs enfans de se rendre également en France, fit relever les murs de Bourges, et en remit la garde à ses propres comtes. Il s'avança ensuite avec son armée jusqu'au

[1] En 762.

fort de Thouars, et en fit le siége : ce fort fut pris et brûlé avec une admirable promptitude. Pepin emmena en France les Gascons qu'il y trouva, ainsi que leurs comtes, et, toujours protégé du Christ, revint chez lui avec tous les Francs, chargé d'un immense butin.

La querelle fut longue entre le roi Pepin et le prince Waïfer. Pepin, avec l'aide de Dieu, croissait de plus en plus, et devenait chaque jour plus puissant. Au contraire le parti de Waïfer et son pouvoir dépérissaient de jour en jour. Ce prince s'appliquait sans cesse à tendre des embûches et à faire quelque tort au roi des Francs. Il envoya le comte Mancion, son parent[1], avec d'autres comtes, du côté de Narbonne pour qu'ils s'opposassent à l'arrivée des garnisons que le roi Pepin faisait passer dans cette ville, avec mission de la défendre contre la nation des Sarrasins, ou pour qu'au moins ils arrêtassent et missent à mort les troupes des Francs lorsqu'elles retourneraient dans leur pays. Il arriva en effet qu'au moment où les comtes Australd et Galeman se remettaient en route avec leurs guerriers pour rentrer en France, ce Mancion, suivi d'une nombreuse bande de Gascons, se jeta sur eux et leur livra un rude combat. Mais Galeman et Australd, protégés de Dieu, le tuèrent avec ses compagnons. Aussitôt les Gascons prirent la fuite, perdirent tous les chevaux qu'ils avaient amenés, et un bien petit nombre d'entre eux réussit à s'échapper à travers les montagnes et les vallées. Les Francs, tout joyeux, rentrèrent dans leur patrie avec les chevaux et les dépouilles de leurs ennemis.

Pendant que les Francs et les Gascons se faisaient

[1] En 765.

ainsi une guerre continuelle, Chilping, comte d'Auvergne, rassembla des troupes et entra en Bourgogne dans le diocèse de Lyon pour y faire du butin. Adalard, comte de Châlons, et le comte Australd, marchèrent contre lui avec leurs guerriers; ils se combattirent rudement sur le bord de la Loire, mais Chilping fut tué dans le combat par les comtes que je viens de nommer, et tous ceux qui l'entouraient périrent également. A cette vue les Gascons tournèrent le dos, et un petit nombre se sauva dans les bois et les marais. Amanugues, comte de Poitiers, ravageant pareillement le territoire de Tours, fut tué par les hommes de Wulfard, abbé du monastère de Saint-Martin. La plupart de ceux qui l'avaient accompagné eurent le même sort; quelques-uns seulement réussirent à s'échapper. Pendant que cela se passait, Rémistan, oncle de Waïfer, vint trouver le roi Pepin, et s'engagea par serment à lui demeurer toujours fidèle ainsi qu'à ses fils. Pepin le reçut au nombre des siens, et lui fit de riches présens d'or, d'argent, d'habits, d'armes et de chevaux.

Ayant fait reconstruire ensuite depuis les fondemens le fort d'Argenton en Berry, et voulant y envoyer ses comtes pour le garder, le roi Pepin concéda ce fort à Rémistan avec la moitié du Berry jusqu'à la rivière du Cher, pour qu'il le défendît contre les attaques de Waïfer. Le prince Waïfer voyant que le roi des Francs, à l'aide de ses machines, avait pris le fort de Clermont, ainsi que Bourges, capitale de l'Aquitaine, et ville très-fortifiée, désespéra de lui résister désormais, et fit abattre les murs de toutes les villes qui lui appartenaient en Aquitaine, savoir, Poitiers, Limoges, Saintes, Périgueux et beaucoup d'autres. Le roi Pepin les fit réparer dans la suite et en confia la garde à ses guerriers. A la fin de cette année, il revint avec toutes ses troupes dans ses États.

L'année suivante [1], ayant convoqué tous les guerriers Francs, et passant par les villes de Troyes et d'Auxerre, il se rendit à Nevers, et là tint, avec tous ses grands, son plaid du champ de mai. Passant ensuite la Loire, il entra en Aquitaine, s'avança jusqu'à Limoges, dévasta toute la contrée et fit surtout incendier les domaines de Waïfer. Beaucoup de monastères furent dépeuplés par ses ravages. Marchant de là sur Issoudun, le roi prit et ravagea la partie de l'Aquitaine où il y avait le plus de vignes. Ainsi le pays d'où l'Aquitaine toute entière, les monastères comme les églises, et les pauvres comme les riches, avaient coutume de tirer du vin, fut occupé et pillé par les Francs. Waïfer, rassemblant alors une grande armée, formée surtout des Gascons qui habitent au-delà de la Garonne, et portaient autrefois le nom de Basques, marcha contre Pepin; mais, selon leur coutume, tous les Gascons tournèrent le dos, et beaucoup tombèrent sous les coups des Francs. Le roi fit poursuivre Waïfer jusqu'à la nuit, et il échappa à grand'peine avec quelques-uns des siens. Dans ce combat fut tué Blandin, comte d'Auvergne, que le roi Pepin avait pris peu auparavant, et qui s'était évadé pour rejoindre Waïfer. Pepin, ainsi vainqueur avec l'aide de Dieu, revint en grand triomphe à Digoine, auprès de la Loire, et rentra dans ses États,

---

[1] C'est à l'an 763 et non à l'an 766, comme semblent l'indiquer ces mots, qu'appartiennent les événemens rapportés dans ce paragraphe, qui a été probablement transposé dans les manuscrits.

en traversant le pays d'Autun. Waïfer lui envoya des députés, demandant qu'on lui rendît Bourges et les autres villes d'Aquitaine que le roi lui avait enlevées, et promettant de se soumettre alors à son pouvoir, ainsi que d'acquitter chaque année les tributs que ses prédécesseurs avaient coutume de payer aux rois des Francs. Mais le roi, par le conseil de ses grands, repoussa avec mépris cette proposition.

L'année suivante[1], ayant convoqué toutes les troupes, soit des Francs, soit des autres nations, qui habitaient dans son royaume, le roi Pepin vint à Orléans, y tint son plaid du champ de mai, pour traiter des affaires publiques, et reçut, des Francs et de ses grands, beaucoup de riches dons. Ensuite, passant de nouveau la Loire, il poussa jusqu'à Agen et ravagea tout le pays. Voyant cela, les grands et le peuple d'Aquitaine, contraints par la nécessité, vinrent en grand nombre le trouver, lui prêtèrent serment et se soumirent à son pouvoir. S'étant ainsi emparé de toute l'Aquitaine, et chargé d'un immense butin, le roi Pepin rentra en France avec ses guerriers, en traversant le pays d'Angoulême et de Périgueux.

L'année suivante[2], le roi, toujours suivi de l'armée des Francs, et passant par Troyes et Auxerre, après s'être arrêté au fort de Gordon, près de Sancerre, traversa la Loire en paix avec sa femme, la reine Bertrade, se rendit à Bourges, et donna l'ordre d'y construire un palais. Il y tint, selon la coutume, le champ de mai, et, après en avoir délibéré avec ses grands, il laissa dans cette ville la reine Bertrade sous la garde

---

[1] En 766.
[2] En 767.

de comtes fidèles, et marcha lui-même avec le reste des Francs à la poursuite de Waïfer. N'ayant pu l'atteindre et l'hiver s'approchant, il revint avec son armée à Bourges, où était restée la reine.

Sur ces entrefaites, Rémistan, fils d'Eudes, manqua à la foi qu'il avait jurée au roi Pepin, et se remit du parti de Waïfer, qui le reçut avec grande joie, comptant sur son secours pour faire la guerre au roi des Francs. Rémistan montra une grande fureur contre Pepin et les garnisons des villes qui naguère lui étaient confiées. Il ravagea le territoire de Bourges et de Limoges, à tel point qu'aucun colon n'osait labourer les champs ni cultiver les vignes. Cependant le roi Pepin passa tout l'hiver dans son palais de Bourges avec la reine Bertrade. Il envoya son armée hiverner en Bourgogne, et, d'après l'avis des évêques, célébra solennellement à Bourges les fêtes de Noël et de la sainte Épiphanie.

L'année ayant fini son cours, Pepin rappela, vers le milieu de février [1], l'armée qu'il avait envoyée passer l'hiver en Bourgogne, et, décidé à tendre des embûches à Rémistan, il fit partir en secret Hermenald, Béranger, Childerad et Chunibert, comte du Berry, avec plusieurs autres comtes et Leudes, les chargeant de s'emparer de la personne de cet infidèle. Il marcha ensuite lui-même avec son armée pour attaquer Waïfer. De son côté, la reine Bertrade alla à Orléans et de là se rendit par eau au château de Selles, situé sur le bord de la Loire.

On vint peu après annoncer au roi que les députés qu'il avait jadis envoyés à Almanzor, roi des Sarrasins,

[1] En 768.

étaient enfin, au bout de trois ans, revenus à Marseille, ramenant, de la part de ce roi, une ambassade qui apportait beaucoup de présens. A cette nouvelle, Pepin envoya aux ambassadeurs Sarrasins des députés chargés de les recevoir avec honneur et de les conduire à Metz pour y passer l'hiver.

Les comtes à qui le roi avait ordonné de prendre Rémistan, s'en emparèrent par la volonté de Dieu, et l'amenèrent chargé de liens en présence du roi, ainsi que sa femme. Le roi enjoignit à Chunibert et à Ghislar, comtes du Berry, de le pendre à l'instant. Il marcha ensuite lui-même jusqu'aux bords de la Garonne, et là, les Gascons qui demeuraient au-delà de ce fleuve vinrent le trouver, lui prêtèrent serment, lui remirent des ôtages et s'engagèrent à lui demeurer toujours fidèles, ainsi qu'à ses fils Charles et Carloman. Beaucoup d'autres nations du parti de Waïfer se soumirent également à son pouvoir, et il les reçut avec une grande bonté. Waïfer, se cachant et plein d'inquiétude, errait de côté et d'autre avec une petite suite dans la forêt de Ver, au pays de Périgueux. Le roi Pepin prépara des embûches pour s'emparer de lui. Allant ensuite retrouver la reine à Selles, il fit venir dans ce château les ambassadeurs Sarrasins qui avaient passé l'hiver à Metz, et ils lui offrirent les présens que lui envoyait Almanzor. Le roi leur fit à son tour de beaux présens, et les fit conduire à Marseille avec de grands honneurs. Les Sarrasins retournèrent par mer dans leur pays.

Quittant alors le château de Selles, le roi se remit, avec un petit nombre de guerriers, à la poursuite de Waïfer, et arriva presque seul à Saintes avec une promptitude admirable. Waïfer, informé de son approche, prit la fuite, selon son usage. Pepin envoya de quatre côtés différens les comtes de sa cavalerie et ses Leudes, pour qu'ils le cherchassent partout. Sur ces entrefaites, le prince Waïfer fut tué par les siens à l'instigation du roi, d'après ce qu'on rapporte. Pepin s'étant alors emparé de toute l'Aquitaine, car les Aquitains vinrent tous se soumettre à son pouvoir, comme par le passé, il revint en grand triomphe à Saintes, où était demeurée la reine Bertrade.

De retour dans cette ville, et pendant qu'il y traitait des affaires de la patrie, le roi, saisi d'une certaine fièvre, commença à être malade, et partit laissant là ses comtes et ses juges. Il se rendit par Poitiers dans la ville de Tours, au monastère de Saint-Martin, et y fit de grandes largesses tant aux pauvres qu'aux monastères et aux églises. Il supplia saint Martin d'invoquer, pour ses péchés, la miséricorde du Seigneur. Se remettant ensuite en marche avec la la reine Bertrade et ses fils Charles et Carloman, il arriva à Paris et demeura quelque temps dans le monastère de Saint-Denis. Voyant alors qu'il touchait à la fin de sa vie, il fit venir tous ses grands, tant les les ducs et les comtes que les prêtres et les évêques, et là, avec leur consentement et pendant qu'il vivait encore, il partagea également entre ses fils le royaume des Francs, qu'il avait possédé. Il donna à Charles, son fils aîné, le royaume d'Austrasie, à Carloman, le plus jeune, le royaume de Bourgogne, la Provence, la Gothie, l'Alsace et le pays des Allemands, et il divisa entre eux l'Aquitaine qu'il venait de conquérir. Cela fait, le roi Pepin, et c'est une douleur de le dire, mourut au bout de peu de jours [1]. Selon sa volonté, les rois Charles et Carloman, ses fils, l'ensevelirent avec de grands honneurs dans le monastère de Saint-Denis. Il avait régné vingt-cinq ans [2].

Après ses obsèques, les deux rois se rendirent, chacun avec ses Leudes, dans la capitale de son royaume; et là, ayant convoqué leur plaid et délibéré avec leurs grands, le 9 octobre, et tous deux au même jour, ils furent élevés au trône par les seigneurs et les évêques, Charles à Noyon, et Carloman à Soissons.

[1] Le 18 ou, selon d'autres, le 24 septembre 768.
[2] C'est une erreur; Pepin régna onze ans comme maire du palais, et seize ans comme roi, en tout vingt-sept ans.

FIN DE LA CHRONIQUE DE FRÉDÉGAIRE.

# VIE
# DE DAGOBERT I<sup>ER</sup>.

# NOTICE

### SUR

## LA VIE DE DAGOBERT I<sup>ER</sup>.

---

Personne ne conteste que l'auteur de cette vie de Dagobert 1<sup>er</sup>. ne soit un moine de Saint-Denis; mais on ignore son nom et on ne s'accorde point sur le temps où il a écrit. Duchesne, qui l'a publié le premier d'après un manuscrit de Pétau, et Pierre de Marca le font contemporain des rois dont il raconte l'histoire; dom Ruinart, quoique le plaçant un peu plus tard, ne s'éloigne guères de cette opinion ; mais elle est repoussée par le texte même de l'écrivain, car en parlant d'une charte de saint Ouen, contemporain de Dagobert, il dit expressément qu'elle était ancienne, et son récit indique plus d'une fois que les évènemens qu'il rapporte se sont déjà passés depuis quelque temps. Aussi Adrien Valois et le père Lecointe ont-ils supposé qu'il vivait dans le cours du neuvième siècle. Mais Mabillon et Félibien l'ont placé à la fin du huitième, et, quoique leur conjecture ne se fonde pas sur des preuves directes, c'est, à mon avis, la plus probable. S'il est impossible de méconnaître que l'écrivain parle de temps antérieurs au sien, son ton, les détails où il entre, le genre des traditions qu'il recueille, l'intérêt assez vif qu'il semble y porter, laissent pourtant entrevoir des souvenirs encore prochains et vivans. Il serait étrange que deux siècles se fussent écoulés après la mort de Dagobert sans qu'aucun moine de Saint-Denis s'empressât de célébrer la mémoire du bienfaiteur de cette Église. Le petit ouvrage que nous publions ici n'a point d'autre dessein ; ce n'est point un historien qui retrace des faits déjà loin de lui ; c'est un panégyriste intéressé qui étale avec complaisance les mérites récens d'un patron magnifique. Il n'a pas vu les heureux jours qu'il décrit, il n'est pas de ceux qui ont reçu en personne les pieuses largesses du Roi ; mais il en paraît si touché, il en connaît si bien toutes les circonstances qu'on est porté à croire qu'il les a souvent entendu vanter, sinon par les contemporains eux-mêmes, du moins par leurs successeurs immédiats.

La partie vraiment historique de son récit est presque toujours textuellement empruntée à Frédégaire. On ne s'étonnera donc point de rencontrer ici, et sans aucune altération, de longs passages du chroniqueur bourguignon. Dans ces temps d'ignorance et de sécheresse d'esprit, où les ouvrages étaient rares et les manuscrits peu nombreux, les écrivains ne se faisaient aucun scrupule de se copier sans en rien dire. Ce qui avait été une fois écrit devenait une sorte de propriété commune dont chacun s'emparait pour la reproduire, en y ajoutant ce qu'il savait de plus. Sauf les détails relatifs à son monastère, le biographe de Dagobert n'a guères ajouté, au récit de ses prédécesseurs, que des fables pieuses ou des anecdotes peu authentiques; et la plupart des historiens modernes, érudits ou philosophes, en ont conclu qu'il était peu digne d'attention. Nous sommes fort loin de partager leur dédain. L'histoire de la Grèce et de Rome n'est aussi, et pendant plus d'un siècle, qu'un recueil de fables, de légendes, d'anecdotes incohérentes et converties, par les narrateurs, en aventures merveilleuses. Ces croyances du berceau des peuples, ces monumens de leur vive et naïve crédulité, sont-ils moins curieux à étudier que les événemens clairs et certains de leur carrière politique? comprendrions-nous même les temps historiques de l'antiquité si les temps mythologiques nous étaient inconnus? et par quelle absurde bizarrerie traiterions-nous la mythologie des peuples modernes avec une indifférence ou un mépris que ne nous inspire point celle des Anciens? Ce sont des fables sans doute que la chasse de Dagobert, jeune encore, aux environs de Saint-Denis, et l'asile que trouve un cerf dans la chapelle du saint, et le miracle qui, plus tard, y défend le prince lui-même du courroux de son père, et la vision de l'hermite Jean qui, après la mort de Dagobert, voit les saints et les démons se disputer son ame. Mais, indépendamment de leur mérite poétique, ces fables nous instruisent de l'état des esprits et des mœurs bien mieux que ces chroniques sans miracles, où rien ne se trouve si ce n'est quelques dates et quelques noms.

Il ne faut point ajouter foi aux innombrables donations dont le biographe fait honneur à la munificence de Dagobert. Non contens des plus abondantes libéralités, les moines fabriquaient souvent, pour légitimer leurs usurpations, des chartes qu'ils attribuaient à des rois déjà célèbres par leur mérite en ce genre, et il est reconnu que plusieurs de celles dont parle ici l'écrivain sont dépourvues de toute authenticité.

F. G.

# VIE

DE

# DAGOBERT I<sup>ER</sup>.

Clotaire, fils de Chilpéric, régna le quatrième depuis Clovis, le premier des rois Francs qui fut converti au culte de Dieu par les leçons du bienheureux Remi, évêque de Rheims. Revêtu de la dignité qu'avaient acquise et agrandie ses ancêtres, Clotaire fit beaucoup de choses fortes et hardies; mais la principale preuve de sa puissance qu'il laissa à ses descendans, ce fut que les Saxons s'étant révoltés contre lui, il les dompta si pleinement par ses armes, qu'il fit périr tous les mâles de cette terre dont la taille surpassait la longueur de l'épée qu'il portait alors : il voulait que le souvenir toujours vivant de cette mortelle épée étouffât l'audace de leurs enfans. Telles étaient alors la puissance des Francs et l'ardeur guerrière des rois. Comment Clotaire accomplit ces choses, c'est ce qui sera conté dans la suite et en son lieu. Ce roi Clotaire était plein de douceur, instruit dans les lettres, craignant Dieu, patron libéral des églises et des prêtres, faisant l'aumône aux pauvres, se montrant pieux et bon envers tous, guerrier illustre, seulement trop adonné à la chasse.

Il avait un fils, nommé Dagobert, qu'il avait eu de

la reine Bertrude, digne, par son habileté et son courage, de succéder à son père. Dans les années de son enfance, il fut remis par son père au vénérable et saint Arnoul, évêque de Metz, pour qu'il l'élevât selon la sagesse, lui montrât les sentiers de la religion chrétienne, et lui servît de gardien et d'instituteur. Lorsque Dagobert eut atteint l'âge de l'adolescence, et s'amusait à la chasse, selon la coutume des Francs, il résolut un certain jour de courre un cerf. Le cerf, aisément lancé, s'efforçait avec l'agilité qui est propre à cet animal, d'échapper aux troupes de chiens qui le poursuivaient, aboyant à l'envi après lui, et il traversait les forêts, les montagnes et les fleuves qui se trouvaient sur son chemin. Vaincu enfin, il s'arrêta au lieu qu'on appelle Catulliac, éloigné d'environ cinq milles de la ville qu'on nomme Lutèce ou Paris. C'était dans cette ville que d'ordinaire les rois des Francs avaient coutume de porter leur sceptre.

En cet endroit, et du temps de Domitien, qui, le second depuis Néron, tourna ses armes contre les Chrétiens, le bienheureux Denis, évêque de Paris, et avec lui Rustique et Eleuthère, l'un prêtre, l'autre diacre, furent mis à mort pour le nom du Christ, à la vue de ladite cité. Une certaine mère de famille, nommée Catulla, et qui donna son nom à ce lieu, les ensevelit en secret, n'osant le faire publiquement. Elle marqua pourtant l'endroit, afin qu'il pût être reconnu de ceux qui viendraient après elle. Ainsi un incomparable trésor, fort long-temps caché en ce lieu, n'avait rien de remarquable, si ce n'est sa renommée. Quelques possessions y avaient été attachées par les rois précédens, à cause des miracles continuels qui s'y faisaient. Mais comme ce terrain était alors au pouvoir de l'évêque de Paris, qui le donnait en bénéfice, comme il lui plaisait, à quelqu'un de ses clercs, il arrivait que ceux qui en obtenaient la jouissance ne s'inquiétaient pas de la sainteté du lieu, et ne songeaient qu'à en tirer pour leur propre compte un gain terrestre, comme cela se voit aujourd'hui en plus d'un endroit. A cause de cela, ce lieu était fort négligé. Une misérable petite chapelle que sainte Geneviève, disait-on, y avait dévotement fait construire, couvrait les corps de si grands martyrs; et il en fut ainsi jusqu'à ce que leur nom, comme je le raconterai dans la suite, brillât, pour l'utilité du monde, de tout son éclat, et que, par la volonté de Dieu, ce lieu illustré, bien qu'en secret, par des patrons si grands, si connus et si anciens, fût élevé à la plus éclatante renommée.

Pour revenir à mon sujet, le cerf, après avoir erré long-temps çà et là dans le bourg, entra dans la chapelle des saints martys, et s'y cacha. Les chiens le pressaient; et quoique la même porte par où le cerf était entré, leur fût ouverte, quoique nul de leurs gardiens visibles ne fût là pour les en chasser, les saints martyrs ne souffrirent pas que leur domicile fût violé par l'approche d'animaux immondes. Vous eussiez vu le cerf trouvant là un asile assuré, et les chiens indiquant sa présence par leurs aboiemens, mais repoussés par une puissance divine de l'entrée de l'église. Dagobert, arrivant en toute hâte, fut saisi, à ce spectacle, d'étonnement, d'admiration et de respect. Le bruit s'en répandit parmi les voisins, et leur inspira, mais surtout à Dagobert, un grand amour et une profonde vénération pour les saints ; et, pour dire le vrai, aucun lieu ne fut plus cher ni plus précieux à Dagobert, comme on le vit plus tard par ses actions.

La trente-sixième année du règne de Clotaire [1], mourut la reine Bertrude, mère de Dagobert, que Clotaire avait aimée d'unique amour, et que tous les ducs chérissaient fort, car ils avaient souvent éprouvé sa bonté. Après sa mort, le roi Clotaire prit une autre femme, nommée Sichilde, dont il eut un fils nommé Charibert.

Dagobert croissait en vertu comme en âge, et il donnait par ses actions l'espérance qu'on trouverait en lui un excellent roi. Son père Clotaire avait choisi, pour traiter les affaires sous ses ordres, un certain Sadrégésile, d'une fidélité éprouvée, à ce qu'il croyait, et lui avait confié notamment le duché d'Aquitaine. Celui-ci, enorgueilli d'une si grande dignité, et travaillé soit par cet orgueil, soit par quelque espoir de posséder lui-même le royaume, souffrait impatiemment les heureux progrès de Dagobert fils du roi. Quoiqu'il fît semblant de lui porter beaucoup d'amour, il ne put cacher long-temps ce qu'il méditait. Mais comme, craignant le roi Clotaire, il n'osait laisser éclater tout haut ses sentimens, sa secrète inimitié ne parut d'abord que par ses mépris répétés envers le fils du roi. Il alléguait pour excuse la jeunesse de celui-ci, disant qu'il ne fallait pas qu'un esprit encore inexpérimenté pût devenir insolent par la soumission des grands du royaume, ni que l'exercice d'un pouvoir acquis de trop bonne heure détournât le jeune

[1] En 619.

homme du travail et de l'étude. On rapporta à Dagobert ce que faisait et disait cet homme ; il s'était déjà aperçu lui-même de son inimitié, et par les paroles des autres il en fut tout-à-fait convaincu. Mais, ne pouvant le remettre aussitôt dans le devoir, il jugea qu'il fallait attendre une occasion pour examiner avec soin la chose et faire subir à son rival le châtiment qu'il méritait. Un certain jour Clotaire partit pour la chasse et s'en alla fort loin. Dagobert et le duc Sadrégésile restèrent à la maison. Alors Dagobert, ayant trouvé l'occasion qu'il desirait, manda le duc auprès de lui et l'invita à prendre son repas avec lui. Celui-ci, ne soupçonnant nullement ce qui devait arriver, commença à le traiter légèrement, et ne rendit point à son seigneur futur, que dis-je ? à celui qui était déjà son seigneur, les honneurs qui lui étaient dus. Dagobert lui présenta la coupe trois fois, et cet homme méritant de subir en ce jour la peine de ses précédentes insolences, la repoussa comme si elle lui eût été offerte, non par son seigneur, mais par un compagnon et à mauvais dessein. Alors Dagobert commença à l'accuser d'être infidèle envers son père, de le traiter lui-même en rival, de se montrer ennemi de ses compagnons, ajoutant qu'il ne fallait pas supporter long-temps les outrages d'un serviteur, ni tarder à venger ses injures, de peur que tant d'orgueil ne fût quelque jour poussé à l'excès ; il le fit aussitôt battre de verges et le déshonora en lui faisant couper la barbe, ce qui était alors le plus grand affront. Ainsi cet homme qui s'était imaginé que, par une longue suite de prospérités, il deviendrait roi, apprit tout à coup combien il était loin de ce haut rang.

Au retour de Clotaire, Sadrégésile, déshonoré par ces affronts, se présente devant lui et lui raconte en pleurant ce qu'il a souffert, et de la part de qui. Le roi, touché des injures de son duc, et se répandant contre son fils en menaces furieuses, ordonne qu'on le fasse venir vers lui. A cette nouvelle, Dagobert, qui ne devait ni ne pouvait résister, jugea qu'il lui était au moins permis de fuir la colère de son père en se retirant dans l'église des saints martyrs dont j'ai parlé. Il prit donc la fuite vers cet asile, et, poursuivi par son père, se rendit en toute hâte là où s'était réfugié autrefois le cerf que lui-même poursuivait. Ce souvenir lui faisait croire que les saints qui avaient repoussé les chiens de leur sanctuaire le protégeraient aussi contre le courroux du roi, et l'événement ne trompa point son espérance.

Lorsque Clotaire eut appris que Dagobert était allé se mettre sous la garde des saints, encore plus irrité, il envoya des satellites avec ordre de l'en arracher et de le lui amener aussitôt. Ceux-ci partirent en toute hâte pour exécuter ce qui leur était prescrit. Lorsqu'ils ne furent plus éloignés du lieu saint que d'environ un mille, la puissance divine les empêcha de porter plus loin leurs pas. Ils reviennent vers leur seigneur et lui racontent ce qui leur est arrivé. Clotaire ne voulant pas les croire et disant qu'ils avaient préféré à ses ordres l'intérêt de son fils, en choisit d'autres, les chargeant d'accomplir ce qu'avaient négligé les premiers. Mais ceux-là éprouvant à leur tour le même sort, et revenant, font au roi le même récit. La colère du roi n'en fut point calmée, et il résolut de faire lui-même ce qu'il n'avait pu faire par ses serviteurs.

Pendant que ces choses se passaient, Dagobert, humblement prosterné aux pieds des martyrs, fut tout à coup saisi de sommeil. Comme il était ainsi couché, trois hommes, remarquables par la beauté de leur corps et la blancheur de leurs vêtemens, se présentent devant lui. Stupéfait, il les considérait avec attention. L'un d'eux qui, par son front chauve et son aspect vénérable, semblait surpasser en autorité ses compagnons, lui dit : « Sache, ô jeune homme, que
« nous sommes Denis, Rustique et Eleuthère, qui
« avons souffert le martyre pour le nom du Christ,
« comme tu l'as appris, et que nos corps sont ici dé-
« posés. La petitesse et la pauvreté de cette maison et
« du tombeau que tu vois ont obscurci notre renom-
« mée. Si tu promets que tu honoreras notre mémoire
« et orneras ce lieu, nous pouvons te délivrer des an-
« goisses qui te pressent, et, avec l'aide de Dieu, te
« porter secours en toutes choses; et, pour que tu ne
« te croies pas déçu par un vain songe, reçois une
« preuve que ceci est vérité : en enlevant la terre qui
« couvre nos cercueils déposés dans ce sépulcre, des
« lettres gravées sur chacun te feront voir ce qui est. »
Dagobert éveillé vit en effet les noms qu'il avait entendus, et, grandement réjoui des discours des martyrs, il se lia par un vœu qu'il accomplit ensuite très-fidèlement.

Clotaire résolut, comme je l'ai dit, d'arracher lui-même son fils de l'asile des saints. Il s'approchait accompagné de beaucoup de gens. Mais, comme la puissance divine fait ce qui lui plaît sur les rois comme sur les autres hommes, lui qui avait reproché aux autres leur immobilité devint immobile à son tour, afin qu'il comprît que, tout-puissant qu'il était, il devait céder à d'autres encore plus puissans. Les martyrs protégeaient le fugitif et écartaient ses ennemis de leur sanctuaire.

Clotaire, vaincu et stupéfait de ce prodigieux événement, se dépouille de son courroux, redevient pour son fils un vrai père, lui pardonne sa faute et lui promet toute sûreté. Ayant alors recouvré la liberté de marcher, il se rend à l'église des saints martyrs, et, avec d'humbles prières, adopte pour patrons ceux dont il venait d'éprouver si clairement le pouvoir. Pour témoigner la conviction qu'il avait de leurs mérites, il offrit en leur honneur beaucoup d'or et d'argent, et donna de nombreux et excellens domaines pour enrichir le lieu de leur tombeau.

La trente-neuvième année de son règne [1], Clotaire associa au royaume son fils Dagobert, et le fit roi des Austrasiens, retenant pour lui les pays situés en-deçà des Ardennes et des Vosges, vers la Neustrie et la Bourgogne.

La quarante-deuxième du règne de Clotaire [2], et d'après l'ordre de son père, Dagobert, suivi de ses ducs, vint avec une pompe royale à Clichy, près de Paris. Là, il reçut en mariage une sœur de la reine Sichilde nommée Gomatrude. Les noces célébrées, au troisième jour, il s'éleva entre Clotaire et son fils Dagobert une violente querelle. Dagobert demandait que tous les pays qui avaient appartenu au royaume des Austrasiens fussent remis en son pouvoir. Mais Clotaire s'y refusait avec force, ne lui en voulant rien

[1] En 622.
[2] En 625.

concéder. Les deux rois choisirent douze Francs, pour que leur jugement mît fin à ce débat. De ce nombre était, avec d'autres évêques, le seigneur Arnoul, évêque de Metz, et, selon l'inspiration de sa sainteté, il parlait avec une grande douceur, pour rétablir la concorde entre le père et le fils. Enfin les évêques et les hommes sages pacifièrent les deux rois, et Clotaire rendant à Dagobert tout ce qui appartenait au royaume des Austrasiens, ne retint que ce qui était situé au-delà de la Loire et du côté de la Provence.

Dagobert, jeune et beau, habile et brave, doué de tous les talens, partit avec le duc Pepin pour aller gouverner l'Austrasie. Les Francs de l'Austrasie supérieure, se réunissant avec les autres en un seul royaume, le prirent pour leur roi. En ce temps-là les Saxons rebelles, et conduits par leur duc Bertoald, soulevèrent contre Dagobert les troupes de diverses nations. Dagobert ayant rassemblé une armée aussi nombreuse qu'il le put, passa le Rhin en personne, et n'hésita point à aller attaquer les Saxons. Ils combattirent vaillamment. Dagobert reçut sur son casque un coup qui lui coupa un morceau de peau de la tête avec des cheveux. Son porte-armes, Adtira, qui se tenait derrière lui, ramassa le morceau tombé. Dagobert voyant son armée en mauvais état, dit à ce jeune homme : « Hâte-toi, emporte ces cheveux de « ma tête, et va annoncer à mon père ce qui se « passe, afin qu'il vienne à notre secours avant que « l'armée toute entière soit détruite. » Adtira, prenant sa course, passa le Rhin et arriva à Glare, dans la forêt des Ardennes, où se trouvait alors le roi

Clotaire. Lorsqu'il lui dit ce qui était arrivé et lui remit la peau et les cheveux abattus de la tête de son fils, le roi, saisi d'une vive douleur, se mit en marche au milieu de la nuit avec l'armée des Francs, et, au bruit des trompettes, passa le Rhin et arriva promptement au secours de son fils. Réunis et le cœur gai, ils se serrèrent joyeusement la main, et dressèrent leurs tentes sur les bords du fleuve du Weser. Le duc des Saxons, Bertoald, campé sur l'autre rive du fleuve, et prêt à marcher au combat, entendit un grand tumulte parmi les Francs, et demanda ce que c'était. On lui répondit : « Le seigneur roi Clotaire est arrivé, « et c'est pourquoi les Francs se réjouissent. » Bertoald dit alors en éclatant de rire : « Dans votre ter- « reur, vous mentez comme des fous. Nous avons ap- « pris la mort du roi Clotaire qui, à ce que vous « dites, est avec vous. » Mais le roi Clotaire, se tenant sur la rive du fleuve, et portant sur la tête son casque dont les crins se mêlaient avec sa chevelure, l'ôta soudain à ces paroles, et parut la tête découverte. Bertoald reconnut alors que c'était le roi, et lui dit en se moquant : « Tu es donc ici, mauvaise « rosse. » A ces mots le roi, grandement indigné et supportant impatiemment cette injure, entra brusquement dans le fleuve du Weser, le traversa sur son excellent cheval, et se mit à poursuivre Bertoald, car il était d'un cœur très-hardi. Les Francs suivirent leur roi, et, avec Dagobert, passèrent le fleuve à la nage, malgré la profondeur de ses gouffres. Le roi Clotaire, poursuivant Bertoald, combattait vaillamment avec lui. Bertoald lui dit : « O roi! re- « tire-toi de moi, de peur que je ne te tue. Si tu

« triomphes de moi, tous les hommes diront que tu
« as tué ton serviteur Bertoald le païen ; mais si je
« te tue, alors il y aura un grand bruit chez toutes
« les nations de ce que le vaillant roi des Francs a
« été tué par un serviteur. » Mais le roi ne se rendit
point à ces paroles, et, frémissant de colère, il s'élançait toujours plus violemment contre lui. Les cavaliers Francs, qui étaient encore bien loin derrière le
roi, lui criaient : « O roi, soutiens-toi contre ton ad-
« versaire. » Les mains du roi étaient grandement fatiguées, car il portait sa cuirasse, et l'eau le pénétrant
de toutes parts dans la traversée du fleuve, avait rendu
ses habits très-pesans. Cependant, après un long et
rude combat, le roi, se lançant sur Bertoald, le
frappa à mort. Il plaça sa tête au bout de sa lance, et
retourna vers les Francs. Ceux-ci, qui s'affligeaient
beaucoup car ils ne savaient pas ce qui était arrivé
au roi, se réjouirent fort à sa vue. Le roi ravagea
toute la terre des Saxons et tua tout le peuple, sans y
laisser vivant aucun homme dont la taille surpassât la
longueur de son glaive, qu'on appelle épée. Il voulait
que par-là la postérité apprît combien avait été grande
la perfidie des Saxons, ce que pouvait la nation des
Francs, et à quel point est redoutable la colère des rois.

La quarante-cinquième année de son règne, le
grand roi Clotaire mourut [1], et fut enseveli dans le
faubourg de Paris, dans l'église de Saint-Vincent [2].
Dagobert apprenant que son père était mort, ordonna
à tous les grands qu'il gouvernait en Austrasie de se
mettre en marche avec des troupes, et envoya des

[1] En 628.
[2] Depuis l'abbaye de Saint-Germain-des-Prés.

messagers en Bourgogne et en Neustrie pour s'assurer de ces royaumes. Arrivé à Rheims, et comme il marchait vers Soissons, tous les évêques et ducs du royaume de Bourgogne se remirent en son pouvoir. Les évêques et les grands Neustriens ainsi que la plus grande partie du peuple voulaient également Dagobert pour roi.

Charibert, son frère, s'efforçait de s'emparer du royaume, mais à cause de son imbécillité sa volonté avait peu d'effet. Brunulf, frère de la reine Sichilde, voulant faire régner son neveu Charibert, avait commencé à se révolter contre Dagobert; mais l'événement en décida autrement. Dagobert occupa tout le royaume de Clotaire, tant la Neustrie que la Bourgogne, et s'empara de tous les trésors. A la fin, touché de pitié et suivant de sages conseils, il céda à son frère Charibert, par transaction et pour qu'il y vécût comme un riche particulier, le pays situé au-delà de la Loire et du côté de la Gascogne, c'est-à-dire les cantons de Toulouse, de Cahors, d'Agen, de Périgueux et de Saintes jusqu'aux monts Pyrénées. Il confirma cette cession par un traité, sous la condition que jamais Charibert ne lui redemanderait jamais rien du royaume de leur père. Charibert établit sa résidence à Toulouse, et régna dans la province d'Aquitaine. Trois ans après [1], à l'aide d'une armée, il soumit à son pouvoir toute la Gascogne et agrandit un peu son royaume.

Dagobert obtint ainsi, avec la faveur de Dieu, le royaume de son père. Entre autres choses dignes de

---

[1] En 630.

louange, il se souvint du vœu dont nous avons parlé, se rendit au bourg de Catulliac, et, d'après l'avis qu'il avait reçu en songe, fit exhumer les corps des saints martyrs Denis, Rustique et Éleuthère, trouva leurs noms inscrits sur les sarcophages, et le 23 avril les fit transporter avec de grands respects dans un autre endroit du même bourg où il orna leurs monumens d'or pur et de pierres précieuses; et après avoir merveilleusement décoré en dedans l'église qu'il fit construire lui-même depuis les fondemens, il couvrit aussi d'argent sur l'extérieur de la voûte sous laquelle étaient déposés les corps des martyrs, voulant ainsi accomplir pleinement le vœu de sa piété.

Il assigna pour les luminaires de cette église cent sous d'or, pris sur les droits de douane que lui payait chaque année la ville de Marseille. Les agens du roi, à mesure que le paiement se faisait, devaient acheter de l'huile comme pour le service du roi lui-même et la remettre aux envoyés de l'église. Il ordonna en outre que, soit à Marseille, soit à Valence, à Fos, à Lyon et dans tout autre lieu, les six voitures qui portaient cette huile seraient exemptées de tout droit jusqu'à leur arrivée dans la basilique.

Il fit placer en outre, en face de l'autel de cette église, une cassette d'argent pour recevoir les aumônes offertes par les fidèles, et qui devaient être ensuite distribuées aux pauvres de la main même des prêtres, afin que, selon le précepte de l'Évangile, ces aumônes demeurassent secrètes, et que le Dieu tout-puissant qui voit toutes les choses cachées, les rendît au centuple dans le ciel. Il ordonna qu'annuellement, d'un mois de septembre à l'autre, il enverrait lui-même à cette cassette cent sous d'or, et voulut que ses fils et tous les rois Francs, ses successeurs, n'oubliassent jamais d'y faire porter chaque année le même nombre de sous. C'était aux pauvres seuls que ces cent sous devaient être distribués, et nul n'en devait rien détourner; car il voulait que, tant que durerait le royaume, moyennant cette offrande des rois, et ce qu'il plairait à Dieu d'y faire ajouter par d'autres personnes, les pauvres et les voyageurs trouvassent toujours là de quoi se soulager.

Il fit fabriquer aussi, pour la place derrière l'autel, qui était en or, une grande croix d'or pur, ornée de pierres précieuses et merveilleusement travaillée. Le bienheureux Éloi, qui passait alors pour le plus habile orfèvre du royaume, aidé aussi sans doute par sa sainteté, exécuta avec un art et un génie admirables, tant cette croix que tous les autres ornemens de cette basilique. Les orfèvres d'aujourd'hui ont coutume de dire qu'à peine reste-t-il un homme, quelque habile qu'il soit en d'autres travaux, qui puisse tailler et incruster de la sorte l'or et les pierres précieuses, attendu que, depuis nombre d'années, la science de fondre ces rares métaux est tombée en désuétude. Le roi fit suspendre dans toute l'église, aux parois, aux colonnes et aux arceaux, des vêtemens tissus en or, et ornés d'une infinité de perles. Aussi cette basilique, décorée de toutes les belles choses de ce monde, et brillante d'un éclat incomparable, surpassa-t-elle en magnificence toutes les autres églises. Pour que les serviteurs de Dieu y pussent chanter sans interruption les louanges divines, le roi lui donna de grandes et nombreuses possessions.

La septième année de son règne [1], maître, comme nous l'avons dit, de presque tout le royaume de son père, le roi se rendit en Bourgogne, accompagné de beaucoup de grands. Son arrivée inspira une telle crainte, soit aux évêques et aux grands du royaume de Bourgogne, soit aux autres ducs, qu'il y fut pour tous un sujet d'admiration. Il causa une vive joie aux pauvres et à tous ceux qui demandaient justice. Venu dans la cité de Langres, il jugea avec tant d'équité tous ses sujets, tant les riches que les pauvres, qu'on ne douta point qu'il ne fût tout-à-fait agréable à Dieu. Aucune offre de présens, ni aucune acception de personne n'avaient lieu auprès de lui ; mais la justice seule le conduisait, car ce grand prince l'aimait uniquement. Ayant passé ensuite quelques jours à Dijon et à Saint-Jean-de-Losne, il mit tant de soin à rendre la justice à tout son peuple que, tout occupé de ce pieux dessein, il ne prenait ni aliment ni repos, attentif seulement à ce que nul ne s'éloignât de lui sans avoir obtenu justice. Prêt à partir de Saint-Jean-de-Losne pour Châlons, il se mit au bain avant qu'il fît jour, et donna l'ordre de tuer Brunulf, oncle de son frère Charibert, à cause de son infidélité. Cet ordre fut exécuté par les ducs Amalgaire et Arnebert, et le patrice Willebad.

Après s'être rendu à Châlons, pour y terminer tout ce qu'il avait entrepris par amour de la justice, il vint à Auxerre par Autun, et de là à Paris par Sens. S'étant arrêté dans sa maison de Reuilly, il abandonna, d'après le conseil des Francs, la reine Gomatrude,

[1] En 628; son règne date du moment où Clotaire II lui donna le royaume d'Austrasie.

parce qu'elle était stérile, et prit en mariage une jeune fille d'une admirable beauté, nommé Nantéchilde. Depuis le commencement de son règne jusqu'à cette époque, suivant les conseils, d'abord de saint Arnoul, évêque de Metz, et ensuite de Pepin, maire du palais, il gouverna si heureusement en Austrasie qu'il s'attirait les louanges de toutes les nations. Ses jugemens avaient inspiré un si profond respect que tous s'empressaient de se soumettre à son pouvoir. Les peuples qui habitent sur la frontière des Avares et des Esclavons, invoquèrent son appui, et les Avares et les Esclavons eux-mêmes, ainsi que les autres nations de païens jusqu'aux confins de la république romaine, promettaient de se donner à lui. Après la mort de saint Arnoul, dirigé encore par les avis de Pepin, le maire du palais, et de Chunibert, évêque de Cologne, le roi persista dans la justice; son bonheur ne l'abandonna point; et jusqu'au moment où, comme je l'ai dit, il arriva à Paris, il possédait si pleinement la faveur de tous ses sujets qu'aucun des rois Francs n'en avait jamais été tant admiré.

Il se rendit au sépulcre des bienheureux martyrs Denis, Rustique et Eleuthère, et pria le Seigneur de permettre qu'avec leur intervention, il accomplît ce qu'il avait commencé. Pour se concilier pleinement leur bienveillance, il donna à leur basilique, par des lettres-patentes, le domaine d'Estrepigny dans le Vexin.

Le roi Dagobert était un prince extrêmement adroit et d'un esprit rusé, doux envers ceux qui lui voulaient du bien et lui étaient fidèles, mais terrible envers les rebelles et les perfides; tenant fermement le sceptre royal, et se montrant plein de bonté pour les hommes sages, il s'élevait comme un lion contre les factieux, et par la bravoure de son cœur triompha souvent de la férocité des nations étrangères. Il prodiguait largement ses dons aux églises, aux prêtres, aux pauvres et aux pélerins. S'adonnant assidûment à la chasse et aux exercices virils, il était incomparable pour l'agilité et la force du corps. Accablé par le poids du gouvernement et entraîné par la vivacité de la jeunesse, il fit bien quelques actions répréhensibles selon la religion, et moins sages qu'il n'eût fallu, car nul ne peut être parfait. Cependant il est à croire que tant d'aumônes, et les prières des Saints dont il orna les monumens et enrichit les églises plus qu'aucun des rois ses prédécesseurs, afin de racheter son ame, lui auront sans peine obtenu le pardon du Dieu très-miséricordieux.

La huitième année de son règne[1], comme il parcourait l'Austrasie avec une pompe royale, et fort triste de ne pas avoir un fils pour régner après lui, il fit entrer dans son lit une jeune fille, nommée Ragnetrude, dont il eut cette année même, par la grâce de Dieu, un fils, obtenu à force de prières et d'aumônes. Son frère Charibert, venu à Orléans, tint ce fils sur les fonts de baptême. Lorsque le vénérable Amande, évêque d'Utrecht, donna la bénédiction à cet enfant, et le reçut catéchumène, à la fin de son oraison, personne, dans toute la multitude des assistans, ne répondant *amen*, le Seigneur ouvrit la bouche de l'enfant qui n'avait pas plus de quarante jours, et il répondit *amen*, si bien que tous l'entendirent. Le saint

[1] En 629.

pontife le régénéra aussitôt par les eaux sacrées du baptême, lui donnant pour nom Sigebert. A ce miracle, les rois et toute l'armée furent remplis de joie et d'admiration.

Æga, l'un des grands, donnait à Dagobert d'assidus conseils, ainsi que les autres Neustriens. Cette année, les ambassadeurs Servat et Paterne que le roi avait envoyés à l'empereur Héraclius, revinrent vers lui, annonçant qu'ils avaient fait la paix avec l'empereur. Héraclius, très-savant dans les lettres, devint enfin astrologue. Ayant vu dans les signes des astres que, d'après la volonté divine, son empire serait dévasté par des peuples circoncis, il fit demander au roi Dagobert de faire baptiser selon la foi catholique tous les Juifs de son royaume. Le roi, saisissant cette occasion, et animé d'un zèle pieux, d'après le conseil des évêques et des hommes sages, chassa de son royaume tous les Juifs qui refusèrent de recevoir la régénération du saint baptême. Le roi fit cela avec une grande ardeur; mais c'était aux Agarins, c'est-à-dire, aux Sarrasins, peuple circoncis, et non aux Juifs, que se rapportait ce qui avait été annoncé à Héraclius. Ce fut par eux, comme on sait, que, dans la suite, son empire fut pris et cruellement dévasté.

La neuvième année du règne de Dagobert [1], son frère Charibert mourut, laissant un petit enfant, nommé Childéric, qui mourut aussi peu après. Le roi Dagobert eut alors en son pouvoir tout le royaume de Charibert avec la Gascogne. Il envoya un certain duc, nommé Baronte, pour prendre aussi les trésors de Charibert, et les lui apporter. On sait que Baronte fit

---

[1] En 630.

un long circuit, et, de concert avec les trésoriers, détourna frauduleusement beaucoup de ces richesses. La même année, mourut le frère de la reine Nantéchilde, nommé Laudégisile; et par l'ordre du roi, il fut enseveli magnifiquement dans l'église des bienheureux martyrs Denis et ses compagnons. La reine demanda qu'en raison de la sépulture de son frère, le domaine d'Alatée, situé aux environs de Paris, fût donné à cette basilique. Laudégisile, de son vivant, l'avait reçu de la bonté du roi. Dagobert y consentit volontiers, fit dresser sur-le-champ ladite donation, la souscrivit, et ordonna qu'elle fût scellée de son sceau.

Cette année, les Esclavons, dits les Wénèdes, et chez qui régnait Samon, tuèrent un grand nombre de marchands Francs, et les dépouillèrent de leurs biens. De là naquit une vive querelle entre Dagobert, roi des Francs, et Samon, roi des Esclavons. Dagobert envoya à Samon le député Sichaire, demandant qu'il réparât, selon la justice, le meurtre de ces marchands et l'enlèvement de leurs biens. Samon ayant refusé de voir Sichaire, celui-ci se vêtit à la mode des Esclavons, se présenta avec ses gens devant Samon, et lui fit connaître tous les ordres qu'il avait reçus, demandant que justice fût rendue tant sur ce débat que sur plusieurs autres qui s'étaient élevés entre les deux pays, attendu que Samon et son peuple devaient leurs services au roi Dagobert. Samon offensé lui répondit: « La terre que nous habitons est au roi Dago-« bert, et nous sommes ses hommes, pourvu toutefois « qu'il veuille rester en amitié avec nous. » Sichaire lui dit: « Il n'est pas possible que des Chrétiens et des

« serviteurs de Dieu fassent amitié avec des chiens. » Samon dit à son tour : « Si vous êtes les serviteurs de « Dieu, nous sommes les chiens de Dieu, et puisque « vous agissez toujours contre sa volonté, nous avons « la permission de vous déchirer à coups de dents. » Et aussitôt Sichaire fut chassé de la présence de Samon. Dagobert ayant appris ces choses, ordonna sur-le-champ que, de tout le royaume, l'armée se mît en marche contre Samon et les Wénèdes : trois corps de troupes s'avancèrent contre eux. Les Lombards aussi, à l'appui de Dagobert, firent la guerre aux Esclavons, qui, de leur côté, appelant de divers lieux des secours, se préparèrent à résister. L'armée des Allemands, conduite par le duc Chrodobert, remporta la victoire dans les lieux par où elle était entrée. Les Lombards, avec Dagobert, furent aussi vainqueurs, et ils emmenèrent captifs un grand nombre d'Esclavons. Le roi, ayant ravagé cette terre, revint dans ses États.

La même année [1], il s'éleva une violente querelle entre les Avares surnommés les Huns et les Bulgares de Pannonie, qui se disputaient pour savoir qui devait succéder à l'Empire, un Avare ou un Bulgare. Ayant rassemblé leurs troupes, ils se combattirent rudement et les Bulgares furent vaincus. Neuf mille d'entre eux, chassés de Pannonie avec leurs femmes et leurs enfans, vinrent auprès du roi Dagobert, demandant qu'il leur permît d'habiter dans la terre des Francs. Le roi leur ordonna de passer l'hiver dans le pays de Bavière, en attendant qu'il eût examiné avec les Francs comment il devait agir. Les Bulgares ainsi dispersés dans les maisons des Bavarois, le roi, par

[1] En 630.

le sage conseil des Francs, commanda à ceux-ci de les tuer tous en une nuit, chacun dans sa maison, avec leurs femmes et leurs enfans, ce qui fut aussitôt exécuté par eux, et pas un Bulgare n'échappa.

Je ne passerai point sous silence ce qui arriva cette même année dans l'Espagne et à ses rois. Le très-clément roi Sisebod étant mort, Suintila, son successeur, régnait à peu près depuis un an. Comme il était très-dur pour les siens et avait encouru la haine de tous les grands de son royaume, Sisenand, l'un de ces grands, et de l'avis des autres, se rendit auprès du roi Dagobert, pour lui demander le secours d'une armée afin de chasser Suintila. En récompense de ce service, il promit de donner au roi un missoire d'or, le plus précieux des trésors des Goths, que le roi Thorismund avait reçu du patrice Aétius et qui pesait cinq cents livres. Le roi Dagobert, toujours vaillant dans les combats, fit lever une armée dans le royaume de Bourgogne pour prêter secours à Sisenand et en remit le commandement aux ducs Abundance et Vénérande. Lorsque le bruit se fut répandu en Espagne que l'armée des Francs se rassemblait pour soutenir Sisenand, tous les Goths se soumirent à ce dernier. Les ducs Abundance et Vénérande, partis de Toulouse avec les troupes, n'avancèrent que jusqu'à la cité de Saragosse, et là, les Goths réunis de toute l'Espagne élevèrent Sisenand sur le trône. Abundance et Vénérande, comblés de présens, revinrent chez eux avec l'armée. Le roi Dagobert envoya ensuite en ambassade au roi Sisenand les ducs Amalgaire et Vénérande pour qu'il lui fît passer le missoire qu'il lui avait promis. Sisenand le remit en effet à ces envoyés, mais les Goths le leur enlevèrent par force et ne souffrirent pas qu'ils l'emportassent. Les envoyés étant revenus, le roi reçut de Sisenand deux cent mille sous d'or pour prix de ce missoire. On dit que le roi Dagobert donna dévotement cet argent avec plusieurs autres ornemens pour la construction de l'église de saint Denis. Dans ce temps, il se passait en ce lieu, et par la faveur des martyrs, tant de miracles que les infirmes de toutes parts venaient le visiter avec piété, recouvraient la santé et s'en retournaient pleins de joie dans leur pays. Ce que voyant, le roi offrait incessamment, pour orner cette église, ce qu'il trouvait de plus précieux dans ses trésors. Il y fit construire un hôpital et un hospice pour les pélerins, et d'autres établissemens, afin que les pauvres des deux sexes ou ceux que les saints avaient jugés dignes de recouvrer la santé, soutenus pendant le reste de leur vie par les aumônes de l'église, pussent, s'ils le voulaient, et en témoignage d'actions de grâces, se vouer à son service.

La dixième année de son règne [1], ayant appris que les Wénèdes étaient entrés dans la Thuringe, le roi levant aussitôt en Austrasie une armée, et partant de la ville de Metz, traversa les Ardennes et arriva à Mayence. Il se disposait à passer le Rhin, ayant avec lui une troupe de guerriers d'élite, Neustriens et Bourguignons, avec beaucoup de ducs et de comtes, lorsque les Saxons lui envoyèrent des députés pour le prier de leur remettre les tributs qu'ils payaient au fisc. Ils promettaient de résister avec leurs propres forces aux Wénèdes et de garder de ce côté la frontière des Francs.

[1] En 631.

Le roi Dagobert, par le conseil des Neustriens, leur accorda ce qu'ils demandaient. Les Saxons, venus pour cette affaire, prêtèrent serment sur des armes et au nom de tout leur peuple, selon la coutume de leur pays. Mais leur promesse eut peu d'effet. Cependant, depuis cette époque, ils ont cessé de payer le tribut auquel ils étaient soumis. C'était une contribution annuelle de cinq cents vaches qui leur avait été imposée par Clotaire l'ancien, et qui leur fut ainsi remise par le roi Dagobert.

La onzième année de son règne[1], comme les Wénèdes, d'après les ordres de Samon, se livraient à de nouveaux ravages, et franchissant leurs propres frontières, entraient dans la Thuringe et les cantons voisins pour dévaster le royaume des Francs, le roi Dagobert vint à Metz, et là, de l'avis des évêques et des grands, et avec l'approbation des principaux du royaume, il institua son fils Sigebert roi d'Austrasie, et lui permit de prendre la cité de Metz pour résidence. Il chargea Chunibert, évêque de Cologne, et Adalgise, duc du palais, du soin de gouverner, donna à son fils un trésor suffisant, l'établit enfin sur le trône avec la dignité qui convenait, et confirma par des ordres écrits toutes les concessions qu'il lui avait faites. On sait que, dans la suite, les Austrasiens défendirent vaillamment contre les Wénèdes la frontière du royaume des Francs.

La douzième année du règne de Dagobert[2], il lui naquit de la reine Nantéchilde, un fils nommé Clovis. Par le conseil des Neustriens, il renouvela alors son traité avec son fils Sigebert. Les grands et les évê-

[1] En 632.
[2] En 633.

ques d'Austrasie, ainsi que tous les ducs de Sigebert, posant la main sur les reliques sacrées, jurèrent en outre qu'après la mort de Dagobert la Neustrie et la Bourgogne appartiendraient certainement et sans trouble au roi Clovis, tandis que l'Austrasie, égale en étendue et en population, appartiendrait toute entière, avec tout ce qui en avait fait partie jadis, au roi Sigebert qui y régnerait à perpétuité. On en excepta seulement le duché de Dentelin dont les Austrasiens s'étaient emparés à tort, et au sujet duquel on convint qu'il serait rendu aux Neustriens et soumis au roi Clovis. Les Austrasiens furent forcés bon gré mal gré de confirmer ce traité, tant le roi Dagobert leur inspirait de crainte. Il fut pourtant maintenu dans la suite du temps des rois Clovis et Sigebert.

Vers le même temps, le roi Dagobert revint à Paris, et toujours plus pénétré de respect pour les saints martyrs, Denis et ses compagnons, à cause des superbes miracles que le Seigneur opérait chaque jour sur leur tombeau, il donna à leur basilique quelques terrains en dedans et en dehors de la ville de Paris, et lui délégua même une des portes de cette ville, celle qui est située près de la prison de Glaucin, et qu'administrait alors son fermier Salomon, avec tous les droits d'entrée qui s'y payaient, et qui furent perçus par l'église de Saint-Denis, comme auparavant par le trésor du roi. Il confirma à perpétuité cette cession, par un acte signé de son nom et scellé de son sceau.

Vers la même époque il abandonna également aux moines, qui servaient dans ce lieu Dieu et les saints martyrs, le marché annuel qui se tenait auprès de leur monastère après la fête de saint Denis. Par l'acte de cession qui en fut dressé, tous les droits et revenus que percevait le fisc, soit dans ce bourg, soit dans les lieux voisins qui y furent dénommés, depuis le jour de la fête jusqu'à la fin du marché, et quel que fût le juge chargé de les percevoir, furent attribués, sans exception ni retranchement, à ce monastère, car le roi voulait ainsi racheter son ame, et inspirer aux serviteurs de Dieu plus d'ardeur à implorer pour lui la clémence divine.

La treizième année du règne de Dagobert [1], Sadrégésile, duc des Aquitains, fut tué par quelques hommes. C'était celui dont nous avons parlé plus haut, et à qui Dagobert, dans sa jeunesse, avait fait donner des coups de verges, et couper la barbe à cause du mépris qu'il lui témoignait; ce qui l'avait réduit lui-même, par crainte de son père, à se réfugier sous la protection des saints martyrs. Sadrégésile avait des fils élevés dans le palais, et qui auraient pu très-aisément venger la mort de leur père. Comme ils n'en firent rien, ils furent, à cause de cela, et selon la loi romaine [2], accusés par les grands du royaume, et dépouillés de tout l'héritage paternel. Tous leurs biens ayant été remis au fisc, l'excellent roi Dagobert les donna à l'église de Saint-Denis, savoir, les domaines de Nogent, dans le pays d'Angers, de Parçay, Podentigny, Paschelles et Anglas dans le pays de Poitiers, avec des salines au bord de la mer dont il serait trop long d'insérer ici les noms. Il en donna la moitié aux moines qui servaient Dieu dans cette église, en y ins-

---

[1] En 634.
[2] Il y a lieu de croire que ceci est une erreur et qu'il faut lire : *selon la loi salique*.

tituant un chant général et perpétuel à l'instar du monastère de Saint-Maurice ou de Saint-Martin de Tours, et l'autre moitié aux serviteurs et à l'hôpital de l'église, n'en retenant absolument rien pour son propre service. Il fit dénommer soigneusement tous ces domaines dans l'acte de concession qui fut signé de son nom et scellé de son sceau. Si quelqu'un veut en savoir les noms, il trouvera cette charte dans les archives de ladite église, et y lira, je crois, les noms de vingt-sept domaines.

La quatorzième année de son règne [1], les Gascons s'étant révoltés et commettant beaucoup de ravages dans le royaume des Francs qu'avait possédé Charibert, Dagobert fit lever l'armée de toute la Bourgogne, et mit à la tête le référendaire Chadoinde, qui, du temps du roi Théodoric, avait prouvé sa vaillance dans plusieurs combats. Dix ducs marchèrent avec les troupes, savoir : Arimbert, Amalgaire, Leudebert, Wandalmar, Walderic, Hermenric, Baronte et Chairhard d'origine franque, Chramnelène d'origine romaine, le patrice Wisibad d'origine bourguignonne, et Æginan d'origine saxonne, sans parler de plusieurs comtes qui n'avaient point de duc au-dessus d'eux. Ils marchèrent tous en Gascogne avec leurs soldats. Le pays des Gascons ayant été entièrement occupé par l'armée de Bourgogne, ces peuples sortirent des rochers de leurs montagnes et s'avancèrent pour combattre. Se voyant vaincus, ils tournèrent le dos selon leur coutume, et se réfugiant dans les gorges des vallées et les forêts des monts, ils se croyaient là dans des asiles assurés. Mais les ducs les poursuivant avec leurs troupes, en tuèrent

[1] En 635.

un grand nombre, incendièrent leurs maisons, enlevèrent leurs bestiaux et leurs meubles, et firent beaucoup de prisonniers. Domptés enfin, les Gascons demandèrent aux ducs susnommés le pardon et la paix, promettant de se présenter devant le glorieux roi Dagobert, de se remettre en son pouvoir et de faire tout ce qu'il leur ordonnerait. L'armée du roi serait revenue heureusement et sans aucune perte dans son pays, si le duc Arimbert avec les chefs et les principaux de sa troupe n'avaient été tués, faute de vigilance, par les Gascons dans la vallée de la Soule. Après cette victoire, les Francs venus de Bourgogne retournèrent chez eux.

A la même époque le pieux roi Dagobert, par un acte formel, institua l'église de Saint-Denis son héritière pour un domaine situé dans le Chambly qu'avait donné au roi une certaine matrone nommée Théodila, pour celui de Tivernon, situé dans le pays d'Orléans, que le roi avait échangé avec saint Ferréol, évêque d'Autun, pour ceux de Clichy, d'Idcina et de Puteaux, situés aux environs de Paris, et pour celui de Latiniac, situé dans le territoire de Meaux, que le roi, avec l'argent de son propre fisc, avait acheté au duc Bobon et à Tassilon comte du palais. Le roi recherchait toujours le secours des saints contre ses ennemis visibles et invisibles, espérant que, comme dans sa jeunesse les saints-martyrs lui avaient promis de le délivrer des angoisses qui le pressaient, de même ils lui porteraient secours pendant toute sa vie et après sa mort. Il concéda également aux moines qui servaient Dieu dans cette église le tribut annuel de cent vaches que lui payait le duché du Mans, afin qu'ils prissent plaisir à invoquer pour lui le Seigneur et les saints martyrs.

Après cela le roi Dagobert, qui habitait alors le palais de Clichy, envoya des députés en Bretagne, pour que les Bretons réparassent les pertes de ceux de ses sujets qu'ils avaient dépouillés et se soumissent à son pouvoir; sinon il les menaça de faire marcher sur-le-champ en Bretagne l'armée de Bourgogne qui revenait de l'expédition de Gascogne. A ces paroles, Judicaël, roi des Bretons, se rendit en toute hâte à Clichy auprès du seigneur roi Dagobert avec beaucoup de présens. Là, demandant pardon, il promit de réparer tous les dommages que les Bretons de son royaume avaient causés aux Francs, et il s'engagea par serment à se soumettre, lui et le royaume de Bretagne, au pouvoir du roi Dagobert et de tous ses successeurs; cependant Judicaël ne voulut pas prendre son repas avec le roi Dagobert, car il était religieux et craignant Dieu très-fort. Lorsque le roi se mit à table, Judicaël sortant du palais alla dans la maison du référendaire Dadon, autrement dit Ouen, et qui fut ensuite évêque de Rouen, parce qu'il savait que c'était un homme observant la sainte religion, et il prit son repas avec lui. Le lendemain, Judicaël dit adieu au roi Dagobert et retourna en Bretagne; le roi le combla d'honorables présens.

La même année, le roi Dagobert, après avoir soumis toutes les nations qui étaient autour de son royaume, affermi la paix avec l'aide de Dieu, et désigné pour rois, comme nous l'avons dit, ses fils Sigebert et Clovis, fut inspiré d'en haut, et convoquant ses fils ainsi que tous les grands du royaume, le vingt-trois mai,

dans le palais de Garches, il tint une assemblée générale. Assis sur un trône d'or, et la couronne sur la tête, selon la coutume des rois Francs, tous les autres rangés devant lui, il commença ainsi : « Écoutez,
« ô vous rois, mes très-chers fils, et vous tous
« grands et vaillans ducs de notre royaume, avant que
« l'appel subit de la mort n'arrive, il faut veiller pour
« le salut de son ame, de peur que la mort ne nous
« trouve mal préparés, et que sans aucun égard elle
« ne nous enlève la lumière du jour pour nous livrer
« aux ténèbres et aux tourmens éternels. Tant que
« nous sommes libres et maîtres de nous-mêmes,
« nous devons employer nos biens fragiles à nous
« acheter dans les tabernacles des cieux une vie im-
« périssable, afin d'obtenir au milieu des justes une
« place bienheureuse, et de nous assurer les récom-
« penses du Seigneur. Que pouvons-nous faire de
« mieux que de consacrer nos richesses passagères à
« secourir les pauvres par des aumônes dans les lieux
« saints, afin de mériter que le Seigneur nous pro-
« digue les fruits toujours renaissans du Paradis ? Qui-
« conque demande à s'abreuver dans cette source vive
« ne se voit jamais refuser la coupe, et la source n'est
« jamais moins abondante ; chaque fois qu'il y puise
« il se sent inondé d'une douceur céleste et embaumé
« des plus suaves parfums. Examinant donc ma cons-
« cience et les péchés de mon cœur, songeant au
« compte que j'aurai à rendre à ce roi suprême, j'ai
« redouté son jugement et craint de subir les peines
« qui attendent les malheureux mortels ; j'ai desiré
« aussi la gloire immense des justes et n'ai pas voulu
« que le dernier jour qui me sera accordé par la vo-

« lonté du Seigneur me trouve coupable d'un crimi-
« nel oubli des saints et de tous ceux qui ont besoin
« de consolation. Averti ainsi par la dévotion de mon
« ame, et pour mériter les grâces de l'Éternel, j'ai ré-
« solu en pleine force et liberté d'esprit de faire un
« testament dans lequel, et par une donation de moi,
« je léguerai mes biens propres aux basiliques des
« saints fondées de notre temps dans notre royaume ;
« et, pour que ma volonté soit ferme et stable à tou-
« jours, je me suis décidé à faire écrire, à la connais-
« sance de vous tous, au même moment et dans le
« même temps, quatre testamens où seront énumérées
« toutes les choses que nous donnons maintenant aux
« églises des saints. J'envoie l'un de ces testamens à
« Lyon, cité de la Gaule ; un autre à Paris, dans les
« archives de la cathédrale ; un troisième à Metz, où
« il sera confié à la garde du seigneur Abbon ; le qua-
« trième, que je tiens ici dans mes mains, sera déposé
« dans notre trésor. C'est là notre pieuse volonté et
« les dons que nous offrons à Notre Seigneur qui les
« recevra avec bonté, car au dernier jour celui qui a
« fait l'aumône aux lieux saints, aux prêtres et aux
« indigens, peut se présenter avec une confiance assu-
« rée, puisque, d'après le témoignage de l'Écriture,
« quiconque a pitié des pauvres prête au Seigneur, et le
« souverain de l'Olympe le lui rendra amplement. Ainsi
« pour le salut de notre ame, et comme nous l'avons dit,
« notre volonté est qu'après notre mort, qui viendra
« quand il plaira à Dieu, les prêtres qui se trouve-
« ront alors chargés des offices sacrés dans les lieux
« ci-dessus désignés, soient mis immédiatement en
« possession, sans aucun retranchement, de toutes les

« concessions par nous faites, et que lesdits biens ap-
« partiennent à toujours, avec une complète immu-
« nité, aux lieux saints désignés dans le susdit écrit.
« Et lorsque chacune desdites églises aura reçu les
« biens que nous lui donnons, nous souhaitons
« que ses prêtres inscrivent notre nom dans le livre
« de vie, et que tous les dimanches, ainsi qu'aux
« principales fêtes des saints, ils prient pour nous le
« Seigneur. En outre, et ce que nous regardons
« comme le plus important pour le salut de notre
« ame, nous vous conjurons, par cet écrit et au nom
« du roi des Cieux, vous prêtres qui vous trouverez
« en fonction à cette époque dans lesdits lieux saints,
« lorsque vous aurez reçu nos donations, de célébrer
« des messes pour nous chaque jour, pendant trois
« ans, et d'offrir des sacrifices au Dieu miséricor-
« dieux, pour en obtenir la rémission de nos péchés.
« Au nom du Seigneur souverain, témoin et juge,
« et avec le consentement de vous tous ici présens,
« nous confions notredit testament à nos chers fils,
« Sigebert et Clovis, que la bonté du Christ nous a
« donnés pour postérité, ainsi qu'aux autres fils qu'il
« pourra plaire au Seigneur de nous donner, et qui
« devront nous succéder, afin qu'eux et vous vous
« fassiez observer en toutes choses notre dernière
« volonté, et que nul ne tente d'enlever aux églises
« nos concessions. Par la toute puissante Trinité, par
« les vertus des archanges, des patriarches, des pro-
« phètes, des apôtres, des martyrs et de tous les
« saints, par le redoutable jour du jugement, par la
« venue de Notre-Seigneur Jésus-Christ, en présence
« duquel nous devons ressusciter, nous vous conju-

« rons de faire en sorte que nos décrets, tels qu'ils
« sont contenus dans le présent écrit, demeurent
« fermes et stables à toujours. Pour nous en assurer
« l'éternelle récompense, nous avons dessein de con-
« firmer de notre main le présent écrit de notre tes-
« tament; et nous vous ordonnons à vous tous évê-
« ques, abbés, grands et hommes illustres ici pré-
« sens, d'y apposer votre signature et votre sceau;
« et, encore une fois, nous vous conjurons, vous
« rois et mes chers fils, et tous ceux qui doivent
« nous succéder, de ne jamais porter atteinte en au-
« cune manière à notre volonté, si vous voulez que
« les choses que vous réglerez vous-même après notre
« mort demeurent aussi fermes et stables; car sachez
« que vous aurez à votre tour des successeurs, et que
« si vous ne maintenez pas nos décrets, les vôtres ne
« seront pas non plus respectés. »

Le roi ayant ainsi très-sagement parlé, et tous l'é-
coutant avec attention, ils lui souhaitèrent de bon
cœur une longue vie avec un règne pacifique; et tous
les grands, aussi-bien que le roi lui-même, confir-
mèrent volontiers le susdit testament. Le roi se sou-
venant toujours de son patron particulier, saint Denis,
et quoiqu'il lui eût déjà donné beaucoup de terres,
lui conféra encore par cet acte un domaine nommé
Braunade. Toutes les affaires du royaume convenablement réglées, il permit à chacun de retourner
joyeusement chez lui. Ce testament, qu'il avait ordonné de déposer dans son trésor, est gardé aussi avec
respect dans les archives de l'église de Saint-Denis et
de ses bienheureux compagnons.

A la même époque, le roi concéda à ladite église,

et pour en couvrir le toit, huit mille livres pesant du plomb qui lui revenait tous les deux ans sur le produit des mines. Il ordonna que ce plomb serait amené aussi tous les deux ans par les charrois, soit de ses propres domaines, soit de ceux qu'il avait donnés au saint monastère, dont les agens ou les trésoriers furent autorisés à le recevoir. Il voulait couvrir ainsi pieusement la basilique des saints martyrs, afin que, par leur intercession, le Dieu tout-puissant le couvrît lui-même de l'ombre de ses ailes. Il fit dresser de cette donation un acte tel qu'à l'avenir les rois ses successeurs fussent toujours obligés de l'observer.

La quinzième année du règne de Dagobert [1], tous les seigneurs de Gascogne, avec leur duc Amande, se rendirent à Clichy, auprès du roi; et là, redoutant la colère royale, ils se réfugièrent dans l'église de Saint-Denis. Par respect pour le saint, la clémence du roi Dagobert leur accorda la vie. Ils renouvelèrent alors leurs sermens, promettant d'être à jamais fidèles au roi, à ses fils et au royaume des Francs; sermens qu'ils violèrent dans la suite, selon leur coutume. Avec la permission du roi, ils retournèrent dans le pays de Gascogne.

Il serait trop long de rapporter dans cet ouvrage combien le roi Dagobert se montrait prudent dans le conseil, sage dans les jugemens, ferme à maintenir la discipline militaire, libéral en aumônes, soigneux de mettre la paix dans les églises, et surtout d'enrichir les monastères des saints. Il faut éviter d'ailleurs de rapporter ici des choses inutiles et qui ennuieraient le lecteur; il existe de tous ces mérites de glo-

[1] En 636.

rieux monumens qu'aucun temps ne pourra abolir. Arrivant donc à la mort de ce sage roi, je raconterai en peu de mots ce qu'il fit dans sa maladie, et un miracle qui arriva après sa mort, et que j'ai trouvé dans une vieille charte écrite, dit-on, par l'évêque saint Ouen. Après avoir gouverné glorieusement son royaume, la seizième année de son règne, Dagobert commença à être malade d'un flux de ventre, dans sa maison d'Épinay, aux bords de la Seine, et non loin de Paris. Il fut transporté de là à la basilique de Saint-Denis. Au bout de peu de jours, se sentant dans un péril imminent, il ordonna qu'on fît venir en toute hâte son conseiller Æga. Il lui recommanda la reine Nantéchilde et son fils Clovis, ajoutant que, sur le point de mourir, il tenait sa sagesse en grande estime, et souhaitait qu'avec son aide, son fils pût gouverner heureusement le royaume. Ayant ensuite convoqué les principaux du palais, il leur recommanda pareillement sa femme et son fils, en leur faisant prêter serment de fidélité, selon la coutume, et fit dresser, au profit des marguilliers de la basilique des saints martyrs, une donation des domaines d'Aguisi, de Coudun, de Grandvillé, de Moinsvillé, de Gelles, et y fit insérer également celle du domaine de Sarcelles, qu'il leur avait déjà donné. Tous les grands étant consternés de douleur, il les consola avec bonté et du mieux qu'il put, disant, entre autres choses qu'il serait trop long de rapporter : « Quoique
« les misérables mortels doivent toujours avoir de-
« vant les yeux, pendant qu'ils sont en santé, le ju-
« gement à venir du Dieu tout-puissant, cependant,
« au milieu de la maladie, il ne faut nullement dé-

« sespérer de sa sainte miséricorde. On doit seule-
« ment alors veiller plus attentivement au salut de
« son ame, et se racheter soi-même autant qu'on
« peut, en donnant ses biens aux pauvres, afin de
« s'assurer après la mort les récompenses de ce clé-
« ment juge. Ainsi donc, pour le salut de notre ame,
« nous donnons dès à présent, et en totalité, les do-
« maines désignés dans le présent acte, aux marguil-
« liers de la basilique de Saint-Denis, notre patron
« particulier, où repose, avec ses compagnons, le
« glorieux martyr, et où nous voulons être enseveli.
« Notre volonté est que, pour le salut de notre ame
« et aussi pour la sûreté de nos enfans, lesdits do-
« maines, tels que les a possédés jusqu'à présent notre
« fisc, appartiennent, dès à présent et à toujours,
« auxdits marguilliers qui desservent ladite basilique;
« qu'aucun des rois nos fils ou de nos successeurs,
« aucun évêque, aucun abbé du susdit monastère,
« ne tente jamais d'enlever auxdits frères ces do-
« maines et celui de Sarcelles, s'il ne veut pas en-
« courir la colère de Dieu et de saint Denis. Que
« si quelqu'un commet cette offense, il en rendra
« compte au saint martyr et auxdits marguilliers,
« devant le tribunal de Notre-Seigneur Jésus-Christ.
« Nous pensons qu'avec l'aide de Dieu, on tirera de
« là chaque année de quoi nourrir les pauvres dont
« nous nous sommes souvent occupé, et que vivant
« ainsi de nos aumônes, eux et leurs successeurs prie-
« ront plus abondamment et plus dévotement pour le
« salut de notre ame. Déjà frappé de la maladie, nous
« ne pouvons signer la présente donation, car la
« plume tremble dans notre main. Nous souhaitons

« donc que notre cher fils, le roi Clovis, confirme
« cette charte par la signature de son nom, que Da-
« don la présente, et que nos grands la signent
« également. » Le roi ayant cessé de parler, d'après
son ordre, son fils, le roi Clovis, signa ladite charte,
qui lui fut présentée par le référendaire Dadon, et
tous les grands qui se trouvaient présens firent comme
lui. Ces choses ainsi arrangées, peu de jours après,
le 19 janvier [1], le roi très-chrétien Dagobert sortit
de ce monde. Une douleur inexprimable remplit soudain le palais, et tout le royaume déplora amèrement
sa mort.

Embaumé avec des aromates, il fut transporté, au
milieu du concours et des gémissemens des peuples,
dans la basilique des saints martyrs qu'il avait, comme
nous l'avons dit, magnifiquement ornée d'or, de
pierreries, de meubles précieux, et dont il avait fait
construire l'enceinte. Il fut très-justement enseveli à
la droite de leur tombeau. Il avait donné à leur église
et en divers lieux tant et de si grandes richesses,
terres et possessions, que sa piété est encore aujourd'hui admirée de beaucoup de gens. Nous n'en parlons pas davantage, de peur d'ennuyer quelques lecteurs. Il y avait institué un chœur perpétuel, à l'instar du monastère de saint Maurice et de celui de saint
Martin de Tours; mais on sait que la faiblesse de l'abbé
Ægulf a laissé dépérir cette institution.

L'illustre défenseur de l'église de Poitiers, Ansoald,
s'acquittait à cette époque d'une mission du côté de la
Sicile. Revenant par mer, il aborda à une petite île
où un vénérable vieillard, nommé Jean, menait une

[1] En 638.

vie solitaire; beaucoup de navigateurs venaient à lui pour obtenir l'appui de ses prières. Ansoald, poussé par la volonté de Dieu vers le séjour honoré des mérites d'un tel homme, s'entretenait avec lui des joies célestes, lorsque le vieillard lui demanda d'où et pourquoi il était venu. Informé qu'il était parti de la Gaule, et pour telle affaire, le vieillard lui demanda encore de lui raconter les mœurs et la conduite de Dagobert, roi des Francs. Ansoald l'ayant fait avec soin, le vieillard lui dit qu'un certain jour, comme, déjà brisé par l'âge et fatigué de veilles, il se livrait un peu au repos, un homme à cheveux blancs et d'un aspect vénérable s'était présenté à lui, et l'ayant éveillé, lui avait ordonné de se lever promptement, et d'invoquer la clémence divine pour l'ame de Dagobert, roi des Francs, qui, le même jour, rendait son esprit à Dieu. Comme il se disposait à obéir, il vit, à peu de distance sur la mer, les noirs esprits de l'abîme entraînant à travers les flots le roi Dagobert lié sur une barque, et le frappant de coups pour le précipiter dans l'empire de Vulcain, tandis que les bienheureux martyrs saint Denis, saint Maurice et le saint confesseur Martin réclamaient à grands cris la délivrance de ce roi. Aussitôt la foudre gronda dans le ciel, souleva sur la mer les tempêtes, et au milieu de ces éclats, le solitaire vit apparaître tout-à-coup des hommes d'un glorieux aspect, et couverts de vêtemens blancs. Il leur demanda en tremblant qui ils étaient. « Nous sommes, lui répondirent-ils, Denis,
« Maurice et Martin, que Dagobert a appelés à son
« secours, afin que l'enlevant aux enfers, nous pris-
« sions soin de le déposer au sein d'Abraham. » Les

ennemis du genre humain poursuivaient de toutes leurs forces l'ame qu'ils tourmentaient de leurs coups et de leurs menaces; mais les saints, l'ayant saisie, l'enlevèrent avec eux au ciel en chantant : « Heureux, ô « Seigneur, celui que vous avez choisi et pris à votre « service; il demeurera dans votre temple ; nous serons « remplis des biens de votre maison. Votre temple est « saint; il est admirable à cause de la justice et de « l'équité qui y règnent [1]. » Ces choses se trouvent, entre beaucoup d'autres, dans l'écrit dont nous avons parlé, et elles paraîtront, je crois, moins vraisemblables qu'elles ne sont vraies. Le roi Dagobert ayant enrichi un grand nombre d'églises, mais surtout celles des saints que je viens de nommer, il était naturel qu'il invoquât après sa mort le secours de ceux dont il avait particulièrement éprouvé la faveur.

Après la mort du roi Dagobert, son fils Clovis [2], d'un âge encore tendre, prit possession du royaume de son père. Tous les ducs de Neustrie et de Bourgogne l'élevèrent au pouvoir dans le domaine de Maslay [3]. Dans les deux premières années de ce règne, Æga, qui avait été conseiller du roi Dagobert, gouverna sagement le palais et le royaume, de concert avec la reine Nantéchilde qui avait survécu audit roi. Il surpassait tous les autres grands de Neustrie en patience et en sagesse. Il était de race noble, riche en biens, cherchant la justice, habile à parler, et toujours prêt à répondre : cependant beaucoup de gens le blâmaient, parce qu'il était adonné à l'avarice.

[1] Psaum. 64, v. 4 et 5.
[2] Clovis II.
[3] Près de Sens.

Je n'omettrai point d'insérer ici de quelle manière, après la mort du roi Dagobert, ses trésors furent partagés entre ses fils. Pepin, le maire du palais, et les autres ducs Austrasiens qui, jusqu'au dernier jour de Dagobert, avaient été soumis à son pouvoir, voulurent, d'un commun accord, avoir Sigebert pour roi. Pepin et Chunibert resserrèrent fortement et à toujours les liens d'amitié qui les avaient unis auparavant. Attirant à eux avec prudence et douceur tous les grands d'Austrasie, et les gouvernant avec bonté, ils contractèrent aussi avec eux une étroite alliance. Des députés venus alors d'Austrasie demandèrent à la reine Nantéchilde et à Clovis, au nom de Sigebert, la part qui revenait à celui-ci des trésors de son père. Un plaid fut convoqué pour la lui remettre. Chunibert, évêque de Cologne, et Pepin, maire du palais, avec quelques autres grands Austrasiens, envoyés par Sigebert, vinrent à Compiègne, et là, d'après les ordres de Nantéchilde et du roi Clovis, et en présence d'Æga, maire du palais, les trésors du roi Dagobert, de pieuse mémoire, furent apportés et partagés également; on réserva pour la reine Nantéchilde le tiers de tout ce que Dagobert avait acquis depuis qu'il l'avait épousée. Chunibert et Pepin firent conduire à Metz la portion du roi Sigebert, et là elle lui fut présentée, et on en dressa l'inventaire.

Au bout d'un an environ, Pepin mourut [1], et sa mort ne causa pas une médiocre douleur à tout le monde en Austrasie, car il était chéri de tous, à cause de sa justice et de sa bonté. Æga saisi de la fièvre à

---

[1] En 639.

Clichy, dans la troisième année du roi Clovis, mourut également[1].

Après sa mort, Erchinoald, parent du roi Dagobert du côté de sa mère, fut créé maire du palais de Clovis. C'était un homme patient, plein de bonté, d'un esprit prudent, respectant avec humilité les serviteurs de Dieu et tous les prêtres, riche seulement avec mesure et qui possédait merveilleusement l'affection de tous les grands du royaume. La quatrième année du règne de Clovis et après la mort d'Æga, la reine Nantéchilde se rendit avec son fils à Orléans en Bourgogne, y convoqua les évêques, les ducs et tous les grands, et, les gagnant l'un après l'autre par sa douceur, fit créer maire du palais dans la Bourgogne le Franc Flaochat. L'ayant élevé à cet honneur d'après le choix des évêques et des ducs, elle lui donna en mariage sa nièce nommé Ragneberte.

A cette époque, la reine Nantéchilde fit dresser, dans les lieux saints où il convenait que cela se fît, le testament par lequel elle disposa des domaines que lui avaient donnés le roi Dagobert et son fils Clovis. Elle y fit insérer la donation à l'église de Saint-Denis, du domaine de Latiniac, situé en Brie; elle fit rédiger de ce testament trois exemplaires, dont un est aujourd'hui conservé dans les archives de ladite église. Cela fait, ayant heureusement gouverné les affaires et son fils régnant déjà avec sagesse en Neustrie et en Bourgogne, la reine Nantéchilde mourut et fut ensevelie dans l'église Saint-Denis, dans le même sépulcre que le roi Dagobert.

Clovis, après la mort de ses parens, se trouva donc

[1] En 640.

en possession du royaume. Il prit soin de renouveler les donations que le glorieux roi son père avait faites à l'église des saints martyrs et les confirma par sa signature, ainsi qu'en y faisant apposer son sceau. Mais la quatorzième année de son règne [1], d'après l'avis de quelques hommes, et parce qu'une grande famine se faisait alors sentir, il ordonna qu'on enlevât la couverture de la voûte sous laquelle reposaient les corps de saint Denis et de ses compagnons, et que la piété du roi son père avait fait garnir en dehors de pur argent. C'était, disait-on, pour venir au secours des pauvres, des affamés et des pélerins. Clovis ordonna à l'abbé Ægulf qui gouvernait alors ce monastère d'exécuter cette œuvre fidèlement et avec la crainte de Dieu, sans rien redouter de la part de son évêque, car le monastère, à ce qu'il paraît, était encore alors soumis à l'autorité de l'évêque de Paris, ni de la part de tout autre homme.

Dans la suite, la seizième année de son règne [2], le roi Clovis convoqua à Clichy les évêques avec les grands du royaume; et là, revêtu, selon l'usage, du bandeau royal, après avoir traité de diverses affaires importantes à l'État, et pour lesquelles il avait réuni cette assemblée, il dit, comme poussé par la volonté de Dieu : « Il faut que, suivant l'exemple de mon
« père, nous montrions aux églises des Saints un juste
« respect, afin qu'au jour du péril ils nous servent de
« patrons et de défenseurs contre les invisibles enne-
« mis. Vous donc saints évêques, et vous grands de
« notre royaume et de notre palais, écoutez d'une

[1] En 651.
[2] En 653.

« oreille attentive un dessein que le Dieu tout puis-
« sant, à ce que je crois, a daigné inspirer à notre
« cœur, et si vous le trouvez sage, accomplissons-le
« ensemble avec l'aide du Christ. Le père céleste qui
« a ordonné à la lumière de jaillir des ténèbres, s'est
« révélé au cœur des saints Chrétiens par l'incarna-
« tion mystérieuse de son fils unique Jésus-Christ, et
« par la manifestation du Saint-Esprit; c'est par leur
« amour pour lui que, parmi tant de glorieux triom-
« phes des martyrs, saint Denis, saint Rustique et
« saint Eleuthère ont mérité la palme de la victoire et
« la couronne des justes. Depuis long-temps, et pour
« l'honneur de son nom, le Christ a daigné opérer,
« dans la basilique où ils reposent, de grands miracles.
« C'est aussi dans ce lieu que reposent nos pères, le roi
« Dagobert et la reine Nantéchilde; afin que par l'in-
« tercession des Saints, ils obtiennent d'avoir part au
« royaume des cieux, et de posséder la vie éternelle.
« Les anciens rois et les grands, et tous les hommes
« craignant Dieu, ont enrichi ce saint lieu de beau-
« coup de domaines pour assurer le salut de leur
« ame. Notre dessein et notre vœu sont donc que
« l'homme apostolique Landri, évêque de Paris, ac-
« corde, si vous le jugez bon, et pour la paix de l'a-
« venir, à l'abbé et aux frères de ce saint monastère
« un privilége, afin que ladite congrégation puisse
« plus librement invoquer la clémence divine pour
« la durée et la sûreté de notre royaume. Nous sa-
« vons que le sage évêque a dessein de se rendre,
« sans retard, à ce vœu de notre piété; par respect
« donc pour les saints martyrs, et pour notre propre
« salut, nous voulons confirmer ici avec vous un acte,

« qui porte que, dans tous les domaines, terres ou
« autres biens donnés à ladite église par les anciens
« rois ou par nos pères, ou par les hommes craignant
« Dieu, ainsi que dans tous ceux qui lui pourront
« être donnés à l'avenir, aucun évêque, ni celui qui
« est ici présent, ni ses successeurs, ni leurs vicaires,
« ni aucune autre personne ne puisse désormais rien
« prendre ou enlever, ni usurper aucun pouvoir sur
« ledit monastère, ni en détourner, sous prétexte d'é-
« change et sans l'aveu de la congrégation elle-
« même, comme sans notre permission, aucune chose,
« soit calice ou croix, ou garniture d'autel, ou livres
« saints, soit or ou argent, ou tout autre effet. Rien
« de tout cela ne pourra être pris ni porté à la ville
« de Paris. Que la sainte congrégation possède à per-
« pétuité tout ce qui lui aura été justement donné,
« afin qu'elle se plaise à invoquer avec zèle le Sei-
« gneur pour l'ame de nos pères et la tranquillité de
« notre royaume. L'amour de Dieu, le respect des
« saints martyrs, et le desir de mériter la vie éternelle,
« nous déterminent à accorder pleinement ce bien-
« fait à cette sainte basilique, avec votre aveu et votre
« libre concours. Notre intention est qu'on y célèbre
« à l'avenir, et comme au temps de notre père, le
« chant perpétuel qui y a été institué, comme il a
« lieu nuit et jour dans le monastère de Saint-Mau-
« rice et dans celui de Saint-Martin de Tours. »

Tous les grands du royaume écoutèrent avec attention et étonnement ce discours du roi; les évêques approuvèrent son excellente piété, et le décret qu'il avait fait écrire, comme je viens de le rapporter, fut signé d'eux tous aussi bien que de lui.

Parmi les assistans étaient quelques évêques, dont l'église vénère aujourd'hui sans aucun doute la sainteté, car le Seigneur n'a cessé de faire sur leurs tombeaux de grands miracles. Ce sont saint Ouen, saint Radon son frère, saint Pallade, saint Clair, saint Eloi, saint Sulpice, saint Obert, saint Castade, saint Æther avec beaucoup d'autres, et aussi le respectable Landri, évêque de Paris, qui approuva et confirma de son plein gré le privilége en question.

Le roi Clovis, pendant tout le cours de son règne, maintint dans son royaume la paix sans aucun trouble ; mais par un coup du sort, dans les dernières années de sa vie, il vint un jour, comme pour prier dans l'église des saints martyrs, et voulant avoir en sa possession leurs reliques, il fit découvrir leur sépulcre. A la vue du corps du bienheureux et excellent martyr Denis, et plus avide que pieux, il lui cassa l'os du bras, l'emporta, et frappé soudain, tomba en démence. Le saint lieu fut aussitôt couvert de ténèbres si profondes, et il s'y répandit une telle terreur que tous les assistans saisis d'épouvante ne songèrent qu'à prendre la fuite. Le roi Clovis pour recouvrer le sens, donna ensuite à la basilique plusieurs domaines, fit garnir d'or et de pierres précieuses l'os qu'il avait détaché du corps du saint, et le replaça dans le tombeau. Il lui revint quelque peu de raison ; mais il ne la recouvra jamais toute entière, et perdit au bout de deux ans son royaume et la vie [1].

[1] En 651.

FIN DE LA VIE DE DAGOBERT Ier.

# VIE
# DE SAINT LÉGER,
### ÉVÊQUE D'AUTUN.

# NOTICE

SUR

# LA VIE DE SAINT LÉGER.

Nous possédons deux vies de saint Léodgar ou saint Léger, évêque d'Autun, écrites l'une et l'autre par deux moines ses contemporains, et sans lesquelles l'histoire des Mérovingiens, de l'an 660 à l'an 680, nous serait, sinon tout-à-fait inconnue, du moins à peu près inintelligible. Celle que nous insérons ici est l'ouvrage d'un moine de Saint-Symphorien d'Autun, dont le nom n'est point arrivé jusqu'à nous, mais qui avait vécu auprès de saint Léger, et écrivit son histoire, nous dit-il lui-même, à la demande d'Herménaire, son successeur à l'évêché d'Autun, six ou sept ans au plus après son martyre. La seconde porte le nom d'Ursin, abbé du monastère de Ligugé en Poitou, qui la composa deux ou trois ans plus tard, d'après le vœu d'Ansoald, évêque de Poitiers, où saint Léger avait passé sa jeunesse, et d'Audulf, abbé du monastère de Saint-Maixent, où reposait son corps. A l'exception de quelques détails insignifians sur l'enfance de saint Léger, et d'un petit nombre de faits que nous avons recueillis dans les notes, le récit de l'abbé Ursin est moins étendu et moins animé que celui du moine anonyme, le plus curieux peut-être, après le grand ouvrage de Grégoire de Tours, des monumens qui nous sont parvenus sur cette époque de notre histoire.

Là se révèle en effet, dans toute son énergie, ce qu'on est convenu d'appeler la lutte des grands propriétaires contre le pouvoir royal; lutte qui agita si violemment le dernier siècle de la race Mérovingienne, et où les maires du Palais furent les appuis et les ministres, tantôt de l'aristocratie, tantôt de la royauté. M. de Sismondi, dans son *Histoire des Français*, a fait au maire Ébroin l'honneur de le considérer comme le chef du parti des hommes libres contre la coalition des grands. Nous doutons fort que cette estime lui soit due et qu'il y eût alors un parti des hommes libres. Des rois ou des ministres de rois qui voulaient exercer partout une autorité arbitraire et tuer ou dépouiller à leur gré quiconque excitait leur avidité ou leur courroux; des ducs, des comtes, des Leudes, des évêques riches et ambitieux, qui prétendaient dans leur territoire à une entière indépendance, ou s'efforçaient d'envahir le pouvoir royal pour s'en approprier les profits ; c'est là tout ce qui nous apparaît dans ces débats sanglans et désordonnés. Nous n'y saurions découvrir ni royauté ni peuple, aucune mesure de gouvernement et d'ordre public, aucune combinaison des forces nationales pour résister à telle ou telle tyrannie. Un homme puissant et hardi, s'élevant à la mairie du Palais, régnait sous le nom du roi; aussitôt il attaquait, par lui-même ou par les siens, tous ceux qui ne s'unissaient pas à lui pour partager ses rapines ; magistratures, propriétés territoriales, richesses mobilières, tout devenait sa proie, et aucune loi, aucune force publique n'était capable de réprimer ses excès. Alors se formait, contre le despotisme effréné d'un seul, une coalition de grands et d'évêques réclamant leurs biens et leurs priviléges. Parvenait-elle à le renverser? l'un des coalisés prenait sa place, et, tyran brutal à son tour, donnait lieu à une coalition nouvelle qui amenait bientôt les mêmes résultats. Tel est, à notre avis, le vrai caractère de ces événemens, où des forces et des ambitions individuelles se montrent seules, et qui ne nous laissent entrevoir aucune trace de combinaisons politiques ni d'intérêts nationaux.

La rivalité d'Ébroin et de saint Léger est l'une de ces vicissitudes barbares. Tant que dominait Ébroin, l'évêque d'Autun était le chef de la coalition de ses ennemis; dès qu'Ébroin était renversé, les mêmes désordres, les mêmes crimes reparaissaient sous le gouvernement de saint Léger ou de ses alliés. D'autres opprimés, d'autres proscrits se réunissaient alors autour d'Ébroin et le ramenaient à la puissance. A vrai dire, il n'y avait là ni parti aristocratique, ni parti de la couronne, ni parti des hommes libres. Un certain nombre de chefs avides, suivis de leurs fidèles, se disputaient et se ravissaient tour à tour les dépouilles du trône et de la société.

Dans cette anarchie et sous le pompeux langage des panégyristes, il est difficile de démêler quels ont pu être les talens ou les mérites de saint Léger. Cependant il y a un fondement à toute grande impression produite sur l'esprit des peuples; et l'on ne peut douter que l'évêque d'Autun n'ait passé, de son temps, pour un grand homme et un glorieux martyr. Le courage qu'il déploya plusieurs fois en allant seul au-devant de ses ennemis, sa résistance dans le siége d'Autun, sa fermeté au milieu des tortures, l'empire qu'il exerça dans l'exil, sur ses gardes, sur ses bourreaux, l'héroïque simplicité de sa mort, toutes ces scènes si pathétiques, même dans le grossier récit de son biographe, attestent, sinon sa vertu, du moins la hauteur de son caractère ; et il n'est pas jusqu'au nombre infini des miracles qu'on lui attribue, qui ne doive être admis comme preuve de sa supériorité.

Cette vie a été publiée par Duchesne, d'après un ancien manuscrit du père Sirmond. Il existe plusieurs autres vies de l'évêque d'Autun, mais d'une époque postérieure et qui ne contiennent rien qu'on ne trouve dans le récit d'Ursin et du moine de Saint-Symphorien.

F. G.

# VIE

DE

# SAINT LÉGER,

ÉVÊQUE D'AUTUN.

Au *Seigneur vraiment saint, et qui doit être respecté comme un apôtre, Herménaire, évêque d'Autun.*

Souvent pressé par vous et poussé par les sollicitations de mes frères spirituels, j'ai enfin entrepris d'écrire la vie de saint Léger, martyr et évêque; si j'ai long-temps différé de me rendre à vos ordres et à leurs desirs, c'est que j'ai craint un double mal, l'un de paraître rouillé par l'ignorance et la paresse, l'autre d'être un sujet de rire aux gens savans. Je prie donc avec instance votre fidèle piété de pardonner ma rusticité, et de lire seul et en secret cette narration autant qu'il vous conviendra, jusqu'à ce que vous répariez, par un style plus élevé, cet ouvrage que je n'ai commencé que pour vous obéir; ou bien qu'après l'avoir fait corriger et rendre irrépréhensible par quelques savans, il soit digne de votre approbation et de votre suffrage. Ce que je demande surtout c'est que, par le secours assidu de vos prières, j'obtienne l'appui favorable du Seigneur pour l'accomplissement d'une œuvre à laquelle ma conscience me fait sentir que mes forces ne suffisent point.

Le glorieux et illustre Léger, évêque de la ville d'Autun, martyr nouveau dans nos temps chrétiens, était issu d'une noble famille [1]; avec l'aide de la grâce divine, à mesure que, sortant du premier âge et croissant en force virile, il s'éleva de degrés en degrés, il se montra excellent par dessus tous les autres. Il fut élevé avec soin par son oncle Didon, évêque de la ville de Poitiers; celui-ci était au-dessus de tous ses voisins par sa remarquable prudence et ses immenses richesses. Léger s'appliqua chez lui à toutes les études auxquelles ont coutume de s'adonner les puissans du siècle : il fut dressé et poli en toutes choses par la lime de la discipline, et parvint dans cette même ville à la dignité de l'archidiaconat. On vit briller sur-le-champ en lui un tel éclat de science et de fermeté qu'il parut au dessus de tous ses prédécesseurs ; n'ignorant pas la règle des lois du monde, il fut un juge terrible des séculiers, et plein de la science des dogmes canoniques, se montra un docteur excellent pour les clercs. N'ayant jamais été amolli par les plaisirs de la chair il fut rigoureux dans la conduite des pécheurs, veilla toujours avec soin aux offices de l'église, fut habile dans les raisonnemens, prudent dans les conseils, et brillant dans ses discours. Il arriva que la nécessité força de l'ordonner évêque d'Autun [2]; peu de temps auparavant en effet il s'était élevé une querelle entre deux hommes au

[1] Vers l'an 616.
[2] En 661.

sujet de cet évêché, et elle avait été jusqu'à l'effusion du sang. Un des deux prétendans fut frappé de mort, et à cause de son crime l'autre fut envoyé en exil. Alors la reine Bathilde, qui gouvernait le palais avec son fils Clotaire roi des Francs, inspirée sans doute par le conseil de Dieu, envoya à la ville d'Autun, pour en être évêque, cet homme admirable, pour qu'il soutînt et défendît, par sa puissante protection et contre ceux qui l'attaquaient, cette église qui, pendant près de deux ans, était demeurée veuve au milieu des flots du siècle. Que dirai-je? à son arrivée tous les ennemis de l'église et de la ville furent épouvantés, même les hommes qui se combattaient avec haine et commettaient des homicides, sans vouloir souffrir qu'on leur fît rendre compte de leurs crimes; ceux que la prédication ne ramena pas à la concorde, la justice et la terreur les y forcèrent. Il serait trop long de raconter en détail quel soin le pieux Léger, élevé par le Seigneur à l'épiscopat, eut toujours pour nourrir les pauvres; mais, si nous nous taisons, ses œuvres parleront pour nous; soit l'hôpital qu'il a fondé et établi à la porte de l'église, soit la beauté des vases et des meubles qui brillent avec l'éclat de l'or dans son enceinte, soit les ornemens du baptistère fabriqués d'une admirable manière, soit encore la translation et la glorieuse sépulture du corps du saint martyr Symphorien, qui indique, sans qu'il soit besoin de le dire, combien Léger fut dévot à ce saint martyr : les pavés de l'église, les planchers dorés, la nouvelle construction du portique, la réparation des murs de la ville, des maisons et de toutes les choses qui tombaient de vétusté, prouvent amplement son zèle et lui rendent témoignage aux yeux des hommes qui les voient; sur tant de choses il suffit d'en dire quelques-unes ; conduisons donc notre discours vers le temps où cet athlète du Christ entreprit son combat contre le démon.

Lorsque Léger, ce saint pontife, eut été établi, avec paix et bonheur, évêque d'Autun, lorsqu'il eut renouvelé toutes les choses qui étaient détruites, qu'il eut bien instruit le clergé aux divins offices, qu'assidu à prêcher il eut donné au peuple les célestes alimens et l'eut comblé d'aumônes abondantes; lorsqu'il eut enfin appliqué son ame à garder en tout les commandemens de Dieu, sa volonté devint en toutes choses si efficace que le Seigneur accordait toujours et sans difficulté une issue favorable à tout ce qu'il avait résolu d'accomplir. Ce n'était pas sans sujet que le Tout-Puissant lui prodiguait sa grâce, car Léger s'était dévoué à exécuter ses commandemens. Mais la méchanceté s'éloigne toujours du bien, et l'ancien ennemi, le serpent, trouve toujours par qui semer les scandales. Quelques grands qui ne se souciaient pas des choses spirituelles, et craignaient plutôt les puissans du siècle, voyant cet homme irréprochable demeurer ferme au sommet de la justice, et pleins d'une haine envieuse, commencèrent à le tourmenter, et résolurent, si c'était possible, de s'opposer à ses projets. Dans ce temps, comme nous l'avons dit [1], Ébroïn, maire du palais, gouvernait sous le roi Clotaire, et la reine, comme nous l'avons encore dit, résidait déjà dans le monastère qu'elle s'était autrefois préparé. Alors les méchans déjà désignés vont à Ébroïn, sus-

---

[1] L'auteur n'a point encore parlé d'Ébroïn.

citent dans son ame une grande fureur contre le serviteur de Dieu ; et comme ils ne trouvaient pas d'accusation véritable, ils forgent un mensonge plein de fausseté, parlant enfin comme si, pendant que tous se soumettaient aux ordres d'Ébroin, le seul évêque Léger les méprisait.

Ébroin était enflammé d'un tel amour d'argent que ceux qui lui en donnaient davantage avaient toujours gain de cause auprès de lui ; et tandis que les uns lui donnaient de l'argent par peur, d'autres pour obtenir justice, les esprits de quelques hommes, pleins de douleur de se voir ainsi dépouillés, étaient irrités contre lui. Non seulement il faisait cet inique commerce, mais, pour une légère offense, il répandait le sang de beaucoup de nobles innocens. Il avait pour Léger une haine particulière, parce qu'il ne pouvait le vaincre par ses paroles, parce que Léger ne lui payait aucun tribut de flatterie, et aussi parce qu'il connaissait ce pontife pour intrépide contre toutes les menaces. Il fit un édit tyrannique pour que nul des Bourguignons ne pût se présenter au palais sans en avoir reçu l'ordre. Alors tous, pleins d'une grande frayeur, soupçonnèrent qu'il avait imaginé cela pour combler ses crimes, et tourmenter les uns par la perte de la vie, les autres par des amendes sur leurs biens. Pendant que cette affaire était en train, le roi Clotaire, appelé par le Seigneur, sortit de cette vie[1]. Ébroin aurait dû convoquer solennellement tous les grands, et élever sur le trône Théodoric frère du roi ; mais enflé par un esprit superbe, il ne voulut pas les assembler. C'est pourquoi

[1] En 670.

ils commencèrent à craindre qu'il ne méditât de nuire avec audace au roi à qui il voulait du mal, et de retenir seulement le nom du prince qu'il aurait dû élever au trône solennellement, pour la gloire de la patrie. Une multitude de nobles qui se hâtaient de se rendre en présence du roi, ayant reçu d'Ebroin l'ordre de rebrousser chemin, se réunirent alors en conseil, abandonnèrent le parti de Théodoric, et élurent son frère cadet qui avait eu en partage le royaume d'Austrasie. Ceux qui ne voulurent pas acquiescer à leur résolution, ou s'enfuirent secrètement, ou menacés d'incendie et en péril pour leur vie, y consentirent à regret, tant il y avait de crainte de la tyrannie d'Ebroin.

Tous offrirent donc à Childéric le royaume de Neustrie, aussi bien que celui de Bourgogne. Le tyran alors, voyant que cela se passait à cause de ses crimes, s'enfuit à l'autel d'une église; son trésor fut à l'instant envahi, et ce que cet homme inique avait amassé méchamment et à la longue, fut justement dissipé en un instant. Alors quelques évêques, et particulièrement Léger, intercédèrent pour lui, et obtinrent qu'il ne serait pas tué; il fut envoyé en exil au monastère de Luxeuil, pour y laver par la pénitence les crimes qu'il avait commis. Mais comme il avait les yeux du cœur aveuglés par la poussière terrestre, la sagesse spirituelle ne gagna jamais rien sur la méchanceté de son ame.

Childéric ordonna qu'on lui amenât son frère, à la place duquel il avait été appelé, afin de s'entretenir avec lui; mais quelques hommes qui passaient pour les premiers du royaume, et qui voulaient plaire à Childéric en le flattant, osèrent témérairement couper les cheveux de leur maître, et le présentèrent ainsi à son frère. Le roi l'interrogea, et lui demanda ce qu'il desiroit qu'on fît de lui ; Théodoric répondit qu'il avait été injustement chassé de son royaume, et ne desirait que le Dieu du ciel pour juge. Alors on lui ordonna de se rendre au monastère de Saint-Denis; il y vécut en sûreté et y demeura jusqu'à ce que ses cheveux eussent repoussé; et le Dieu du ciel qu'il avait desiré pour juge lui permit de régner depuis heureusement.

Cependant tous demandèrent au roi Childéric de donner, pour les trois royaumes qu'il possédait, des décrets qui réglassent qu'on observerait la loi et la coutume de chacun, selon sa patrie, comme faisaient jadis les juges [1]; que les gouverneurs d'une province ne pourraient entrer dans une autre; que personne ne s'emparerait de la tyrannie d'Ebroin, et, comme lui, ne mépriserait ses égaux; de telle sorte que chacun devant arriver tour à tour à la place la plus élevée, nul ne pût se mettre au dessus des autres. Le roi accorda de bonne volonté toutes les choses qu'on lui demandait; mais, corrompu par les conseils d'hommes insensés et presque païens, car il était d'une grande jeunesse, il rétracta tout de suite ce qu'il avait établi

---

[1] On sait que le système des lois personnelles prévalut dans tous les pays conquis par les barbares, c'est-à-dire qu'il n'y eut point de lois générales, communes à tous les habitans du territoire, et que chacun fut jugé d'après les lois de sa nation, le Franc d'après la loi salique, le Bourguignon d'après la loi Bourguignonne, le Romain d'après la loi Romaine, etc. La violation de ce système donnait lieu à de fréquentes réclamations, surtout de la part des barbares conquérans dont les rois attaquaient les libertés en essayant de les soumettre à la législation Romaine.

d'après les avis de gens sages. Il retenait cependant toujours auprès de lui l'évêque Léger, parce qu'il savait qu'il brillait au dessus de tous par la lumière de sa sagesse [1]. Il arriva que l'envie des méchans reprit vigueur, et que de nouveau ils cherchèrent contre lui des sujets d'accusation. Soit que le roi agît justement ou injustement, ils l'attribuaient au crime de celui dont les conseils, si le roi les eût suivis, l'eussent toujours fait marcher dans la voie de Dieu. Mais comme la sentence du ciel approchait, le cœur de Childéric ne sut pas se soumettre à la discipline de la sagesse, et il mérita que le jugement de Dieu qu'avait invoqué Théodoric fût rendu promptement.

Lorsque l'homme du Seigneur vit que l'envie se réchauffait contre lui, il prit, selon le conseil de l'apôtre, la cuirasse de la foi, le casque du salut, et le glaive de l'esprit (qui est la parole de Dieu), et il se prépara à soutenir un combat singulier contre l'ancien ennemi. Comme la fermeté sacerdotale ne sait pas craindre les menaces d'un roi, il commença à reprendre Childéric et à lui demander pourquoi il changeait si subitement les coutumes de sa patrie, qu'il avait donné l'ordre d'observer. On rapporte aussi que Léger dit que la reine [2] était fille de l'oncle

---

[1] Ursin, auteur également contemporain d'une autre vie de saint Léger, dit que Childéric le fit maire du palais (*Vit. S. Leodeg.* dans le *recueil des histor. de France*, t. 11, p. 629). Valois refuse d'y croire, parce que des laïques seuls, dit-il, pouvaient occuper cette dignité. Mais ce n'est pas là une raison suffisante pour rejeter un témoignage positif; et le désordre de ces temps était tel qu'un évêque puissant a fort bien pu y devenir maire du palais.

[2] Bilichilde, fille de Sigebert 11, roi d'Austrasie, qui était en effet frère de Clovis 11, et par conséquent oncle de Childéric.

de Childéric, et que s'il ne renonçait pas à ce crime et à tant d'autres choses illicites, il connaîtrait bientôt que la vengeance divine était près de le frapper. Childéric l'écouta d'abord volontiers; mais, prévenu par les conseils de ses satellites, tandis qu'il aurait dû suivre les avis de Léger, pour l'amendement de sa conduite, il commença à chercher l'occasion de le faire mourir. Il était engagé à cette action par ceux qui desiraient éloigner la justice et secondaient les jeunes penchans du roi, et par ceux encore qui le poussaient à violer les décrets qu'il avait rendus. Tous ces hommes et ceux qui, comme eux, passaient leur vie dans les voluptés du siècle, craignaient de voir leurs œuvres contrariées par ce serviteur de Dieu, car ils savaient qu'il marchait inflexiblement dans le sentier de la justice. En effet, le monde vieillissant et chargé de vices ne sait pas supporter la fermeté d'un citoyen du ciel.

Dans ce temps parut [1] un homme noble nommé Victor, qui gouvernait, avec les faisceaux, le patriciat de Marseille. Il était d'une grande noblesse et plein de prudence; et, comme il était issu d'une illustre famille, il s'élevait au dessus de tous. Il se rendait auprès du roi Childéric pour une certaine affaire, et espérait obtenir, par l'intercession du serviteur de Dieu, tout ce qu'il desirait. Le saint le reçut dans sa ville avec une charitable hospitalité, en attendant qu'il pût le recommander au roi par ses prières, car il avait souvent prié Childéric de venir dans l'église de sa ville pour la solennité de Pâques. Ses ennemis prirent cette occasion pour mettre à effet la haine

[1] En 673.

qu'ils avaient précédemment insinuée dans le cœur du roi. Ils attirent dans leur parti Wulfoald, le maire du palais, inventent des fables menteuses sur Léger et Victor, et les accusent de s'être coalisés pour renverser la domination royale et envahir la souveraine puissance.

Il y avait alors au monastère de Saint-Symphorien un homme sous l'habit religieux, nommé Marcolin, reclus de corps mais non de cœur, et qui, comme on le vit clairement depuis, ne songeait guère qu'à obtenir, sous l'apparence de la religion, les honneurs et les gloires terrestres. Je pense qu'il vaut mieux taire que raconter ce qu'on sait de sa vie, car tout le monde en a été instruit. Le roi ignorait tout cela, et le regardait en tout comme un prophète de Dieu, surtout parce que Marcolin flattait sa volonté, en secondant les accusations portées contre l'homme de Dieu.

La nuit donc où l'on célébrait à Autun les Vigiles du saint jour de Pâques, le roi, comme s'il avait craint quelque chose, ne voulut point aller à l'église cathédrale ; mais, déjà plein de mauvaises pensées contre le serviteur de Dieu, il se rendit avec une petite suite auprès de l'hypocrite dont nous avons parlé, et ne craignit pas de recevoir là, et tout à coup, la sainte communion [1]. Cela fait et déjà pris de vin, tandis que les autres à jeun attendaient les saintes solennités, il entra dans la cathédrale, et criant à

---

[1] Selon Ursin, Childéric reçut la communion dans la cathédrale, de la main de saint Léger, et après la cérémonie, l'évêque informé que le roi voulait le faire tuer, prit le parti de sortir de la ville (*Recueil des hist. de France*, t. II, p. 629).

haute voix, appela par son nom Léger, comme si l'évêque s'était enfui au bruit déjà répandu qu'il voulait le frapper du glaive. Lorsque, à force de crier, le roi eut appris que l'évêque était dans le baptistère, il y entra aussi, et resta stupéfait de l'éclat des lumières, de l'odeur du saint chrême, et de toutes les choses qui servent à la sanctification des baptisés. Mais quand Léger eut répondu à ses clameurs : « Me « voici, » le roi ne le reconnut en aucune façon, passa outre, et s'assit dans la maison épiscopale qui lui avait été préparée. Les autres évêques qui avaient célébré les Vigiles avec l'homme de Dieu, retournèrent dans leur logis. Mais lui, après avoir achevé le saint office, alla au roi avec intrépidité, et, sans craindre sa colère, lui demanda avec de douces paroles pourquoi il n'était pas venu avant Vigiles, et comment, pendant les solennités de cette sainte nuit, il pouvait persister à être si irrité. Childéric, troublé, ne sut que répondre à son ineffable sagesse, si ce n'est que, pour une certaine cause, Léger lui était suspect. L'homme de Dieu vit donc que, poussé par ses satellites, le roi avait résolu de le mettre à mort lui et Victor, et que Victor, plein d'effroi, craignait la fureur du roi. Il ne trembla point pour sa propre vie, mais voulut assurer le salut de ceux qui étaient venus réclamer sa protection, et aima mieux fuir et se cacher, que de fournir l'occasion d'ensanglanter, par son martyre, les solennités de la résurrection du Seigneur. Il ne pouvait supporter non plus que ceux qui s'étaient rendus près de lui perdissent si malheureusement la vie. Que personne ne l'accuse d'avoir craint le martyre, car précédemment, averti par un certain moine nommé Berthaire, le jour de la cêne du Seigneur, qu'on voulait sa mort, il était allé le lendemain, jour de la Passion, au palais du roi, et se livrant ainsi lui-même, il avait voulu offrir son sang à Jésus-Christ le même jour où, pour le salut du monde, le Christ avait répandu le sien. Ce jour-là en effet le roi voulut le frapper de sa propre main, mais il en fut empêché par le sage conseil de quelques grands qui s'y opposèrent par la crainte de Dieu. Il n'est pas douteux que la bonté divine le conserva alors, pour que la fournaise d'une longue persécution le purifiât de tout le mal qu'avait pu faire pénétrer en lui la société des hommes, qui n'est jamais exempte de souillure, et pour qu'après y avoir été jeté, comme un or pur, de la main de son roi, il en sortît brillant, à l'instar des diamans, par l'éclat de ses miracles.

Les gens qui attendaient l'issue de cet événement poursuivirent vivement l'évêque, et Victor fut mis à mort ; il se défendit avec courage, mais Dieu permit qu'il fût tué avec quelques autres qui l'accompagnaient. Il n'est pas impossible que les mérites du saint martyr aient obtenu de Dieu miséricorde pour les ames de ceux qui voulaient innocemment éviter avec lui l'orage de la persécution.

Cependant Léger, serviteur de Dieu, fut arrêté par quelques personnes qui l'annoncèrent aussitôt au roi. Celui qui l'avait pris espéra obtenir du roi de grandes faveurs. Par le conseil des grands et des évêques, Childéric le fit conduire au monastère de Luxeuil, pour y rester jusqu'à ce qu'ils eussent décidé ce qu'on ferait d'un homme de si grand renom. Consultés par Childéric sur le parti qu'il convenait de prendre à l'égard du saint, les principaux du palais répondirent d'une voix unanime que, si le roi lui accordait la vie, il devait lui ordonner de rester au monastère de Luxeuil. Il confirma aussitôt ce décret. Quelques évêques et prêtres y consentirent pour mettre sur-le-champ Léger à l'abri de la colère du roi. Car celui-ci, séduit par de mauvais conseils, avait ordonné qu'on le lui amenât de Luxeuil, afin de le faire déposer avec insulte au gré de ses accusateurs, et de le mettre à mort, comme ils auraient voulu, ainsi qu'Hérode avait permis aux Juifs de faire de Saint-Pierre. Là, se trouvait présent Herménaire, abbé de la basilique de Saint-Symphorien, à qui, après le départ du saint homme Léger, le roi avait, sur la demande du peuple, remis l'administration de la ville d'Autun. Herménaire se jeta aux pieds du roi, et le supplia avec des prières instantes de permettre que l'évêque demeurât à Luxeuil, et ne fût pas amené en sa présence, selon l'attente des cruels dont le diable avait animé contre lui la fureur. Par ses instances, il le sauva ainsi de la mort, et c'est bien à tort que quelques-uns croyaient qu'Herménaire fréquentait le palais du roi, pour se porter en tête des accusateurs de Léger et s'assurer la possession de son évêché. Il en fut bien autrement; mais les yeux de la chair ne savent pas discerner une affection spirituelle. Du reste, il ne manque pas de preuves de la conduite d'Herménaire; car tant que Léger fut en vie, il fournit, avec une pieuse charité et autant qu'il pouvait, à tous ses besoins.

Dans ce même temps, Ébroin résidait en exil au monastère de Luxeuil, tonsuré et portant l'habit de moine; il avait soin de feindre la concorde avec

Léger, comme si l'évêque et lui devaient bien vivre ensemble, parce qu'ils avaient tous deux, quoique par des motifs bien divers, subi une même sentence d'exil.

Tout cela fait, la vengeance divine ne tarda pas à porter son jugement sur Childéric: ses mœurs dissolues déplaisaient fort aux grands du palais; et l'un d'eux qui le supportait plus impatiemment que les autres, le frappa d'un coup mortel, pendant que, dans une forêt, il chassait en pleine sécurité[1]. Avant cet événement, et pendant que deux ducs qui avaient reçu l'ordre de tirer Léger de Luxeuil tardaient à l'exécuter, un de leurs serviteurs résolut, s'il pouvait voir le saint homme hors du monastère, de le frapper de son glaive. Mais, lorsqu'il approcha de ce lieu, son cœur fut saisi d'une épouvantable frayeur, à tel point qu'il avoua publiquement, non seulement ce qu'il avait dit, mais aussi par quelles raisons il avait eu contre l'homme de Dieu de si perverses pensées. Tremblant, il se jeta aux pieds de Léger, et le supplia de lui pardonner cette méchanceté.

Lorsque la nouvelle de la mort de Childéric fut connue, les hommes qui avaient été condamnés à l'exil par son ordre revinrent sans crainte, comme les serpens, pleins de venin, ont coutume, au retour du printemps, de quitter les cavernes qu'ils habitent pendant l'hiver. Leur fureur s'exhala avec une telle force, et produisit un tel trouble dans la patrie, qu'on crut tout-à-fait que la venue de l'Antechrist approchait. Les gouverneurs des provinces commencè-

---

[1] En 673.

rent, à l'envi les uns des autres, à s'attaquer avec des haines horribles; et comme il n'y avait point de roi établi au faîte du pouvoir, chacun voyait la justice dans sa propre volonté, et agissait sans redouter aucun frein. Nous connûmes bientôt que la colère de Dieu était venue; car nous vîmes se montrer dans le ciel l'étoile que les astrologues nomment comète, et dont l'apparition présage à la terre troublée par la famine, le changement des rois, les attaques des Gentils et les maux de la guerre. Mais, comme il est écrit, les insensés ne se laissent pas corriger par les paroles, encore moins par des signes; aussi ceux qui étaient revenus de l'exil où ils avaient été à cause de leurs mauvaises actions, accusaient le parti de Léger de toutes leurs souffrances.

Cependant l'homme de Dieu était retenu, pour sa sûreté, par les mêmes ducs qui l'avaient tiré naguères du monastère de Luxeuil. En ce moment, en effet, la grâce d'en haut accorda à son serviteur une si imposante autorité qu'autour de lui, les ducs, leurs femmes, tous leurs compagnons, leur famille, et même tout le peuple se précipitaient, offrant de se dévouer à lui. Les hommes qui le retenaient auprès d'eux annoncèrent aux grands des pays d'alentour qu'ils avaient reconnu que la grâce divine était sur Léger, serviteur de Dieu; et touchés d'un pieux amour, ils s'unirent pour sa défense, et arrêtèrent ensemble, que si, au milieu de tout ce trouble, et avant qu'ils eussent élevé sur le trône le roi Théodoric, quelqu'un voulait faire mal à Léger, ils le défendraient d'un commun accord.

Dans ce temps Ébroin, semblable à Julien qui

avait feint de mener la vie d'un moine, sortit du monastère de Luxeuil. Comme il était entouré d'une suite d'amis et de serviteurs, les exilés dont nous avons parlé recherchèrent sa faveur, et oubliant le mal qui l'avait fait accuser jadis, ils le prirent pour chef, afin de pouvoir, par ses conseils et son secours, se venger de l'homme de Dieu. Ébroin releva donc sa tête venimeuse, et comme une vipère à qui reviennent ses poisons, il feignit d'être dévoué au roi Théodoric, et se mit en marche pour aller au plus tôt vers lui avec ses compagnons. L'homme de Dieu et les siens suivaient la même route, et ils n'étaient pas l'un de l'autre à une journée de distance. Avant qu'ils arrivassent à Autun, Ébroin, oubliant l'amitié qu'il avait si récemment promise à Léger, voulut le faire arrêter à l'instigation de ses partisans; il l'eût fait s'il n'en eût été détourné par Genêt, évêque de la métropole de Lyon, et si en même temps il n'eût été effrayé par la forte troupe qui accompagnait Léger. Il feignit donc de nouveau de lui porter amitié, et mêlant leurs suites, ils entrèrent dans la ville. Le peuple et toute l'église se réjouissent de la présence vivifiante de leur pasteur; les places sont ornées, les diacres prennent des cierges, les clercs chantent des antiennes, et toute la ville se livre à la joie du retour de son pontife, après l'orage de la persécution. Ce n'était pas à tort que retentissaient ces louanges, car Léger marchait, comme le savait bien le Seigneur, à la couronne du martyre. Charmée de l'arrivée de son chef, la ville fit des fêtes même à ses adversaires.

Le lendemain tous se mirent en marche, et partirent pour aller ensemble vers Théodoric roi des Francs. Comme ils avançaient, et presque au milieu du chemin, le tyran Ébroin les abandonna, alla rejoindre les siens, et quittant l'habit ecclésiastique, retourna à sa femme [1], comme un chien à son vomissement. Hors d'état de combattre au milieu des soldats du Christ, il attaqua ses ennemis avec les armes séculières, et après avoir trahi Dieu et la foi, il se montra ennemi déclaré, même de son seigneur d'ici-bas. Théodoric, rentré en possession de son royaume, était en sûreté à Saint-Cloud, lorsqu'Ébroin arriva subitement avec les Austrasiens. Qui pourrait dire pleinement quel pillage eut lieu alors et du trésor royal, et de celui de l'église, que par amour de la chrétienté catholique avaient enrichie tant de pieux monarques? Le maire du palais [2] fut tué, et Ébroin fit ce crime, poussé par les mauvais conseils d'hommes diaboliques [3]; ils se plaignaient que leurs services fussent méprisés; et parce qu'ils voyaient le peuple se rallier fidèlement à Théodoric, et le serviteur de Dieu Léger rétabli dans sa ville avec la faveur du roi, ils recommencèrent à brûler de chagrin et d'envie; car, tant que les justes étaient debout, les pervers ne pouvaient recouvrer le pouvoir. Poussés par le diable qui leur avait

---

[1] Leuditrude.

[2] Leudesius, fils d'Erchinoald, maire de Neustrie sous Clovis II.

[3] L'auteur des *Gesta Francorum* l'attribue à saint Ouen, évêque de Rouen, à qui Ébroin demanda conseil sur la conduite qu'il avait à tenir, et qui lui répondit : *de Frédégonde te souvienne!* « Ébroin, dit-il, qui « était d'un esprit très-pénétrant, comprit ces paroles, et ayant fait venir « Leudesius, après lui avoir donné sa foi qu'il ne lui serait fait aucun « mal, il le mit à mort. » (*Gesta Franco*, c. 45, dans le *Recueil des historiens de France*, t. II, p. 569.)

ôté toute foi, les yeux fermés à la lumière de la vérité, et ne voyant aucun moyen de détruire le saint de Dieu, ils se décidèrent à un plus grand crime, à un prodigieux mensonge par lequel ils attirèrent sur le royaume de cruels malheurs, un énorme carnage, et la persécution de beaucoup de gens. Ils prirent un certain enfant, qu'ils prétendirent fils de Clotaire[1], et le proclamèrent roi d'Austrasie. Ils rassemblèrent ainsi autour d'eux et pour faire la guerre, beaucoup de gens à qui cela paraissait très-vraisemblable, et quand par ces iniquités ils eurent soumis leur patrie, ils donnèrent des ordres aux juges au nom du faux roi qu'ils avaient élevé. Quiconque ne voulait pas acquiescer à leur parti perdait les droits de son rang, ou, s'il ne se dérobait par la fuite, périssait par le glaive. Combien de gens trompés par cette feinte crurent que Théodoric était mort, et que Clovis était fils de Clotaire! Les premiers auteurs de cette fraude, presque les maîtres du palais, étaient Desiré surnommé Diddon, qui avait gouverné jadis la ville de Châlons, et son collègue Abbon qui avait en son pouvoir la ville de Valence. Ils ne sont pas dignes de porter le nom d'évêques ces hommes qui, pleins de desirs terrestres, veillent plutôt pour augmenter leur fortune par des gains temporels, que pour le salut des ames qui leur sont confiées, et dont ils ne songent pas qu'il faudra rendre un jour compte à un juge sévère. Conduit par les conseils de tels prêtres et de tels grands, le tyran Ébroin fut ainsi élevé et aveuglé dans cette vie, jusqu'à ce que, toujours impénitent, il fût précipité dans l'enfer. Revenons à notre œuvre.

---

[1] Clovis III, qu'on fit passer pour fils de Clotaire III.

Pendant que se passaient toutes ces choses, après le meurtre de Childéric, après que les évêques et les grands de Neustrie et de Bourgogne, ayant rétabli Théodoric dans son royaume, furent revenus en paix chez eux, les méchans, de leur côté, levèrent une armée, se proposant surtout de perdre l'homme qui, disaient-ils, avait dirigé le roi Childéric. Alors Ébroin, se livrant aux conseils des plus pervers de ses compagnons, chercha de quelle façon il pourrait détruire l'évêque. Deux de ses conseillers, Diddon et Waimer, se faisant les chefs de cet odieux complot, dirent qu'ils réussiraient à l'enlever de sa ville, et à exercer sur lui une vengeance dont serait satisfaite la haine d'Ébroin. Plein de joie de cette réponse, celui-ci leur donna sur-le-champ une nombreuse troupe, et ils marchèrent en toute hâte vers Autun. Léger, l'homme de Dieu, résidait alors dans sa ville, occupé à remettre en ordre les affaires du peuple. Lorsqu'il apprit qu'une armée s'avançait contre lui, il ne consentit pas à fuir de nouveau, et il attendit avec intrépidité le jugement de Dieu. Ses amis, ses fidèles, ses clercs le pressaient de s'en aller, et d'emporter les trésors qu'il avait lui-même amassés, afin qu'à cette nouvelle, ses ennemis renonçassent à attaquer la ville et à le persécuter ; mais il s'y refusa absolument : il les mena sur-le-champ au lieu où étaient les trésors, et leur montrant tout ce qui était là, leur parla de la sorte : « Mes frères, tout ce que vous voyez là, tant
« que Dieu a permis que je conservasse la faveur des
« hommes du siècle, je l'ai fidèlement amassé pour
« l'ornement et la gloire commune de l'église ; main-
« tenant peut-être sont-ils irrités contre moi, parce

« que Dieu veut m'appeler aux faveurs du ciel ; pour-
« quoi emporterais-je avec moi ces choses qui ne m'y
« suivront pas? Si cela vous convient, voici le parti
« que je prendrai : il vaut mieux donner ces trésors
« aux pauvres que d'errer çà et là dans le monde
« avec ce honteux fardeau. Imitons le bienheureux
« Laurent : il distribua et donna tout aux pauvres, et
« sa justice sera célébrée dans les siècles des siècles,
« et son nom demeure couvert de gloire. »

Il ordonna aussitôt aux gardiens de jeter hors des portes les plats d'argent et une infinité de vases pareils ; il fit appeler les argentiers avec leurs marteaux, pour qu'ils brisassent tout en petits morceaux, et commanda que le tout fût distribué aux pauvres par de fidèles dispensateurs ; il donna pour le service de l'église tout ce qui pouvait lui être utile ; il réjouit avec une partie de ce même trésor l'indigence de plusieurs monastères, tant d'hommes que de filles, situés dans la ville ou dans son territoire. Quelle veuve, quelle orpheline, quel pauvre ne fut pas alors comblé de ses largesses !

L'homme de Dieu, plein de l'esprit de sagesse, parla ainsi aux frères : « Mes frères, j'ai résolu de ne plus
« du tout penser au siècle, et de craindre bien plutôt
« le mal spirituel qu'un ennemi terrestre. Si un en-
« fant de la chair a reçu de Dieu une telle puissance
« qu'il puisse persécuter, perdre, incendier, tuer,
« nous ne saurions en aucune façon lui échapper par
« la fuite. Si nous sommes conduits à l'observation des
« règles saintes par la perte des choses qui passent,
« ne désespérons pas ; réjouissons-nous plutôt dans
« l'espoir du pardon qui nous attend. Fortifions donc

« notre ame par les vertus, et munissons en même
« temps la garde de cette ville, afin que l'ennemi ne
« trouve point d'entrée par où il puisse nous mettre en
« péril. » Animant ainsi tout ce peuple, il prescrivit
un jeûne de trois jours, et parcourut l'enceinte des
murs avec le signe de la Croix et les reliques des
Saints; il se prosternait contre terre à chaque porte,
et priait avec larmes le Seigneur que, s'il l'appelait au
martyre, il ne permît pas que le peuple qui lui était
confié tombât en captivité; et cela arriva comme il
l'avait desiré. Le peuple des environs, par crainte des
ennemis, se retira dans la ville, et on ferma l'issue des
portes avec de fortes serrures, et on établit partout
des gardes. L'homme de Dieu ordonna qu'on fît entrer
tout le monde dans l'église, et leur demanda à tous
leur indulgence, les priant de lui pardonner, si, en
les reprenant, comme il avait coutume de le faire,
pour l'observation de la sainte discipline, il avait blessé
quelqu'un d'eux par ses paroles; car cet homme de
Dieu qui marchait au martyre, savait qu'il ne sert de
rien si le cœur n'a pas été d'avance purifié de tout
sentiment haineux, et échauffé du feu de la charité.
Aussi n'y eut-il dans cette multitude aucune ame assez
dure, quelque offensée qu'elle pût être, pour ne pas
renoncer pieusement à toute malice.

Peu de temps après la ville fut entourée d'une armée, et le jour même les deux troupes combattirent
avec vaillance jusqu'au soir. Mais lorsque la ville fut
absolument cernée et pressée par les ennemis qui
rôdaient jour et nuit en vociférant comme des chiens,
l'homme de Dieu vit que le péril était imminent; il
arrêta le combat et parla ainsi à son peuple: « Cessez,

« je vous le demande, de combattre ces gens; s'ils sont
« venus seulement à cause de moi, je suis prêt à satis-
« faire leur volonté et à calmer, à mes dépens, leur
« fureur; seulement ne sortons pas d'ici sans avoir
« été entendus; envoyons un de nos frères leur de-
« mander pour quelle cause ils assiègent la ville. »
Aussitôt on fit descendre par le rempart l'abbé Méroald, et, arrivé auprès de Diddon, il lui dit: « Si
« nos péchés nous ont attiré ce traitement, je vous
« prie de vous ressouvenir de cette sentence-évangé-
« lique où le Seigneur a dit: *Si vous ne pardonnez*
« *point aux hommes lorsqu'ils vous ont offensé,*
« *votre père ne vous pardonnera point non plus vos*
« *péchés* [1]; et celle-ci: *Vous serez jugés selon que*
« *vous aurez jugé les autres* [2]; » et il le pria de faire
cesser l'attaque et de recevoir tel rachat qu'il voudrait.
Mais le cœur de ces gens, comme autrefois celui du
roi d'Égypte, avait la dureté de la pierre, et Méroald
ne put en rien les amollir par les divines paroles. Diddon lui répondit avec menaces qu'il ne quitterait pas
le siége de la ville jusqu'à ce qu'il eût pris Léger et
assouvi dans son sang le desir insensé de leur fureur;
à moins qu'il ne jurât fidélité à ce Clovis qu'ils avaient
faussement fait roi: c'était là un prétexte feint, et tous
assuraient avec serment que le roi Théodoric était
mort.

L'homme de Dieu ayant appris ces paroles, répondit de la sorte: « Qu'il soit connu à vous tous, tant
« mes frères et amis que mes ennemis et adversaires,
« que tant que Dieu voudra me conserver en vie, je

[1] Évang. sel. S. Math. chap. 6, v. 15.
[2] *Ibid.* chap. 7, v. 2.

« ne m'écarterai point de la fidélité que j'ai promise,
« devant lui, de garder à Théodoric. Je suis résolu
« à offrir mon corps au glaive plutôt que de souiller
« mon ame par une honteuse infidélité. »

Lorsque les ennemis eurent entendu ces paroles, ils commencèrent aussitôt à attaquer de toutes parts la ville, en y mettant le feu et en lançant des traits. Alors Léger dit adieu à tous ses frères, communia avec le pain et le vin, raffermit leurs ames inquiètes, leur recommanda, comme le Christ à ses disciples, la mémoire de sa passion, marcha intrépidement vers les portes, les fit ouvrir, et se présenta tout à coup à ses ennemis pleins de joie. Ils reçurent leur proie comme le loup s'empare d'une innocente brebis. On rapporte qu'il dit alors : « Je remercie Dieu tout-puis-
« sant qui daigne me glorifier en ce jour. » Ses adversaires, inventant le plus odieux traitement, lui arrachèrent les yeux de la tête. On le vit dans ce tourment supporter d'une manière surnaturelle l'extraction par le fer. Plusieurs hommes illustres, alors présens, attestent qu'il ne souffrit point qu'on lui liât les mains, qu'aucun gémissement ne sortit de sa bouche au moment où on lui arracha les yeux, et que, louant Dieu, il continua toujours de chanter les psaumes.

Entre ceux qui se trouvaient là étaient le duc de Champagne, Waimer, qui était venu des frontières d'Austrasie pour exécuter ce crime avec Diddon. Ces deux hommes assignèrent à un certain Bobbon qui avait été chassé de l'évêché de Valence et frappé d'anathème, la ville d'Autun pour la posséder, ou plutôt pour la dévaster. Les citoyens opprimés qui avaient déjà perdu leur pasteur furent contraints de recevoir son ennemi, et sa présence coûta à l'église presque tous ses trésors. On trouva en effet une occasion de racheter la ville et l'on prit, sur l'argent de l'église, cinq mille sous, sans compter ce qui avait été enlevé aux citoyens. Si l'église souffrit aussi de grands dommages dans ses biens passagers, le Seigneur ne permit pas du moins que personne fût emmené en captivité.

Les ennemis après s'être joyeusement partagé les dépouilles remirent l'homme de Dieu en garde à Waimer qui retourna dans son pays avec sa troupe. Desiré, dit Diddon, partit avec Bobbon et Adalric qu'on voulait faire duc de cette province pour aller soumettre le patriciat de Lyon; leur intention était de chasser Genêt de cette cité comme ils avaient expulsé Léger d'Autun. Mais les peuples rassemblés en force armée, avec l'aide de Dieu, les empêchèrent de pénétrer.

Quand ceux qui avaient emmené Léger, le serviteur de Dieu, annoncèrent à Ébroin ce qu'ils avaient fait, il ordonna qu'on le conduisît au fond d'une forêt, fit répandre une fable sur sa mort, disant qu'il avait été noyé dans les eaux, et prescrivit même de lui construire un tombeau en attendant qu'il succombât à la souffrance d'une longue faim. Celui qui a vu et entendu ces choses peut dire qu'elles se sont bien passées ainsi. Mais le Seigneur, qui avait nourri, par un corbeau, Élie dans le désert, n'abandonna point son serviteur. Lorsque le martyr de Dieu eut long-temps supporté la faim sans en mourir, Waimer pensa que la nature humaine n'aurait pu résister de la sorte, si la grâce de Dieu ne l'eût soutenue; il ordonna qu'on amenât Léger dans sa maison, et ses dures entrailles commencèrent à s'amollir par la pitié. Admis à sa conversation familière, Léger dompta et adoucit en peu de temps la férocité de cet homme et le convertit ainsi que sa femme à la crainte de Dieu, si bien que Waimer lui offrit dévotement l'argent de l'église qu'il avait reçu pour la rançon de la ville d'Autun, pour qu'il en fît ce qu'il voudrait. L'homme de Dieu reçut l'argent et le renvoya à Autun par un fidèle abbé nommé Berton, qui le partagea, selon le précepte de l'apôtre, entre les serviteurs de la foi, et s'acquitta ainsi de cette œuvre de charité.

Cependant le méchant Ébroin, ne pouvant plus long-temps cacher son crime, abandonna le parti de son faux roi, afin de rentrer au palais de Théodoric. Il y fut reçu par une certaine faction, et fut de nouveau créé maire du palais. Les uns avec joie, les autres par crainte l'élevèrent ainsi au comble de la puissance. Il rendit alors un édit portant que, si quelqu'un, pendant les troubles, avait causé à un autre quelque dommage, ou s'était approprié quelque bien, aucune accusation ne pourrait en résulter. A la faveur de ce prétexte, il ne rendit rien de ce que ses serviteurs lui avaient donné sur les dépouilles de beaucoup de gens. Reprenant son ancien orgueil, il redoutait de rencontrer sur ses pas quelques-uns de ses anciens rivaux, ou les fils de ceux qu'il avait fait périr; il s'empara de la toute-puissance, et devint d'autant plus méchant qu'il était plus haï. Il commença à persécuter obstinément les grands; ceux qu'il pouvait prendre, tantôt il les faisait mourir par le glaive, tantôt il leur enlevait leurs biens, et les bannissait en pays étranger. Il détruisit beaucoup de monastères de femmes nobles, envoya les premières d'entr'elles en exil; et investi du pouvoir de fouler aux pieds les perles de la couronne royale, il ne craignit pas, comme un pourceau, d'insulter au Christ, en foulant aux pieds sans pitié les ornemens de ses églises. Hors d'état d'élever ses yeux vers le ciel, il tint son cœur absolument plongé dans la fange des passions terrestres.

Après avoir ainsi assouvi sa fureur, ce cruel commença à chercher quelque moyen de soustraire ses crimes aux regards des hommes. Il feignit de vouloir venger la mort de Childéric, tandis que personne plus que lui ne l'avait voulue; mais il n'osait pas poursuivre hautement celui qu'il haïssait.

Les grands ordonnèrent que Léger fût tiré, ainsi que son frère, du monastère où il se tenait caché, et qu'on les amenât en présence du roi. Léger se tournant vers Ébroin, lui dit : « En t'efforçant d'opprimer tous les habitans de toute la France, tu perds le haut rang que tu as obtenu sans le mériter. » A ces mots, le scélérat Ébroin, plein de fureur, ordonna que Guérin, frère de Léger, fût jeté hors des portes, et séparé de lui, afin qu'ils fussent punis séparément, et ne se pussent consoler en disant de telles paroles. Comme on l'emmenait, le bienheureux Léger parla à son frère, lui disant : « Sois calme, « frère très-chéri, il faut que nous souffrions tout cela, « et les maux de cette vie ne sont rien auprès de « l'éternelle gloire qui nous est réservée; nos péchés « sont grands, mais la miséricorde du Très-Haut les « surpasse, et elle est toujours prête à laver les pé- « chés de ceux qui publient ses louanges. Souffrons

« donc en ce monde, car nous sommes débiteurs de
« la mort ; mais si nous portons patiemment ces dou-
« leurs, la vie où nous serons réjouis sans fin dans la
« gloire céleste nous attend. »

Alors les serviteurs d'Ébroin commencèrent à lapider Guérin lié à un tronc [1]; pour lui il priait le Seigneur, en disant : « Bon Seigneur Jésus, qui es venu
« appeler les pécheurs et non les justes, reçois l'es-
« prit de ton serviteur ; et puisque tu veux bien me
« faire perdre à coups de pierres cette vie mor-
« telle à l'exemple des martyrs, daigne, très-clément
« Seigneur, m'accorder le pardon de mes péchés. »
En disant ces paroles, il rendit en priant le dernier souffle de vie. Le bienheureux Léger desirait finir sa vie avec son frère, pour partager avec lui la vie future et bienheureuse ; mais le tyran Ébroin voulut différer sa mort, pour lui préparer les peines éternelles par de longs tourmens, et pour qu'au lieu de recevoir la couronne du martyre, il se vît privé des récompenses célestes. Il ordonna qu'on le conduisît nu-pieds à travers une piscine semée de pierres aiguës et perçantes comme des clous ; ensuite il lui fit tailler les lèvres et les joues, et enlever la langue avec un fer tranchant ; afin que privé des yeux, les pieds percés, la langue et les lèvres coupées, ayant perdu toute joie et toute force de corps, ne pouvant plus ni reconnaître son chemin des yeux, ni y avancer avec les pieds, ni chanter avec la langue les louanges de Dieu, désespéré il tombât dans le blasphème, et se ravît ainsi lui-même le salut qu'en louant le ciel il eût mérité d'obtenir. Mais Dieu en-

[1] En 676.

tend les cœurs sans qu'ils parlent; il aime mieux un cœur contrit qu'un orgueilleux plein d'insolence; il écoute le silence de ceux qui se taisent plus que les discours des éloquens; il ne demande pas les expressions de la langue, mais l'humilité de l'ame. Lorsque Léger vit que tout secours humain l'abandonnait, il implora de toutes ses forces la protection divine, et autant l'impiété des hommes espérait l'éloigner du ciel, autant il s'en rapprocha par l'amour de Dieu.

Voyant cela, ils résolurent de conserver plus longtemps pour leur vengeance le Saint du Seigneur : ils le dépouillèrent honteusement, le conduisirent nu à travers les places, et le livrèrent, tout défiguré, à un homme nommé Waringue, afin que, sous sa cruelle domination, il rendît l'ame au milieu des tourmens. L'inique Ébroin dit à Waringue : « Reçois Léger que
« tu as vu autrefois si grand et si fier, et prends-le sous
« ta garde; viendra le temps où il recevra de ses enne-
« mis ce qu'il a mérité d'eux. » Comme la demeure de Waringue était loin, ils placèrent l'homme de Dieu sur une vile bête de somme. Quand Léger vit que cela se passait ainsi, il s'appliqua ce verset du psaume :
« Seigneur, étant devenu comme une bête en votre
« présence, je ne me suis point cependant éloigné de
« vous [1]. » Quoiqu'il n'eût ni lèvres ni langue, il ne put se résoudre à taire les louanges du Seigneur, et son ame pieuse les proféra du fond du cœur aussi bien qu'il put articuler. En le voyant tout couvert de sang, on crut qu'il en mourrait. Un de nos frères, l'abbé Winobert, suivit de loin le Saint de Dieu jusqu'à sa

[1] Psaum. 72; v. 23.

demeure, et pria les gardes de lui permettre d'en approcher en secret : il le trouva couché sur la paille, couvert d'un vieux lambeau de tente, et ne respirant que d'un léger souffle; mais au moment où il croyait le voir expirer sous ses yeux, il fut témoin d'un miracle inespéré; car, au milieu des crachemens de sang, la langue et les lèvres coupées, Léger commença à parler comme à son ordinaire; et comme l'incision des lèvres avait mis à nu les deux rangées des dents, elles rendirent le son des paroles comme il venait du souffle intérieur. Alors l'homme qui, sur le passage de l'évêque, était venu se présenter aux gardes, se mit à pleurer de joie, et alla en toute hâte annoncer ceci à l'évêque Herménaire. Quand celui-ci le sut, il supplia Waringue de l'introduire auprès du martyr de Dieu. Cela fut accordé à lui seul, et à cause de son mérite; car tous craignirent Ébrémerde, c'est-à-dire, Ébroin, enfant de la perdition, paille d'enfer et cruel tyran. Le vertueux Herménaire, qui, après Léger, fut, comme nous l'avons dit, élevé à l'épiscopat, s'appliqua avec soin à guérir ses blessures, à le réconforter par la nourriture et la boisson, et le couvrit des meilleurs habits qu'il eût. On lui rendit des honneurs, non comme à un homme ordinaire, mais comme à un martyr dont on aurait fait la translation; conduite qui assure le pardon à ceux qui l'ont tenue, non seulement pour leurs péchés passés, mais aussi pour les péchés à venir.

Lorsque Waringue eut conduit Léger dans sa demeure, par l'aide de la grâce de Dieu, ses lèvres et sa langue, contre l'ordre de la nature, commencèrent aussitôt à repousser, et j'ai entendu les paroles sortir de sa bouche comme jadis. Quand Waringue vit ce miracle, son ame ne fut point assez dure pour tourmenter le saint homme, comme il lui avait été enjoint par le tyran. Reconnaissant, au contraire, à de telles preuves le martyr de Dieu, il le prit, et le conduisit à un ermitage à lui appartenant, nommé Fiscommum, où était une congrégation de filles dirigée par Childemarque, servante du Christ. Léger y habita longtemps, et y resta en garde. Sa langue lui rendit son office accoutumé, et il répandit parmi le peuple la semence de sa bonne doctrine ; il se plaçait quelquefois au milieu de la troupe des vierges, et brillait, dit-on, par sa douce éloquence, de manière que tous les gens qui l'entendaient, admirant combien était grande la clémence de Dieu, renonçaient à leurs mauvaises œuvres, se convertissaient, et obtenaient sur-le-champ les heureux fruits de la pénitence. Lorsque, au bout de peu de temps, il eut retrouvé l'usage de ses lèvres, de sa langue et de son palais, comme il avait été offert lui-même en sacrifice, il eut soin d'offrir chaque jour au Seigneur le sacrifice saint ; et comme la lumière spirituelle le remplissait intérieurement, il ne s'inquiétait pas d'être privé de celle des yeux. Il passait les jours et les nuits à louer Dieu, et sortait à peine de l'église pour les nécessités du corps, ou pour prendre quelques alimens et un peu de sommeil.

Après tant de maux, les peuples fidèles rendirent au martyr, comme il convenait, de respectueux hommages ; et comme la lampe ne peut rester cachée sous le boisseau, le Dieu tout-puissant manifesta clairement à tous sa faveur pour Léger, car il commença tout à coup à frapper ses ennemis [1]. Après deux ans passés ainsi à louer Dieu, Léger apprit que les uns avaient été tués, les autres exilés, à cause de leur infidélité; il les pleura amèrement, et, loin de se réjouir de se voir vengé, s'affligea que le coup de la mort les eût atteints avant qu'ils eussent fait pénitence.

Vers ce temps le glorieux roi Théodoric et Ébroin convoquèrent un synode dans une certaine maison royale, et y firent arriver une grande foule d'évêques. Là parut entre autres Diddon, qui, avec Waimer, avait chassé Léger de son évêché et l'avait livré au supplice. Cet homme fut condamné par l'assemblée, rasé et excommunié. Envoyé ensuite en exil, il subit la mort, et paya de sa tête toutes ses perfidies envers le saint homme. Les autres évêques, d'après l'avis d'Ébroin, furent également condamnés par le roi à un exil perpétuel. Quant à Waimer, qui avait été complice du crime d'Ébroin et de l'enlèvement de l'homme de Dieu, ayant encouru l'inimitié de celui dont il avait servi la vengeance, et qui l'avait ensuite frauduleusement élevé à l'épiscopat, il fut, sans doute par la volonté de Dieu, accablé de beaucoup de maux, pendu, dit-on, à une potence, et envoyé ainsi au Tartare par une mort très-honteuse, comme il convenait à l'homme qui avait trahi le juste.

Léger demeurait toujours dans le monastère de femmes où il avait été mis en garde. Mais le tyran Ébroin, habile artisan de perfidies, vivait encore pour achever de fabriquer la couronne du saint martyr, et amener ce qui manquait à la gloire de ses souffrances. L'ancien ennemi, le serpent, qui supportait avec

[1] En 678.

peine de se voir, par les discours de Léger, exclu de ce monastère, recommença à stimuler Ébroin, l'engageant à faire amener Léger au palais, pour que là, dans l'assemblée des évêques, on déchirât sur lui la robe épiscopale, afin qu'ainsi interdit il ne pût plus offrir le saint sacrifice. Lorsque Léger fut arrivé, on s'efforça de lui arracher quelques paroles par où il se reconnût complice de la mort de Childéric. Léger comprit, par cette invention diabolique, qu'il était menacé d'un nouveau combat. Il ne se dit point exempt de la faiblesse humaine, mais ne s'avoua en rien coupable de ce crime, ajoutant que Dieu le savait mieux que les hommes. Alors ils le menèrent à ce synode. On dit pourtant qu'il n'entra pas dans le concile, mais resta dehors. On dit aussi que dans le même temps il eut une conversation avec le roi, et lui prédit beaucoup de choses qui devaient arriver, et ce qu'il avait annoncé est arrivé.

Quand ils virent qu'ils ne pouvaient lui rien arracher, ils déchirèrent sa tunique de la tête aux pieds, et le tyran impie ordonna de le livrer à un certain Chrodobert, alors comte du palais, et de lui ôter la vie mortelle en le frappant du glaive. L'homme de Dieu se réjouissait en toute patience de ce que, par la bonté du Seigneur, il voyait la couronne du martyre s'approcher pour lui. Chrodobert le reçut, l'emmena chez lui, et le voyant faible et fatigué du chemin, il lui donna à boire pour le ranimer. Avant que l'échanson s'approchât de lui, une grande lumière descendit du ciel comme au milieu d'un cercle, et vint briller au dessus de sa tête. Alors tous ceux qui virent ce miracle tremblèrent et dirent : « Qu'est-ce

« donc, seigneur, qui paraît sur ta tête, semblable à
« un cercle brillant ? Cela semble venir du ciel, et
« nous n'avons jamais rien vu de pareil. » Alors Léger
se prosterna et adora en disant : « Je te rends grâces,
« Dieu tout-puissant, consolateur de tous, de ce que
« tu as daigné faire éclater un tel miracle sur ton ser-
« viteur. » Tous ceux qui virent cela furent comme
hors de sens ; revenus enfin à eux-mêmes, ils glori-
fièrent tous ensemble le Dieu tout-puissant, se disant les uns aux autres : « Vraiment cet homme est
« le serviteur de Dieu. » Et tous promirent de revenir
à Dieu de tout leur pouvoir.

Quand Chrodobert amena Léger dans sa maison, la
bénédiction céleste y entra avec lui, car dès que
tous ceux qui y habitaient le connurent, ils confessèrent leurs péchés et recoururent à la pénitence. Il
plut au Seigneur d'illustrer son serviteur de cette
grâce que, partout où il était mené en exil pour y
subir des méchancetés, par un effet contraire, tous lui
rendaient un profond respect.

Enfin arriva le jour de la récompense, qui fut celui
de la fin de sa persécution. On envoya du palais une
sentence portant que Léger ne devait pas vivre plus
long-temps. L'impie Ébroin, craignant que de fidèles
chrétiens ne lui accordassent l'honneur du martyre,
ordonna de chercher un puits dans le fond d'une forêt, d'y noyer son corps égorgé, et d'en boucher
avec des pierres l'entrée, pour que les hommes igno-
rassent le lieu de sa sépulture. Chrodobert, qui avait
déjà commencé à se convertir un peu par les saintes
prédications de l'homme de Dieu, ne voulut pas voir
sa mort, et ordonna à quatre de ses serviteurs de faire

tout ce qui lui avait été enjoint. Quand cet ordre arriva chez lui, sa femme se mit à pleurer amèrement de ce qu'un tel crime avait lieu par le ministère de son mari.

Quand l'homme de Dieu sut que sa fin approchait, il consola cette femme en pleurs, et lui dit : « Je t'en « prie, ne pleure pas sur ma mort ; il ne t'en sera nul- « lement demandé compte ; bien au contraire, si tu « déposes dévotement mon corps dans un sépulcre, « tu recevras la bénédiction du ciel. » Ayant ainsi parlé, et pressé par les serviteurs, il lui dit adieu, et fut conduit dans une forêt où ils devaient exécuter la sentence. Ils avaient auparavant cherché un puits pour y cacher son corps comme ils en avaient reçu l'ordre ; mais ils ne purent en trouver aucun. Ils le menèrent par des lieux inconnus jusqu'à un certain endroit où il s'arrêta, et leur dit : « Il est inutile, mes enfans, « de vous fatiguer plus long-temps ; faites tout de « suite ce pourquoi vous êtes venus, et remplissez la « volonté du méchant. » Ceux qui le menaient pour le tuer étaient quatre ; trois se jetèrent à ses pieds, le suppliant de leur pardonner, et de daigner leur accorder sa bénédiction. Le quatrième se tenait avec orgueil, le glaive hors du fourreau, et prêt à frapper. Après que l'homme de Dieu eut béni ses bourreaux, et leur eut annoncé la parole du Seigneur, il se prosterna et pria ainsi : « Seigneur Dieu tout-puissant, « Père de Notre Seigneur Jésus-Christ, par qui nous « te connaissons, Dieu des vertus et créateur de toute « créature, je te bénis et te glorifie, de ce que tu as « daigné m'amener à ce jour de combat ; je te prie « et te supplie, Seigneur, de vouloir bien me faire res-

« sentir ta miséricorde, et de me rendre digne de par-
« ticiper aux mérites de tes saints et à la vie éternelle.
« Accorde le pardon à ceux qui me persécutent,
« car j'espère, Père très-clément, que par leur action
« je serai glorifié devant toi. » Il se leva, tendit la
tête, et exhorta le bourreau à faire son office. Lorsqu'il
eut parlé, celui-ci étendit le glaive et lui coupa la
tête. L'on dit que son corps demeura debout pres-
qu'une heure entière. Le bourreau voyant qu'il ne
tombait pas tout de suite, le poussa du pied, afin
qu'il fût plutôt à terre ; mais peu après, saisi par les démons, il perdit l'esprit, et frappé par la vengeance de
Dieu, se jeta dans le feu, et y finit sa vie.

Alors le bienheureux martyr fut, par l'ordre de la
femme de Chrodobert, emporté en secret par les siens
avec de grands pleurs, dans sa maison de Sercin, et
par la volonté de cette femme, il y fut enterré dans un
petit oratoire avec les vêtemens dans lesquels il avait
été tué.

En ce temps, un certain prêtre, chargé du service
de cet oratoire, vit, pendant la nuit, une lumière
briller dans ce lieu sans aucune intervention humaine.
Il assure, avec de terribles sermens, qu'il entendit
les anges chanter un cantique, et qu'il s'enfuit tout
tremblant pour ne pas assister insolemment à ce spectacle spirituel. Le bruit s'en répandit dans tous les
environs. Le vénérable martyr guérit beaucoup de
troupes de malades affligés de diverses infirmités, et
qui venaient invoquer ses saintes prières. Il fit marcher les boiteux, voir les aveugles; il délivra des
démons ceux qui en étaient possédés, et brilla par
beaucoup de prodiges dans ce lieu vénérable où re-

posait son corps. Le prêtre de l'église atteste tout cela.
Une nuit, un clerc serviteur de ce prêtre, et gardien
de l'église, essuya un vol. Tout ce qu'il possédait lui
fut enlevé par les larrons, et même le voleur emporta
sans le savoir la chaussure du bienheureux martyr
que le clerc gardait par respect. Celui-ci quittant de
bonne heure l'oratoire, et rentrant chez lui, trouva
enlevés tous ses effets. Il se rendit en hâte au sépulcre
du saint, et le pria de lui faire rendre ce qu'il avait
perdu. Il passa tout le jour et toute la nuit en prières
et en jeûnes au tombeau du saint, toujours continuant de psalmodier. Son oraison finie, il retourna à
sa cellule, et y retrouva, sans qu'il y manquât rien,
ce qu'il avait perdu, et la chaussure du martyr. Le
maître du voleur, qui avait juré par serment que son
esclave n'avait point fait ce crime, de retour chez lui,
finit sa vie ; le crime de l'esclave ne lui tourna pas non
plus à bien.

De plus en plus se répandit au loin la renommée de
la sainteté du martyr, et Ébroin en fut bientôt instruit. Il envoya en secret quelqu'un pour s'informer
de toutes ces choses et lui dire la vérité. L'envoyé
obéit à ses ordres, alla jusqu'au tombeau, et interrogeant les gardes, apprit où reposait Léger. Un aveugle qui avait recouvré la vue par la puissance du saint
de Dieu et s'était dévoué à son service, lui dit où était
enseveli le corps, et quels miracles il opérait ; mais
l'envoyé ne crut point cet homme : lui-même, gonflé
d'orgueil, il s'approcha du tombeau, et ne se courba
point pour prier ; de plus, plein de mépris, il frappa la
terre de son pied, et parla follement, car il ne connaissait pas la puissance de Léger. « Un mort, dit-il,

« ne fait point de miracles. » Mais le malheureux s'en retourna, et avant d'avoir rapporté ces faits à celui qui l'avait envoyé, il reconnut par lui-même le pouvoir du saint martyr, car il mourut en route ; il ne put rendre compte à son maître, et fut forcé par sa mort de rendre hommage à celui qu'il avait méprisé.

Ce fait fut bientôt divulgué et remplit de joie les fidèles. Le méchant Ébroin l'ayant appris se taisait, et tout tremblant, n'osait en parler à personne qu'à sa femme, de peur que, toujours croissant, la gloire du martyr ne le fît décroître dans l'esprit des peuples, lui qui avait voulu éteindre une telle lumière ; mais autant ce misérable s'efforçait de cacher ce qui se passait, autant et plus s'étendait la rumeur des miracles du saint. Ébroin ne l'ignora point, mais ne se voulut point amender, et son cœur aveugle s'endurcissait, ainsi que celui de ses satellites, par l'incrédulité. Il ordonnait avec menaces de taire ce que le Christ avait daigné faire éclater, pour éclairer les fidèles, confondre les incrédules, et glorifier son martyr posé sur le chandelier de l'église. L'esprit du tyran se troublait et chancelait de jour en jour ; mais il ne se tournait en aucune manière vers l'amendement et l'humilité. Au contraire, il élevait la tête en présence de tous avec un orgueil fastueux plus grand qu'à l'ordinaire, et en lui s'accomplissait le proverbe de Salomon : « L'orgueil précède la ruine de « l'ame, et l'esprit s'élève avant sa chute [1]. » Et pour qu'il n'échappât point au châtiment d'un si grand crime, l'insensé alla lui-même au devant de la mort. En une certaine occasion, il dépouilla un grand qui remplissait une fonction fiscale, tellement qu'il lui enleva

---

[1] Prov. chap. 16, v. 18.

presque tout son bien, le menaçant encore de la mort. Cet homme voyant que, déjà ruiné, il courait risque de la vie, prit courage, et alla avant le jour attendre Ébroin devant sa porte. C'était un dimanche, et Ébroin sortait pour se rendre à Matines. Dès qu'il eut mis le pied sur le seuil, voilà que tout à coup le grand se jeta sur lui, le frappa du glaive et le précipita dans une double mort. Ainsi cessa dans le royaume la tyrannie de cet homme, comme David lava la honte des enfans d'Israël, en mettant à mort le géant Philistin. Ainsi au bout de trois ans, la parole divine s'accomplit sur Ébroin à jamais déplorable, et qui avait voulu éteindre une telle lumière. Celui qui en avait mis à mort tant d'autres, par le glaive, périt frappé lui-même du glaive. Ce malheureux qui s'était élevé à tant d'honneurs, qui voyait briller dans les trois parties du monde la renommée de son pouvoir, pour n'avoir pas voulu obéir aux commandemens de Dieu, et pardonner à ses ennemis, en envoya plusieurs au ciel en croyant se venger d'eux. Aussi est-il fort à craindre que l'homme dont la cruelle vengeance a fait périr tant de prêtres et de grands, ne se soit préparé les peines éternelles, et que celui qui n'a pas su conserver un pouvoir plus brillant que n'avait jamais possédé aucun Franc, n'ait perdu aussi la vie bienheureuse que la douceur eût pu lui mériter.

Quand fut mort le malheureux Ébroin, la gloire du serviteur de Dieu, que dans sa haine il aurait voulu étouffer, retentit au loin de tous côtés avec de grandes louanges. Dès que la vérité sur les vertus de ce saint martyr parvint à la Sérénité royale et à son palais, dès qu'on sut que le Seigneur Christ, pour lui rendre honneur, l'avait illustré par d'éclatans miracles, le roi crut le fait avec admiration, et commença à vénérer comme martyr celui qu'il avait d'abord jugé coupable d'après l'accusation du tyran. Alors celui dont, pendant longues années, son rival avait interdit de prononcer le nom, fut magnifiquement célébré dans le palais; il y avait là une multitude de grands, savoir, des évêques et des nobles qui conversaient ensemble sur le saint martyr, et admiraient ce qu'ils entendaient rapporter. Ansoald, évêque de la ville de Poitiers, homme d'une grande sainteté, dit un jour : « Plût à « Dieu que je pusse obtenir d'avoir son corps près de « moi ! Il est connu qu'il était mon parent et que c'est « d'une paroisse à moi confiée qu'il est sorti pour s'é- « lever aux honneurs. » Là était le pontife Herménaire, successeur de Léger dans l'évêché d'Autun, et il dit : « J'ai le droit d'avoir son corps, car il est « juste qu'il repose là où il fut évêque. » Alors aussi Vindicien, évêque d'Arras, dans le diocèse de qui Léger avait été tué, répondit : « Saints pontifes, il n'en « sera pas comme vous l'avez dit, mais c'est à moi « que sera donnée la possession de ce saint corps, car « il appartient au lieu où il daigne reposer. » L'assemblée des évêques décida qu'on jeûnerait et ferait des prières, afin que le Seigneur daignât montrer dans le diocèse de qui devait reposer son serviteur. Cela dit, tous consentirent à la proposition; on jeûna et on pria, et l'on écrivit trois petits billets qu'on posa sur l'autel, afin que, les oraisons finies, le Seigneur déclarât dans le lot de qui devait être le corps du saint martyr. Le lendemain, après l'oraison et les solennités de la messe, un des prêtres choisi par les évêques glissa la main sous le manteau de l'autel pour en retirer la vraie décision de Dieu. Tous les assistans virent, connurent et proclamèrent que le droit était pour l'évêque Ansoald, parce qu'ainsi le décida le billet retiré qui devait être tenu pour vrai. L'affaire ainsi terminée sans aucun doute, le pontife Ansoald ordonna à son abbé, homme de Dieu, nommé Audulf, d'aller en toute hâte là où était le saint corps, et de le transporter, avec tout le respect qui lui était dû, au territoire de Poitiers, afin que là où il avait autrefois commencé à exercer le culte de Dieu, là aussi brillât de tout temps le flambeau de son nom. L'homme de Dieu obéit aux commandemens de son évêque, et, plein de joie, se rendit en hâte au lieu où reposait le corps. A cette nouvelle tous les moines qui habitaient près de là, et beaucoup d'hommes et de femmes, touchés d'une grande dévotion, accoururent avec précipitation; guéris tout à coup de diverses maladies ils se livraient à la joie et célébraient les louanges du saint; une troupe très-nombreuse chantait et pleurait en même temps, et tous, comme l'avait ordonné le glorieux roi Théodoric, enlevèrent le corps du saint martyr. Lorsqu'ils furent en route et que la nouvelle s'en répandit, tout le long du chemin, de droite et de gauche, une multitude de moines et de clercs arrivaient spontanément de tous les bourgs et villes, venant au devant, portant des croix, des cierges allumés, et semant des parfums. Il y avait une telle foule que l'on pouvait à peine approcher du cercueil et poser les bouts de la litière sur les épaules des porteurs. Quiconque, affligé d'une infirmité, pouvait seulement arriver jusqu'à la bière et la toucher de la main, reprenait aussitôt son ancienne santé. La guérison n'était refusée à nul homme s'il touchait avec foi la frange de la couverture du cercueil. Dans le territoire de Cahors, à la demande de plusieurs fidèles, et surtout de l'abbesse Herménane qui, entre autres personnes, nous a surtout poussé à écrire les choses connues sur les vertus du saint; à leur demande, dis-je, Audulf, dont j'ai déjà parlé, composa de cette translation une relation véridique, et ne pouvant, à cause de leur nombre, y insérer tous les miracles, il raconta seulement ceux que lui-même il avait vu éclater; car, dit-il, si quelqu'un voulait écrire tout ce qui a été vu en cette occasion, le volume excéderait en grosseur le livre des psaumes. Quant à nous, nous ferons connaître brièvement, à ceux qui desirent le savoir, ce que nous a appris cette relation.

Dans une ville, nommée Jouy, était une jeune fille nommée Radingue, qui, depuis sept ans, était dans la maison de ses parents, aveugle, muette et paralytique; portée par eux, elle toucha le cercueil du bienheureux martyr, et elle assure qu'endormie la même nuit, elle vit deux hommes tout brillans et à cheval, placés à côté d'elle; s'étant éveillée, elle s'étonna de cette vision, et aussitôt ses yeux reprirent la vue, ses pieds purent marcher, et sa langue rendit son office, si bien qu'elle s'écria : « Je te rends grâces, Dieu « tout-puissant, de ce que, par le saint martyr Léger, « tu as daigné me rendre une entière santé. » Après cette action de grâces, elle se leva saine de tous ses membres, et retourna chez elle avec ses parents, désormais appelée à vivre long-temps.

Lorsque le cortége fut arrivé sur le territoire de Tours, dans le bourg de Sonnay, une femme possédée du démon fut conduite par ses parens pour toucher le cercueil du saint homme. Amenée malgré elle et presque de force, dès qu'elle eut touché la couverture de la bière, elle fut purifiée des démons, revint à la raison, et voulait toujours demeurer près du cercueil, craignant d'être ressaisie par son ennemi.

Après cela, on arriva à la ville. Bert [1], évêque de Tours, l'ayant appris, vint au devant avec des chœurs qui chantaient, et reçut le corps avec des flambeaux et de grands honneurs. Comme le cortége traversait la ville, une femme accusée de la mort de son mari était conduite avec des chaînes au cou et aux mains. Pendant qu'on la traînait, elle s'écria : « Viens à mon « aide, bienheureux Léger; car, innocente, je péris « mise aux fers par de faux accusateurs. » Dès qu'elle eut ainsi parlé, la chaîne brisée lui tomba du cou; elle la jeta de ses mains sous le cercueil, et celle qui allait périr injustement parut clairement innocente.

Après que ce même pontife eut accompagné le saint corps dans tout son diocèse avec de grandes louanges, et qu'il fut parvenu sur le territoire de Poitiers où il devait reposer, on s'arrêta quelque temps dans un bourg nommé Ingrande. Un certain boiteux accourut, se jeta par terre et en prières devant le corps du saint homme, fut guéri tout de suite, se leva sur ses pieds, et revint sain et sauf chez lui. Apprenant cela, une certaine femme dont les mains avaient perdu leur forme, et dont les doigts recourbés s'enfonçaient au

---

[1] Ou Théodebert.

milieu de la paume de la main, tellement que les ongles cachés dans la chair ne lui étaient plus d'aucun usage, s'approcha du corps, invoqua le nom de Dieu et du saint martyr, revint à son ancienne santé, rendit à Dieu de grandes actions de grâces, et retourna dans sa maison.

Il ne faut pas taire le miracle qui se fit encore. L'évêque Ansoald, homme de Dieu, apprenant que le saint corps approchait, envoya sur-le-champ un serviteur pour faire distribuer, de son domaine d'Interamne, une grande quantité de vin, afin que les pauvres et tous les gens du cortége pussent avoir de quoi se reconforter. Peu après qu'on eut obéi, on vint annoncer que les vases placés dans le cellier d'où l'on avait tiré le vin, et qui étaient demeurés presque vides, étaient tellement pleins que le vin coulait par-dessus les bords et sur le pavé, sans que pourtant ils se vidassent.

Quand on fut arrivé auprès de la Vienne, au bourg de Sannes, le vent était contraire et soulevait les ondes du fleuve ; les bateliers tremblans commencèrent à refuser aux passagers l'entrée des barques, de peur qu'ils ne périssent dans les eaux. Mais l'abbé Audulf, se confiant aux mérites du saint martyr, les exhorta en disant : « Mettez-vous dans le bateau, et « passez avec assurance ; car le Seigneur est en état « d'apaiser les ondes par les mérites du saint. » Dès que le corps fut placé dans la barque, et que les bateliers commencèrent à naviguer, les eaux se calmèrent, et ils passèrent heureusement le fleuve. Ils se reposèrent la nuit dans l'église. Une femme étrangère y arriva avec son enfant aveugle, veilla toute la nuit en oraison; et au point du jour l'enfant recouvra la lumière.

On se rendit de là au village de Jaunay; là, l'évêque Ansoald vint à la rencontre du cortége avec une foule de clercs, de peuple et de pauvres, avec des encensoirs, des parfums, de l'encens, des croix, des cierges allumés, et des troupes considérables de gens qui chantaient. Il reçut le saint corps, et on se mit en marche vers la ville. Sur la route se trouva une femme courbée par les années, de telle sorte que sa tête touchait presque à ses genoux. Elle leva un peu les yeux, tout en priant, vers le cercueil du martyr, et son corps reprit sa première vigueur. Le pontife et tous ceux qui étaient présens admirèrent la puissance de Dieu et du saint martyr, et parvinrent à la ville en chantant ses louanges. L'évêque entra avec le saint corps dans la basilique située dans le faubourg, où repose sainte Radegonde, et là, un paralytique fut guéri par son arrivée. Lorsque le corps bienheureux fut porté à la basilique de Saint-Hilaire, un autre paralytique couché dans le chemin fut guéri sur-le-champ en touchant la bière; peu après, une jeune fille aveugle recouvra la vue en invoquant le saint de Dieu : elle le suivit jusqu'à son tombeau, et se voua pieusement à son service.

Le saint corps fut ensuite enlevé de la ville, et porté avec grande joie, pendant un certain espace de chemin, sur les épaules de l'évêque, de ses prêtres et des serviteurs de l'église, jusqu'au village de Zerzinoille [2]. Alors une nombreuse troupe des moines du monastère de Saint-Maixent, où Léger avait d'abord

---

[2] Près du monastère de Saint-Maixent où il devait être enseveli.

été abbé, vinrent au devant de lui pour recevoir leur pasteur, et ils passèrent la nuit, avec une grande dévotion, à psalmodier dans l'église. Le matin, arriva une certaine femme portant dans ses bras son enfant âgé d'à peu près trois ans, et à moitié mort. On dit qu'il avait rendu l'ame avant d'approcher du corps du saint. Elle le posa sur le cercueil, et invoqua le saint homme en disant : « Mon bon seigneur, rends-moi « mon fils. » Quand elle eut crié et prié pendant près de trois heures, l'enfant se réveilla comme d'un profond sommeil et appela sa mère aussi haut qu'il put, disant : « Mère, où es-tu ? » Transportée de joie, elle reprit vivant son fils qu'elle avait apporté mort. Ce fut un grand et admirable miracle qui inspira au peuple une vive foi en ce saint homme dont la gloire est immense dans le ciel.

Le bienheureux corps fut ensuite enlevé et transporté, comme il convenait. On se rendit au monastère de Saint-Maixent, dans lequel il avait été autrefois père des moines. Et comme c'était dans ce lieu qu'il avait commencé à tourner vers le culte de Dieu les esprits des hommes égarés, la providence divine voulut, par un juste jugement, qu'il y brillât par ses miracles, et qu'il attirât par de grands exemples beaucoup de gens aux bonnes œuvres. Pendant la translation, deux pauvres, savoir un homme et sa femme, se présentèrent au devant du corps : l'homme avait perdu un œil, et la femme deux. Ils s'approchèrent : la femme recouvra par sa foi la lumière des yeux ; l'homme, qui était plein de doute, s'en alla ayant perdu celui qu'il possédait. A leur venue, c'était le mari qui conduisait avec une corde sa femme aveugle; mais, en s'en allant, ce fut elle qui lui rendit à son tour ce service, et le conduisit. Avant que les moines fussent sortis du couvent pour aller à la rencontre du saint, une jeune fille paralytique était couchée dans le porche: il était bien connu qu'elle avait perdu tout l'usage de ses membres; dès qu'elle eut entendu le nom du bienheureux Léger, une de ses mains reprit la santé; quand, au troisième jour, le corps du bienheureux martyr fut arrivé dans le lieu où elle était, ses membres se délièrent, n'eurent plus aucune infirmité, retrouvèrent leur ancienne vigueur, et elle recouvra parfaitement la santé. Ceux qui étaient présens virent ce miracle, et il s'assembla aussitôt une si grande multitude de peuple que les vestibules de l'église pouvaient à peine contenir les troupes de tous les arrivans. Dans ce temps-là, une autre femme, venue de loin, recouvra, en approchant du tombeau du saint martyr, la lumière des yeux qu'elle avait perdue. Un jeune homme et une jeune fille tourmentés par les démons, parvinrent tout tremblans auprès des saintes reliques, et alors se débarrassant des démons, par un vomissement de sang, ils retrouvèrent la santé.

Beaucoup et d'innombrables miracles furent opérés en ces jours par le même martyr: malades, infirmes, aveugles, sourds, muets, paralytiques, boiteux, possédés des démons, tous retrouvèrent par sa puissance une entière santé. Dans la route on pouvait à peine compter le nombre de ceux qui s'employaient à le porter. De nobles matrones offraient des ornemens magnifiques, des manteaux, des voiles ornés tout en or et en soie, dans le seul espoir que celle qui la première aurait présenté son vœu au Seigneur, aurait aussi la première part à ses bienfaits. Par l'ordre du seigneur évêque Ansoald, et les soins de l'abbé Audulf, supérieur du monastère, une chapelle d'une grande magnificence fut construite en l'honneur du bienheureux martyr; la construction de cette église est différente de celle de toutes les basiliques.

Le pontife voulant accomplir son vœu, se rendit dans ce lieu avec tous les prêtres de son église, une troupe de nobles, la foule du peuple, et là il ensevelit en grande pompe le corps du bienheureux martyr; là s'opèrent toujours de nombreux miracles; là aussi, et en l'honneur du nom de Christ, il y a toujours un grand concours de gens qui y viennent chercher la guérison et le pardon de leurs péchés. Que tous ceux qui s'y rendent avec foi soient exaucés dans leurs prières, sous le règne de notre Seigneur, à qui sont la puissance et la gloire, aux siècles des siècles! Amen!

Le martyre de saint Léger fut consommé le 3 octobre. La dédicace de sa basilique eut lieu le 30 octobre, et la translation de son saint corps au milieu du mois de mars [1].

---

[1] Pagi place le martyre de saint Léger en 678, la dédicace de sa basilique en 680, et la translation de son corps en 683.

**FIN DE LA VIE DE SAINT LÉGER.**

# VIE
# DE PEPIN-LE-VIEUX,
## DIT DE LANDEN,

MAIRE DU PALAIS EN AUSTRASIE.

# NOTICE

SUR

## LA VIE DE PEPIN-LE-VIEUX.

---

Nous avons rassemblé, dans ces deux volumes, les historiens contemporains qui nous restent sur l'époque de la race Mérovingienne. A l'exception d'un assez grand nombre de *vies des saints*, presque sans intérêt pour l'histoire, nous n'avons omis qu'un seul écrivain auquel on puisse attribuer quelque importance ; c'est l'auteur anonyme des *Gesta Regum Francorum*, publié d'abord par Marquard Freher, et inséré dans le tome II du Recueil des Bénédictins ( pag. 542—572 ). Cet ouvrage, plein de fables, ne contenant presque rien d'ailleurs qui ne soit raconté, avec plus de détail et d'une façon plus animée, dans Grégoire de Tours, Frédégaire ou ses continuateurs, la vie de Dagobert et celle de saint Léger, nous n'avons pas cru devoir en grossir inutilement notre collection. Nous ne nous proposons point de traduire et de publier indistinctement tout ce qui nous a été conservé ; nous choisissons, dans le chaos, souvent si stérile, des monumens contemporains, les ouvrages les plus intéressans, les plus complets, et qui nous paraissent les plus propres à s'enchaîner les uns aux autres avec quelque régularité.

La vie de Pepin-le-Vieux appartient à une époque postérieure ; on s'accorde à en placer l'auteur entre le neuvième et le onzième siècles. Mais indépendamment de son extrême brièveté, elle nous a paru de quelque intérêt ; d'abord, parce qu'elle est évidemment puisée dans des documens plus anciens, entre autres dans les *Gesta Regum Francorum*, ensuite parce qu'elle contient, sur la famille d'où les rois Carlovingiens sont issus, quelques détails plus moraux, il est vrai, qu'historiques, mais qui sont présentés avec assez de naïveté et de vie. La peinture du veuvage d'Itta et des motifs qui, après la mort de son mari, la portèrent à se consacrer à Dieu, fait assez bien connaître la grossièreté des mœurs du temps, et quelques unes des causes qui donnaient au clergé tant d'influence sur les esprits capables de sentimens un peu plus élevés et plus purs.

Ce petit ouvrage a pour titre : *Vie du bien-*

heureux duc *Pepin*, *maire du Palais d'Austrasie*, *sous les puissans rois Clotaire*, *Dagobert et Sigebert.* On ne s'étonnera pas d'y rencontrer le ton du panégyrique ; c'est celui de tous les historiens depuis la fin du septième siècle; les descendans de Pepin régnaient.

F. G.

# VIE
## DE
# PEPIN-LE-VIEUX,
### DIT DE LANDEN,
### MAIRE DU PALAIS EN AUSTRASIE.

Il est bien connu et généralement répandu que Pepin a été le père de la bienheureuse et bien-aimée de Dieu, vierge Gertrude. Mais de lui, sauf son nom, ses actions et les autres choses de sa vie demeurent presque inconnues de ceux qui ignorent nos histoires. Nous en avons recueilli le peu de faits que nous avons trouvés épars çà et là dans les faits et gestes des Francs, et avons pris soin d'en composer une narration suivie, que nous voulons faire servir d'exorde à l'œuvre projetée par nous [1], afin que si quelqu'un desire connaître la race de cette noble vierge, il cherche plus naturellement à l'apprendre ici dans la vie de son père, qu'en aucun autre lieu. Pepin, fils de Carloman, fut duc et maire du palais, sous les très-puissans rois Clotaire, Dagobert et Sigebert. Dans cette dignité, peu différente de la suprême grandeur des rois, il gouvernait toutes choses par

[1] La vie de sainte Gertrude.

les ordres les plus sages, et excellait en courage dans la guerre comme en justice durant la paix. Il conservait envers le roi une entière fidélité, envers le peuple une équité inflexible; ferme à maintenir, d'un esprit judicieux, ce qui appartenait à l'un et à l'autre, sans jamais s'attacher, pour l'avantage du peuple, à entreprendre sur le droit des rois, ni s'appliquer à étouffer, en faveur des rois, la justice due au peuple; car il préférait le Seigneur, roi souverain, aux rois des hommes, et savait que sa volonté défend d'adorer la face des puissans, et de tenir compte, dans les jugemens, de la pauvreté ou de la richesse; en sorte qu'il défendait pour le peuple ce qui était au peuple, et rendait à César ce qui était à César. Dans tous ses jugemens, il s'étudiait à conformer ses arrêts aux règles de la divine justice; chose attestée non seulement, comme nous le dirons ci-après, par le témoignage de tout le peuple, mais aussi et plus encore par le soin qu'il prit d'associer à tous ses conseils et à toutes ses affaires le bienheureux Arnoul, évêque de Metz, qu'il savait être éminent dans la crainte et l'amour de Dieu; car s'il arrivait que, par ignorance des lettres, il fût moins en état de juger des choses, celui-ci, fidèle interprète de la divine volonté, la lui faisait connaître avec exactitude. Arnoul était homme en effet à expliquer le sens des saintes Écritures, et avant d'être évêque, il avait exercé sans reproche les fonctions de maire du palais. Soutenu d'un pareil appui, Pepin imposait au roi lui-même le frein de l'équité, lorsque, négligeant la justice, il voulait abuser de la puissance royale. Après la mort d'Arnoul, il fut attentif à s'adjoindre dans l'administration des affaires le bienheureux Chunibert, évêque de Cologne, également illustre par la renommée de sa sainteté. On peut juger de quelle ardeur d'équité était enflammé celui qui donnait à sa conduite des surveillans si diligens et de si incorruptibles arbitres. Ainsi, ennemi de toute méchanceté, il vécut soigneusement appliqué à la pratique du juste et de l'honnête, et, par les conseils des hommes saints, demeura constant dans l'exercice des saintes œuvres.

Cet illustre prince, d'abord maire du palais sous le roi Clotaire, père de Dagobert, jouit auprès de lui d'un rare pouvoir et de la plus haute considération ; car le roi connaissait et sa droite piété envers le Seigneur notre Dieu, et son fidèle dévouement envers lui. Lorsqu'il se proposa de couronner son fils Dagobert roi d'une partie de ses vastes États, comme il ne se fiait point à son âge trop faible encore et à son esprit trop peu mûri, ce fut de Pepin qu'il fit choix entre tous les grands pour diriger l'âge tendre du jeune roi, et pourvoir à l'administration de son royaume [1]. L'adolescent lui fut donc remis entre les mains, et envoyé en Austrasie, pour y régner avec l'appui des conseils et de l'habileté d'un très-sage gouverneur. Pepin s'appliqua non moins à inculquer au jeune homme dont il s'était chargé la crainte de Dieu et l'amour de la justice, qu'à l'orner d'habitudes excellentes, lui enseignant ce qui est écrit : « Lorsqu'un roi juge les pauvres dans la vérité, son trône s'affermira pour jamais [2]. » Par sa sagesse, non seulement Dagobert gouverna heureusement cette partie

[1] En 622.
[2] Prov. chap. 29, vers. 14.

du royaume de son père, mais, après la mort de celui-ci, il parvint à régner sur tous ses États qui étaient fort étendus. Son frère Charibert et plusieurs autres princes s'opposèrent à lui avec de grands efforts, chacun combattant pour faire tomber sur lui-même la puissance royale. Mais leur faction fut bientôt vaincue par les salutaires conseils du très-habile duc [1]. Dagobert donc, bientôt affermi sur le trône, s'attacha étroitement tous ses sujets par sa libéralité, sa justice, sa douceur, et toutes les autres vertus qui conviennent à un roi. En sorte qu'il surpassa en noble renommée tous les rois ses prédécesseurs, et que tous le célébrèrent avec des louanges infinies. Il marcha dans cette royale voie, dans cette vertueuse direction, aussi long-temps qu'il conserva les saines doctrines de son très-sage précepteur, et ne s'entoura pas de ministres choisis selon ses passions. Heureux si, selon l'avis du sage, entre ses mille fidèles, il n'eût pris qu'un seul conseiller! Mais, à l'exemple de Salomon, il laissa enfin corrompre son cœur par les femmes; et, comme une grande abondance et une liberté sans bornes inclinent d'ordinaire la nature humaine à consentir au péché, parvenu à l'affluence des richesses, et toutes choses lui tournant favorablement, le roi se détourna du bien et de l'honnête vers le mal, et ferma l'oreille aux avis salutaires. Il commença à s'enflammer d'avarice aussi bien que de luxure, et outre ses concubines, dont le nombre était fort considérable, il abusa, contre la loi canonique et la décence royale, des embrassemens de trois épouses. De quoi Pepin, ému de douleur, le répri-

---

[1] En 626.

mandait avec une grande liberté de langage, lui reprochant son ingratitude aux grands bienfaits de Dieu. Mais lui, plus soumis à ses sales desirs qu'à de sages avis, aurait mieux aimé, comme un insensé qu'il était, faire périr d'une manière quelconque le médecin que de guérir de la fureur de son mal; grandement excité au crime par les suggestions perverses d'hommes réprouvés, méchamment envieux des vertus de Pepin. Mais, semblable au saint animal qui porte des yeux devant et derrière, Pepin voyait de tous côtés autour de lui, et se conduisait prudemment avec tous. Cependant, pour me servir des propres expressions de l'histoire des Francs, l'amour de la justice et la crainte de Dieu qu'il aimait le délivrèrent du mal. Il n'y a pas lieu de s'étonner si, corrompu par une si éclatante situation, le roi, encore mal affermi dans la voie du Seigneur, se laissa cheoir de son obéissance dans la maison de fornication et dans les desirs homicides, puisque David, choisi selon le cœur de Dieu, et qui avait reçu l'enseignement de ses prophètes, aussitôt que vint à lui manquer le poids des afflictions, emporté par la légèreté d'un esprit lascif, se précipita dans les embrassemens illicites de la femme d'autrui; puis, pour couvrir l'infamie du crime qu'il avait commis, fit périr un soldat dévoué à son service, ajoutant ainsi le meurtre à l'adultère. Mais le Dieu très-bon qui lava David de son crime par la pénitence, conserva, par une circonstance inespérée, le roi Dagobert innocent du sang du juste; car, voyant qu'il ne pouvait faire tomber Pepin dans ses piéges, et considérant en même temps, par de plus sages réflexions, que sa dignité serait ébranlée s'il faisait périr un homme noble, puissant, agréable au peuple par sa fidélité et sa justice, il changea insensiblement de dessein, et commença à porter plus de respect à l'illustre duc.

Enfin la haine que le roi avait conçue s'apaisa et fut changée en bienveillance, tellement qu'il envoya sans aucune méfiance son fils Sigebert régner en Austrasie [1], sous la tutelle de celui dont la fidélité et l'utile habileté éprouvées par lui-même avaient, du vivant de son père, fait prospérer sous ses lois l'administration de cette partie de son royaume, et par qui, après la mort de celui-ci, tous ses ennemis vaincus, il était parvenu à la possession générale de ses États. Par les très-sages conseils du même guide, la même prospérité passa à son fils, et durant le règne de Sigebert, mais sous la régence de Pepin et avec son secours, les Austrasiens défendirent vigoureusement leurs frontières contre les barbares qui jusqu'alors avaient coutume de les fatiguer de leurs incursions. Après la mort de Dagobert, Pepin aurait fait transférer à Sigebert tout le royaume des Francs [2], si, après une division de ce royaume, faite du temps de Dagobert, Sigebert ne s'était engagé envers son père à se contenter de l'Austrasie, et à laisser la France à son jeune frère Clovis. Cependant les riches trésors de Dagobert étaient demeurés tout entiers en la puissance de Clovis et de sa mère, la reine Nantéchilde. Pepin en réclama le partage avec l'évêque Chunibert, l'obtint comme il le souhaitait, reçut la part légitimement due au roi Sigebert, et la lui fit porter à Metz.

[1] En 633.
[2] En 638.

Mais l'année accomplie, cet illustre chef, ce véritable père de la patrie, sortit des choses de ce monde [1]. Sa mort accabla l'Austrasie d'une telle douleur qu'elle en fit paraître un deuil dont n'approche point le deuil de la mort des rois ; car c'avait été un homme de vie très-honnête, très-pur de renommée, demeure de sapience, trésor de sages avis, gardien des lois, borne où se terminaient les querelles, rempart de la patrie, honneur des conseils, le modèle des ducs et l'instruction des rois, qui, si à l'exemple du saint homme Job, il eût voulu célébrer ses propres louanges, aurait pu, en toute vérité et exempt de blâme, dire, au nom de la sagesse dont il était abondamment rempli : « Les rois règnent par moi, et c'est par moi que les « législateurs ordonnent ce qui est juste [2]. »

Afin qu'on ne prenne pas ces faits de la vie du bienheureux duc pour quelque composition nouvelle, il ne sera pas hors de propos de rassembler ici, sous les yeux du lecteur, en témoignage de sa sainteté, les expressions textuelles insérées en divers lieux dans les faits et gestes des Francs. Les voici telles qu'elles sont. « Depuis le moment où Dagobert commença à « régner jusqu'au temps dont je parle, usant des con- « seils de Pepin, maire du palais, et du bienheureux « Arnoul, évêque de la ville de Metz, il conduisit « avec tant de bonheur l'administration des affaires « du royaume d'Austrasie, qu'il obtenait de tous les « peuples des louanges infinies. » Et un peu plus loin : « Après la mort du bienheureux Arnoul, il usa en- « core des conseils de Pepin, maire du palais, et de

---

[1] En 639.
[2] Prov. chap. 8, v. 15.

« Chunibert, évêque de la ville de Cologne, et par eux
« vaillamment averti de son devoir, il gouverna, plein
« de prospérité et d'amour de la justice, tous les peu-
« ples qui lui étaient soumis, en telle sorte qu'aucun
« des rois Francs ses prédécesseurs ne l'avait sur-
« passé en louable renommée. » Puis après avoir parlé
des trois femmes et des concubines de Dagobert :
« Pepin voyant cela, comme il était plus prudent que
« tous les autres, très-fécond en bons conseils, et tout
« rempli de fidélité, il se fit aimer de tous par son
« amour pour la justice dans lequel il avait conduit
« Dagobert tant que celui-ci avait pris ses conseils.
« Et sans mettre jamais pour son propre compte la
« justice en oubli, ni s'écarter des voies de l'honnê-
« teté, lorsqu'il approchait de Dagobert, il agissait
« prudemment en toutes choses, et se montrait en
« tout rempli de circonspection. Les Austrasiens
« s'armèrent contre lui d'une violente jalousie,
« tellement qu'ils s'efforcèrent de le rendre odieux à
« Dagobert, afin qu'il le fît périr ; mais l'amour de la
« justice, et la crainte de Dieu auquel il s'était dé-
« voué, le délivrèrent du péril. » Et un peu plus
loin : « Dagobert étant venu à la ville de Metz, par
« le conseil des évêques et des grands, éleva son
« fils Sigebert au trône d'Austrasie, et établit pour
« gouverneur du royaume l'évêque Chunibert, le duc
« Adalgise, et Pepin, maire du palais, par les efforts
« desquels furent, comme on sait, défendus avec suc-
« cès, contre les Wénèdes, les frontières de l'Austrasie
« et le royaume des Francs. » Et peu après : « Après
« la mort de Dagobert, Pepin, maire du palais, et les
« autres grands d'Austrasie s'étant d'un consentement

« unanime réunis à Sigebert, Pepin et Chunibert liés
« déjà d'une amitié mutuelle, et qui récemment s'é-
« taient engagés à conserver à jamais entre eux une
« solide alliance, attirèrent à eux, par prudence et dou-
« ceur, tous les Leudes d'Austrasie, et gouvernèrent
« bénignement. » Et ensuite : « L'évêque Chunibert et
« Pepin, maire du palais, envoyés par Sigebert, vin-
« rent à la ville de Compiègne, où par l'ordre de Nan-
« téchilde et de Clovis, le trésor du roi Dagobert fut
« présenté devant eux et partagé également. Chuni-
« bert et Pepin firent conduire à Metz la part de Sige-
« bert; elle fut présentée à Sigebert, qui en fit faire
« l'inventaire. » Enfin l'historien finit en ces termes
l'éloge de cette très-louable et très-honorable vie :
« Après la révolution des années, Pepin mourut, et
« ce ne fut pas une petite douleur que celle qui naquit
« de sa mort dans toute l'Austrasie, parce qu'il lui
« était cher, à cause de son amour pour la justice et
« de sa vertu. » Quels témoignages pourrait-on dé-
sirer de plus de son habileté, de sa puissance et de sa
vertu? Maintenant que nous avons rapporté ces choses
et la vie du très-illustre duc Pepin, nous en redirons
aussi quelque peu de sa femme et de ses enfans et
petits enfans.

Sa femme Itta[1] était issue d'une famille des plus
nobles d'Aquitaine, comme nous le savons certainement par le transport qui nous a été fait de ses
propriétés, que posséda notre église tant que fleurit la
paix, et dont nos collecteurs avaient coutume d'apporter chaque année de fortes sommes d'argent. Mais
les désordres des guerres devenant plus violens,

[1] Ou Ideberge.

comme cette propriété était éloignée et qu'on n'y pouvait aller sans danger, on commença peu à peu à la négliger, jusqu'à ce qu'enfin elle tombât en d'autres mains. Ce sera dire assez quelle fut cette femme pieuse que de raconter comment elle vécut après la mort de son pieux époux, afin que, par la manière dont elle usa de sa liberté, on connaisse combien elle se comporta religieusement sous le pouvoir de son mari. Veuve de la société de son pieux époux, la bienheureuse Itta résolut de ne pas recevoir d'autre amant qui pût la détourner de son premier attachement, et l'entraîner à de nouvelles coutumes et de nouvelles amours. Elle embrassa le projet d'une sainte continence, afin que si elle n'avait pu gagner la palme plus glorieuse de la pureté virginale, elle obtînt du moins le mérite de la viduité, qui touche et même égale presque celui de la virginité. Mais considérant avec prudence de combien de manières a coutume d'être attaquée la fermeté d'un vœu si saint, soit lorsque la femme, vaincue intérieurement par la concupiscence de nature, est contrainte de desirer l'homme, soit lorsque, libre au dedans, elle est extérieurement forcée par la concupiscence de l'homme à subir ses embrassemens, elle voulut se retrancher cette double occasion de tentations, tant intérieures qu'extérieures, celle-là en mortifiant la chair, celle-ci en se couvrant du voile sacré. Depuis long-temps cependant elle avait éteint la flamme de la concupiscence intérieure par une habituelle abondance de larmes. Mais la défense de sa chasteté contre les tentatives des hommes lui apportait plus de sollicitudes. Car quelques-uns la recherchaient à cause de l'honnêteté de ses mœurs, quelques autres à cause de la grande noblesse de sa race, d'autres aussi à cause de la grande quantité de champs qu'elle possédait, et de son nombreux domestique. Mais, selon le conseil de l'apôtre, la sainte femme, dégagée des liens d'un homme, ne voulait pas en prendre de nouveaux, elle qui avait eu un mari comme n'en ayant point, et avait usé de ce monde comme n'en usant point [1]. Tandis que d'une pensée assidue elle s'appliquait à résister, il arriva que le saint évêque Amand, vraiment digne de l'amour de Dieu et des hommes, se dirigea vers sa maison pour venir la consoler. Cet évêque, d'une éminente sainteté, était issu des plus nobles de l'Aquitaine. Conduit à Rome par le desir de la prière, il reçut dans une vision, du bienheureux Pierre, prince des apôtres, l'ordre de passer dans les Gaules, et de féconder dans les cœurs encore incultes des Gaulois, la semence de la parole céleste. Aussitôt obéissant humblement à cet ordre, il se transporta dans ces environs, et comme il accomplissait avec fidélité et dévotion la mission de prêcher qui lui avait été imposée, la renommée de ses saints travaux parvenue à la cour l'y fit appeler, et par l'ordre du roi Dagobert, il fut sacré évêque de Maëstricht. Ainsi la bienheureuse Itta reçut avec une grande joie le saint homme qui venait chez elle. Déjà du vivant de son mari, elle avait coutume de recevoir les pauvres dans sa maison, de laver les pieds des saints, de secourir ceux qu'affligeaient les tribulations, et d'exercer les autres œuvres de piété que l'apôtre enjoint aux saintes veuves.

[1] 1<sup>re</sup>. Ép. de S. Paul aux Corinthiens, chap. 7, vers. 29, 31.

Elle s'ouvrit au pieux consolateur des saintes résolutions de son ame, et sollicita de sa main le voile sacré en signe de chaste viduité et de dévote continence. Alors, élevant les mains et les yeux tournés vers le ciel, il bénit le Seigneur qui avait jeté dans l'esprit de sa servante un si saint desir qu'elle prévenait les exhortations qu'il était venu lui apporter. « Je rends grâce à Dieu, dit-il, et à Notre Seigneur
« Jésus-Christ, qui a rendu la gloire du monde méprisable
« à tes yeux; au prix de son amour, et, chas« sant
de ton cœur les attachemens de la concupis« cence
charnelle, y a fixé les racines de sa sainte
« dilection. Accomplis, sainte femme, ce que tu as
« commencé par l'inspiration divine. Le temps des
« embrassemens est passé, le temps est venu de se
« tenir éloignée des embrassemens, car la figure de
« ce monde passe. C'est pourquoi tu as choisi un très-
« sage conseil, ô mère sainte, de vouloir devenir
« l'épouse du Christ, et demeurer exempte de tous
« liens. Car, selon le témoignage de l'apôtre, la femme
« qui n'est point mariée s'occupe du soin des choses
« du Seigneur, afin d'être sainte de corps et d'esprit,
« mais celle qui est mariée s'occupe du soin des choses
« du monde, et de ce qu'elle doit faire pour plaire à
« son mari [1]; et le jugement que tu en fais ne vient
« pas plus des paroles de l'apôtre, que de ce que tu
« as appris par ta propre expérience. Mets donc à fin,
« bienheureuse veuve, ce que ton esprit a conçu, et
« la miséricorde de Dieu, venue au devant de toi pour
« t'inspirer la volonté de vivre dans la continence,
« t'accompagnera de son secours pour te donner le

[1] I<sup>re</sup>. Ép. de S. Paul aux Corinth. chap. 7, v. 34.

« pouvoir de garder ton vœu dans toute sa pureté. »

Affermie par les exhortations de cet homme vénérable dans le dessein qui la tournait vers Dieu, et encore plus animée à prononcer son vœu, Itta non seulement aliéna sa propre personne au service de Dieu, mais, par une libéralité encore plus grande, elle dévoua au Seigneur tout ce qu'elle pouvait avoir. Ainsi donc ses propres toits, après avoir reçu la consécration, furent changés en églises qu'elle dota de champs et embellit de divers genres d'ornemens ; ensuite, avec toute la solennité des prières, elle reçut, des mains du vénérable pontife, le voile sacré et l'habit de religieuse ; puis, se rangeant au nombre des religieuses que, de ses propres biens, elle avait consacrées au service de Dieu, elle soumit sa noble tête au joug plus noble du divin servage : femme vraiment admirable et très-digne d'être célébrée par des louanges infinies, qui, élevée à de telles gloires du monde qu'elles l'égalaient aux femmes des rois, sut les rejeter d'une ame si ferme qu'elle se fit la compagne de celles que, dans la grandeur de son premier état, elle aurait pu dédaigner pour ses servantes. C'est ainsi qu'elle ôta, à ceux qui desiraient s'unir avec elle en mariage, toute espérance de l'épouser. Mais comme les persécutions qu'elle eut à souffrir à cause de son saint vœu de religion lui furent communes avec sa fille, la bienheureuse Gertrude, je les détaillerai plus au long lorsque, sous la conduite de la miséricorde divine, j'en viendrai à raconter la vie de cette glorieuse vierge.

Aussi long-temps qu'elle vécut dans cet état de sainteté, Itta ne cessa de servir Dieu. Elle était patiente dans son espérance, large dans sa charité, sublime dans sa foi, soumise dans son humilité, longuement appliquée au jeûne et à l'oraison, constamment assidue à la méditation des psaumes, et douée de la grâce éminente d'une continuelle abondance de larmes. Elle avait toujours devant les yeux sainte Anne en qui a commencé, dans le nouveau Testament, la continence du veuvage, et qui, dans sa viduité, ne quitta point le temple jusqu'à l'âge de quatre-vingts ans, observant jour et nuit le jeûne et l'oraison. Elle portait ainsi en son corps la mortification de Jésus, évitant avec un soin extrême l'infamie de l'arrêt prononcé par l'apôtre : « La veuve qui vit dans les délices « est morte[1]. » Dans la libéralité de ses aumônes, dans l'hospitalité qu'elle accordait aux pélerins, elle ne suivait d'autre règle que de faire participer les pauvres à ses richesses, autant qu'elle avait de richesses à leur partager ; car celle qui avait donné à Dieu tous ses biens ne devait rien regarder comme lui appartenant plutôt qu'aux indigens. La perfection de toutes les vertus se trouvait en elle tellement accumulée que les sœurs qui avaient commencé, dès les années de leur enfance, à user de son angélique entretien, observaient sa vie d'un esprit attentif, et en prirent un vivant exemple de sainteté. Elle parcourut, infatigable pendant douze ans après la mort de son pieux époux, le sentier des bonnes œuvres ; ensuite, la carrière de cette vie accomplie, elle reçut le prix de la félicité éternelle, et, passant à Dieu dans la soixantième année de son âge, elle reçut soixante fois le fruit dû à une viduité sainte. Elle fut ensevelie dans la basilique du

---

[1] Ire. Ép. de S. Paul à Timothée, chap. 5, v. 6.

bienheureux apôtre Pierre, et pleurée par la religieuse dévotion des fidèles comme la véritable et pieuse mère de ses frères et sœurs, des veuves et des orphelins, des aveugles, des boiteux et de toutes les sortes de pauvres et d'infirmes. Après avoir dit ceci de la vie du bienheureux Pepin et de la bienheureuse Itta son épouse, nous allons, accompagnés de la grâce divine, passer à leurs enfans et petits-enfans.

Leurs enfans furent Grimoald et Begga et la vierge Gertrude, épouse choisie du roi des anges. Grimoald s'unit d'une étroite amitié avec l'évêque saint Chunibert. Comme c'était un homme fort et habile, et, ainsi que son père, aimé de beaucoup de gens, il fut maire du palais du roi Sigebert, et le gouvernement d'Austrasie fut fortement affermi dans sa main. Un certain Othon, son rival, qui, gonflé d'orgueil, s'efforçait, par une aveugle ambition, de lui enlever cette dignité et de la faire passer sur sa tête, fut tué pour l'amour de lui par Leuthaire, duc des Allemands [1]. Ce qui d'ailleurs peut faire juger tant de son pouvoir parmi les hommes que de sa dévotion envers Dieu, c'est qu'il ordonna, de concert avec Sigebert, qu'on élevât en l'honneur de Dieu deux illustres églises, le monastère de Stavelo et celui de Malmédi. Élevées et ornées par ses soins de toute la beauté possible, après leur dédicace et la célébration des offices de l'église, le maire du palais Grimoald les remit entre les mains du pontife Rémacle pour qu'il y établît une règle monastique. Le saint homme, saisissant cette occasion de fuir le tumulte des choses du siècle pour vaquer à Dieu seul, remit les fonctions épiscopales au bienheureux Théo-

---

[1] En 642.

dard, ensuite martyr, et se retira en ce lieu, où il se dévoua à une vie de plus de continence et discipline, et plus avancée dans l'exercice de la vertu. Grimoald, appliqué à la sainte société, se sentant profiter chaque jour par sa doctrine et ses exemples, lui concéda, pour l'usage des frères consacrés en ce lieu au service de Dieu, les terres environnantes, cultivées et incultes, sur la longueur de douze lieues et autant de large, et revêtit cette concession du sceau du Roi.

En voilà assez sur Grimoald ; mais le mérite respectable des vertus paternelles et maternelles, transmis avec plus d'abondance aux filles de Pepin, rapporta des fruits plus nombreux d'une génération tant charnelle que spirituelle; car, sans compter pour le présent Gertrude, la glorieuse épouse du Christ, sa sœur Begga, unie d'un heureux mariage avec le duc Anségise, fut mère d'une généreuse famille et des plus illustres rois; car d'elle naquit Pepin-le-Jeune [1] qu'une vie de toute honnêteté rendit semblable à son aïeul, d'actes et de mœurs aussi bien que de nom. Le roi Childéric, sous lequel le bienheureux Lambert brilla par une éminente sainteté, étant mort sans enfans [2], Pepin, sans avoir le nom de roi, commença à régner en Austrasie avec la puissance royale, fit la guerre à Théodoric, roi des Francs, et le vainquit dans un grand combat avec son duc Berthaire [3]. Peu de temps après, Berthaire ayant été tué par les siens, Pepin força le roi par un traité de paix à lui céder

---

[1] Pepin d'Héristel.
[2] En 673.
[3] En 687.

sa principauté, et, la faisant passer à son fils Drogon, retourna vainqueur en Austrasie; ensuite il fit beaucoup d'autres guerres contre Ratbod, duc payen, et d'autres princes, contre les Suèves et plusieurs autres nations, dans lesquelles guerres il fut toujours vainqueur. Celui qui desirera en être plus complétement instruit doit les chercher écrites plus au long dans les faits et gestes des Francs. Il remit très-honorablement dans son siége Lambert, chassé par la faction de Pharamond.

Ce Pepin laissa pour héritier [1], non seulement de sa dignité, par préférence à ses fils aînés, mais aussi de ses vertus, son fils Charles, guerrier herculéen, chef invaincu et même très-victorieux, qui, dépassant les limites où s'étaient arrêtés ses pères, et ajoutant aux victoires paternelles de plus nobles victoires, triompha honorablement des chefs et des rois, des peuples et des nations barbares, tellement que, depuis les Esclavons et les Frisons jusqu'aux Espagnols et aux Sarrasins, nul de ceux qui s'étaient levés contre lui ne sortit de ses mains que prosterné sous son empire et accablé de son pouvoir. Il vainquit deux fois le roi des Francs, et imposa à la France un roi de son choix, jugeant plus glorieux de dominer ceux qui possédaient les royaumes que de les posséder lui-même. Les Sarrasins, trois de leurs rois vaincus, succombèrent sous lui avec un grand carnage. Vainqueur des Goths, il leur enleva leurs très-fameuses villes de Narbonne et de Bordeaux, brûla les maisons et renversa les murailles jusqu'aux fondemens. Après beaucoup d'autres et insignes victoires que je passe sous

[1] En 714.

silence pour éviter l'ennui de la prolixité, il partagea le royaume entre ses deux fils ; après quoi reposa en paix ce prince très-belliqueux et très-victorieux.

Il eut pour fils Carloman et Pepin. Carloman, après plusieurs guerres et de nobles triomphes, quitta la milice du siècle, et, devenu moine au Mont-Cassin, s'engagea parmi les soldats de Dieu [1] ; mais Pepin garda le pouvoir; et Childéric, le dernier des rois de la race de Clovis qui ait régné sur la France, ayant été déposé, Pepin, par l'autorité et le jugement du pape Zacharie, le premier de sa famille, obtint le nom de roi [2], après avoir, tant lui que les autres, exercé le pouvoir et les fonctions de la royauté, sans en avoir le titre. Il reçut donc le premier l'onction royale de la main du bienheureux Boniface, archevêque de Mayence et martyr ; et ensuite, tant lui que sa femme et ses enfans furent confirmés par une nouvelle onction.

[1] En 747.
[2] En 752.

FIN DE LA VIE DE PEPIN ET DES MÉMOIRES RELATIFS
A LA RACE DES MÉROVINGIENS.

# TABLE DES MATIÈRES

CONTENUES

DANS LES DEUX VOLUMES RELATIFS A L'HISTOIRE DE FRANCE SOUS LES MÉROVINGIENS.

## TOME PREMIER.

## HISTOIRE DES FRANCS PAR GRÉGOIRE DE TOURS.

Notice sur Grégoire de Tours. . . . . . . . . . . . Pag. vij
Ouvrages connus de Grégoire de Tours . . . . . . . . . xviij
Ouvrages perdus . . . . . . . . . . . . . . . . . . . . . *Ibid.*
Préface de Grégoire de Tours. . . . . . . . . . . . . xxiij

### LIVRE PREMIER.

Depuis l'origine du monde jusqu'à la mort de saint Martin, évêque de Tours, l'an de Jésus-Christ 397. . . . . . . 1

### LIVRE II.

De la mort de saint Martin à celle de Clovis I$^{er}$ (397—511). 39

### LIVRE III.

De la mort de Clovis I$^{er}$ à celle de Théodebert I$^{er}$, roi d'Austrasie (511—547) . . . . . . . . . . . . . . . . 111

### LIVRE IV.

De la mort de Théodebert I$^{er}$ à celle de Sigebert I$^{er}$, roi d'Austrasie (547—575) . . . . . . . . . . . . . . . . 152

## LIVRE V.

Cinq années du règne de Childebert II, roi d'Austrasie (575—580) . . . . . . . . . . . . . . . . Pag. 217

## LIVRE VI.

Règnes de Childebert II, roi d'Austrasie, et de Chilpéric, roi de Soissons, jusqu'à la mort de ce dernier arrivée en 584 (580—584). . . . . . . . . . . . . . . . . . 304

## LIVRE VII.

Règnes de Gontran, roi d'Orléans et de Bourgogne, de Childebert, roi de Metz ou d'Austrasie, et de Clotaire II, roi de Soissons, pendant l'année 585 . . . . . . . . . 372

## LIVRE VIII.

Du voyage du roi Gontran à Orléans (juillet 585) jusqu'à la mort de Leuvigild, roi d'Espagne, en 586. . . . . . . . 426

---

## TOME SECOND.

# HISTOIRE DES FRANCS PAR GRÉGOIRE DE TOURS.

## LIVRE IX.

De l'année 587 à l'année 589. Gontran, Childebert II et Clotaire II, Rois . . . . . . . . . . . . . . . . . . . 1

## LIVRE X.

De l'année 589 au mois d'août 591, époque de la mort de saint Yrieix, abbé en Limousin. Gontran, Childebert II et Clotaire II, Rois . . . . . . . . . . . . . . . . . 76

# CHRONIQUE DE FRÉDÉGAIRE.

Notice sur Frédégaire. . . . . . . . . . . . . . . . Pag. 155
Préface de Frédégaire. . . . . . . . . . . . . . . . . . . . . . 163
Chronique de Frédégaire (de l'an 583 à l'an 641). . . . . 165
   Premier continuateur de Frédégaire (642 — 680). . . . 231
   Second continuateur. . . . . . . (680 — 736). . . . 233
   Troisième continuateur . . . . . . (736 — 752). . . . 241
   Quatrième continuateur . . . . . . (752 — 768). . . . 249

## VIE DE DAGOBERT I<sup>er</sup>.

Notice sur la vie de Dagobert I<sup>er</sup>. . . . . . . . . . . . . 269
Vie de Dagobert I<sup>er</sup>. . . . . . . . . . . . . . . . . . . . 273

## VIE DE SAINT LÉGER, ÉVÊQUE D'AUTUN.

Notice sur la vie de saint Léger. . . . . . . . . . . . . . 319
Vie de saint Léger . . . . . . . , . . . . . . . . . . . . 325

## VIE DE PEPIN-LE-VIEUX, DIT DE LANDEN.

Notice sur la vie de Pepin-le-Vieux. . . . . . . . . . . . 375
Vie de Pepin-le-Vieux . . . . . . . . . . . . . . . . . . 379

*Nota.* Ces deux volumes contiennent tous les historiens contemporains de la race Mérovingienne qui nous ont paru devoir être insérés dans cette Collection.

www.ingramcontent.com/pod-product-compliance
Lightning Source LLC
Chambersburg PA
CBHW071913230426
43671CB00010B/1585